ブルーフィルムの哲学

——「見てはいけない映画」を見る

yoshikawa takashi
吉川 孝

NHK出版

はじめに　「禁じられた映画」を見る山田五十鈴

青い映画

本書『ブルーフィルムの哲学』を手にとった人のどれくらいが「ブルーフィルム」について知っているだろうか。この種の映画が流通していたのは一九八〇年代初頭までであり、その頃までに何らかの事情で鑑賞した人はそれなりにいたはずである。一九八〇年代になってアダルトビデオ（とりわけ裏ビデオ）が普及してからは、このジャンルそのものが終焉を迎えたので、一九八〇年代初頭に一定の年齢に達していなかった人たちがブルーフィルムのことを思い浮かべるのは難しいかもしれない。

ブルーフィルムというのは、一言で表現するならば、違法のポルノ映画のことである。英語の「青（blue）」は性にかかわるような猥褻《わいせつ》なものに用いられることがあり、例えば卑猥《ひわい》な冗談は「blue joke」と言われる。日本において「ブルーフィルム」「青い映画」「青映画」というのは、露骨な性表現を含むゆえに猥褻とされて法に抵触するような映画のことである。「違法のポルノ映画」について、より具体的に知るためには、実際に作品を鑑賞してもらうのがよいが、刑法によって上映（公然と陳列すること）が禁じられている。

第百七十五条　わいせつな文書、図画その他の物を頒布《はんぷ》し、販売し、又は公然と陳列した者は、二年以下の懲役又は二百五十万円以下の罰金若《も》しくは科料に処する。販売の目的でこれらの物を所持した者も、同様とする。

作品のなかの最もブルーフィルムらしい部分――性器が無修正で描かれた部分――の画像を書籍に引用することも、法に抵触する可能性が高い。厳密に言えば鑑賞ではなく、頒布、販売、上映が法に抵触するが、このジャンルそのものが違法のものという意味をまとっている。「売ってはならない」「見せてはならない」「見てはならない」などの区別が曖昧になって、ブルーフィルムは秘密裡に鑑賞されるべき「禁じられた映画」として流通した。

右の刑法第百七十五条は、二〇一一年にデジタルコンテンツの配信を視野に入れたものへと条文が改正された。現代ではインターネットでブルーフィルムと同様の映像を簡単に閲覧できるが、海外にサーバーがあるなどの事情によって取り締まりを受けていないだけで、改正された刑法に基づいて配信元が摘発されることも珍しくない。かつてブルーフィルムは各地で製作・上映されていたのだが、あくまでも法の網をかいくぐってこっそりなされており、作品名や製作者や出演者や上映場所などの記録はほとんど残らない。こうしたことから、ブルーフィルムを論じることには独特の厄介さがある。関連する十分な資料が残っているわけではないし、作品を誰にでも開かれた仕方で検討することもできないのだ。

このような「禁じられた映画」を考察するためには、そもそも作品そのものが十分に残されているわけではないので、何らかの間接的な資料を手がかりにせざるをえない。例えば、ブルーフィルムは小説や映画や漫画などの題材になっていて、それらはブルーフィルムがどのようなものであり、人々がこれにどのようにかかわっていたのかを教えてくれる。もちろん、そのイメージは一面的であったり、誇張されていたりすることもあるが、まったくイメージがないよりはましであるし、さまざまなイメージを比較し、それ以外の情報などと突き合わせたりすることで、本物らしいイメージとそうでないイメージとが区別されることもある。ブルーフィルムについて考察する本書は、ブルーフィルムやそれをめぐる人々の経験にまつわるイメージを、文学、映画、漫画などの資料から集めることになる。何らかの事情によって語りにくいもの、見えにくいものについての理解を形づくるためには、それにかかわるフィクションの助けを借りることは有効だろう。

熱海の旅館にて

ここで早速、ブルーフィルムにかかわる映画を手がかりにしたい。『四季の愛欲』（日活、一九五八年）という映画がある。丹羽文雄の小説『四季の演技』（一九五七年）を原作として中平康《こう》が監督したものである。中平は石原慎太郎の原作で石原裕次郎が主演した『狂った果実』（日活、一九五六年）という話題作を監督しており、『四季の愛欲』はその二年後に製作されている。この作

001

002

003

004　以上『四季の愛欲』（中平康監督、日活、1958年）より

品には、熱海の旅館においてブルーフィルムが上映されているシーンがある。山田五十鈴《いすず》が演じる「浦子」は永井智雄が演じる「平川」とともにブルーフィルムを鑑賞する。彼女は夫を戦争で亡くしており、作家となった息子からお金を借りて、平川と久しぶりの逢瀬を楽しむために温泉地にいる。和室には十人以上の人がいるようで、みんな浴衣を着てくつろいでいる。そこには16ミリフィルムの映写機が置かれていて（001）、反対側のスクリーンに映し出された映像に鑑賞者たちは熱心に見入っている（002）。浦子は興味深げに鑑賞しているが（003）、平川が退屈しており「出よう」と言って座敷を去ると、名残惜しそうに画面を見つめながら席を立つ（004）。二人は布団が敷かれた部屋に戻って、映画の感想を述べたり往時の出来事を語りあったりする。

この映画の原作小説『四季の演技』にもほとんど同じシーンがあり、二人は「秘密の映画」を鑑賞する。温泉地の旅館はブルーフィルムがよく上映される場所の一つであり、この小説はその様子をしっかりと伝えている。

秘密の映画は、旅館のいちばん奥まった十二畳の間で行われていた。浦子と平川がその部屋のある階段を上りかけると、階段口にいた風呂番がにやりと頭を下げた。風呂番は、見張り番をつとめているらしい。たとえ客が持参して客同士が映写しているにしても、そんな場所を提供したとなると、旅館も罰せられる。旅館としては、客につよいことも言えず、痛し痒《かゆ》しというところであろう。十二畳の踏みこみには二十人に近いスリッパが並んでいた。映写中らしく、静かであった。

「何だか、こわいような気がします」

と言ったが、こわいもの見たさで、浦子の目は好奇心で燃えている。平川は、ある矛盾を感じた。自分が本気になって惚れている女には、いかがわしい映画など見せたくないだろうという気がした。単に享楽というだけでは済まされない後味の悪さに、自分が困るだろうと思った。すると、おれはこの女に、十年もつき合ってはいるが、無責任な愛情しか持っていないということになる。この女がいかがわしい映画を見たために、持前の純粋さが汚されようと、どうなろうと、構わないのだ。女の方にしても、それほど深い愛情をもっているとも思われなかった。万事が惰性のようであった。惰性のくりかえしで、この女は十分満足をしている。こんな女もいるものだ。

小さい銀幕の反射で、人々の顔が青白く浮かんでいた。二、三の顔が、はいってきた二人の方をふりかえった。二人は、うしろの襖にからだを寄せて坐《すわ》った。

映画の登場人物及び風景は、日本人及び日本のようではなかった。

〔……〕

男が、岸に辿《たど》りつき、女と会話がはじまった。が、トーキーでもなく、字幕が出るでもないので、浦子には何が喋られているのか判らない。事件の推移をただ眺めているより他はなかった。

やがて露骨な、あまりに露骨な行為が始まった。

映画は、二本あった。はじめの一本が終ると、

「出よう」

と、平川がささやいた。未練があったが、浦子もついて出た。廊下の途中で、

「拙劣な映画だ」

吐き出すように平川が言った。

（丹羽文雄『四季の演技』二二―二三頁）

ここには平川の心理描写が含まれており、「いかがわしい映画」を鑑賞する浦子と平川との関係が「惰性」によって成り立っていることがわかる。映写されたフィルムの内容にも言及があり、

国外で製作されたもので、「露骨な、あまりに露骨な行為」が描かれている。この小説が発表された当時は、そうした行為を言葉によって詳細に記述することのハードルもかなり高かった。D・H・ロレンスの小説『チャタレイ夫人の恋人』の記述をめぐって、それが刑法第百七十五条に反するか否かが争われた「猥褻裁判」（チャタレイ事件）は、一九五七年に被告人（出版社の小山久二郎《おやまひさじろう》と翻訳者の伊藤整《せい》）の有罪というかたちで結審したばかりである。「あまりに露骨な行為」の映像は、ここで登場する「洋物」であれ日本で製作された「国産」であれ、上映は違法とされている。

本書はこうしたブルーフィルムを題材にしており、性表現の映画を論じるにあたり、映像を引用したり、内容を描写したりしたうえで、性差別や性暴力をめぐる問題を検討することがある。そうした映像や文章が読者にどのような経験を引き起こすのかは予想することができず、それぞれの箇所ごとに注意喚起をすることはできない。あらかじめ上記のような内容を理解いただいたうえで、読み進めて（場合によっては読み飛ばして）いただければ幸いである。

目次

はじめに　「禁じられた映画」を見る山田五十鈴　3
青い映画／熱海の旅館にて

序章　経験を通じて思考すること――「土佐のクロサワ」と現象学　17
高知に住むことで／巨匠「土佐のクロサワ」と幻の名作『風立ちぬ』／『柚子ッ娘』との出会い／ブルーフィルムからの問いかけ／経験を通じて思考する／ボーヴォワールの実存主義的現象学／本書における哲学／本書における倫理

第一章　ブルーフィルムとは何かと問いながら　35
8ミリフィルムと映写機
一　『ブルーフィルム　風俗小型映画』全三巻と『久米の仙人』　38
雲から落ちる仙人／中世古典文学の映画化／性器の映画
二　「本物」のブルーフィルムとは何か　46
8ミリフィルムを映写する／アダルトビデオと刑法第百七十五条／成人映画／温泉ポルノ

三　「ブルーフィルム」をめぐって　54
言葉の吟味／日本における性の映画の歴史／「ブルーフィルム」の曖昧な誕生／歓楽街にきらめくフィルム／洋物のブルーフィルム
四　文化を継承する　65
ブルーフィルムを継承する／忘却に抗して／問いの渦中において再発見する

第二章　ブルーフィルムを見るとはどのようなことか　71
脱ぎ捨てられた下駄
一　見ることの困難　72
大衆が映画を見る／違法ゆえに／女性ゆえに／フィルムゆえに
二　幻の名作『風立ちぬ』　82
ドキュメント作家の証言／ライバルの証言／文学者の証言と映画や漫画のなかの『風立ちぬ』
三　証言から何を知りうるのか　92
作品の再構成／見ていない作品を評価できるか／事実と価値の二分法／下駄は流れたか／証言の偏り／見る者と見られる者

四　セックスの映像を見る　102
若松孝二の憧れ／実例を示す／「私はできる」／目の前にありありと／経験の偏りから

第三章　ブルーフィルムは何ゆえに美しいのか　115
ベルグハイン詣で

一　芸術ゆえの美しさ　118
裸体と食べ物の魅惑／浴室のポルノグラフィック・アート

二　ポルノゆえの美しさ　121
料理を味わう／グルーヴを体感する／ポルノを見てマスターベーションをする／告白する身体／女性の欲望

三　見てはならないゆえの美しさ　130
低俗とされるジャンルを楽しむ／覗きを楽しむ／覗き手と覗かれ手の共同体／三島由紀夫と未来の映画

四　秘密ゆえの美しさ　140
小型映画のコンテキスト／コンテキストが隠される小型映画／秘密を抱える／語りえないものの神秘

第四章　ブルーフィルムを前にして何をすべきか　153
『天使のはらわた　赤い教室』のブルーフィルム
一　ポルノグラフィをめぐる議論から　155
マッキノンの遺産／定義して撲滅する／実害を主張する／世界の見え方、ヴィジョンをめぐって
二　実演する出演者たち　164
ハードコアとソフトコア／沈黙する出演者と法の力／ブルーフィルムの偏ったイメージ／抹消されたジャンル／アーカイブの倫理
三　ポルノグラフィと自己理解　174
実例を手がかりに／素晴らしいモノ化／『柚子ッ娘』を見る／素晴らしいオーラルセックス／私にはできないこと？
四　個性と民主主義　190
魅了される自分は何者であるか／他者は何を欲望しているのか／刑法第百七十五条のある社会／見てはならないものをあえて見る者
第五章　ブルーフィルムはどのような（不）自由をもたらすのか　201
土地に住まう

一　社会変革とポルノグラフィ　203
政治的ポルノグラフィ／階級／一般映画の検閲／小型映画の検閲
二　法の外の自由　212
チャタレイ裁判と日本国憲法／ブルーフィルムの自由
三　偏りのなかで欲望を描く　217
『白衣の愛』『The Stiff Game』／『沙漠の女』『蝶々夫人』／『生きる歓び』『埋もれた財宝』『すゞみ舟』／横領される欲望／横領する欲望
四　『風立ちぬ』の光景　229
愛の空間／ポルノトピア／中央集権的な映像のルート／高知のポルノ／土地に根ざしたヴィジョン

第六章　ブルーフィルムとともに生きるとはどのようなことか　243
旅に出る人
一　ブルーフィルム界のクロサワ　245
クロサワへのインタビュー／巨匠クロサワ／海老原グループ／映画のなかのクロサワ／世界のクロサワ

二　高知のクロサワ　256
高知の風景／土佐弁で語る／言葉と道具
三　クロサワたち　265
エロ映画プロダクション／クロサワA・プロデューサー／クロサワB・元活動弁士／クロサワC・撮影監督／クロサワD・女性パイオニア／クロサワE・戦争体験者／クロサワF・ビデオ映画の監督
四　匿名のままに　286
匿名の出演者たち／偏りから見えるもの
終章　現れるに値するもの　291
ブルーフィルムの世界を描く／ヴィジョンのせめぎ合い／現れるに値するもの／宝塚の旅館にて
参考文献　303
おわりに　314

校閲　髙橋由衣
DTP　㈲緑舎

序章

経験を通じて思考すること──「土佐のクロサワ」と現象学

高知に住むことで

東京で生まれ育った私は、二〇〇七年から高知の大学に職を得て、二〇二三年までそこに住むことになった。高知にはたくさんの驚くようなものがあり、興味深い人たちとも出会うことができた。ブルーフィルムやそれにつながる人たちがその最たるものであった。私がそもそもブルーフィルムに出会ったのも、いままで考察を続けているのも、高知に住み続けたからにほかならない。本書には私がブルーフィルムについて考えたことが記されているが、それは高知という地方都市に住みながら考えたことでもある。土地と思考とのつながりが本書の背景にあるのだが、このことの意味は後から確認されるだろう。

高知のような地方に住んでいると、その土地のものに関心が向かうようになる。食べ物、産業、政治、文化、言語（方言）、当地出身の著名人など、それまで気づかなかったことが見えてくる。しかも、私が勤めた県立大学では地域に密着した活動が尊重されており、研究や教育においても、高知にかかわることへのアプローチが推奨されていた。地域貢献と教育とが結びついて、学生を地域に送り出すことが重視され、地域の課題解決としての地域振興イベントや農家の手伝いなどをする活動には資金的援助があったり、活動への参加が授業の単位になったりもした。地域に根ざす活動への関心も高く、地元の新聞やテレビはそうしたことを好んで取りあげた。

当初の私は西洋哲学を研究・教育する者として、この地域にかかわるテーマを直接扱うことができるわけではなかった。哲学は一般的なものの水準において考察するのであって、個別の土地とのかかわりは必要でない。それどころか、自分たちの地域や時代から離れたものに関心を向けることこそが大学の役割ではないかと、着任当初は強く思っていたし、今でもある意味ではそうである。とはいえ、私自身もこの土地に住んでいればこの土地のことにおのずと関心が向かうことになるし、ましてや職場では地域とのつながりが重視されている。これまでの私が高知のような土地とそこで生きる人たちに目を向けていなかったことを問われているようでもあった。

高知には関心を惹《ひ》くものが数多くある。とりわけこの土地における政治運動の展開は興味深い。教科書を通じてのみ知っていた自由民権運動は、高知という土地に根ざした社会変革の運動でもあった。この土地に生きる人たちがいくつもの結社を形成し、ときには酒を飲み、歌いながら議論を重ねて、議会政治の実現を求めていた。「民権ばあさん」と呼ばれた楠瀬喜多《くすのせきた》がいち早く女性参政権を要求したのも、こうした流れのなかで起きたことだった。二十世紀の後半にも、「高知パルプ生コン事件」で市民が法を犯しながら公害企業の活動を阻止したり（本書第五章）、窪川《くぼかわ》原発建設反対運動では原子力発電所の誘致を拒絶したりと、経済的成長よりも自分たちの生きる場所が汚されることを避けようとする政治運動の事例がいくつかある。権力や目先の利益に靡《なび》こうとしない反骨精神が、この土地には浸透しているようであった。

巨匠「土佐のクロサワ」と幻の名作『風立ちぬ』

永年にわたって住み続けなければ気づかないことや、見えてこないものがある。

高知で活躍した「ブルーフィルムの巨匠」のことを最初に知ったのは、高知と映画の関係について インターネットで検索していたときだった。違法の映画・ブルーフィルムが高知で製作されていて、しかもその「土佐もの」が人気を博し、製作者が「ブルーフィルム界の黒澤明」「土佐のクロサワ」などと呼ばれ、その名が全国に轟いていたことを知ったのだ。高知が輩出した著名人はいても、例えばジョン万次郎や坂本龍馬や中江兆民などはこの土地で生まれ育ったとはいえ、活躍の場は海外や東京であり、高知に住みながらそこで生み出したものが全国へ発信され、評価されていた例は多くない。高知のブルーフィルムは、この地に拠点をもつ人たちによって、彼らがこの地で生きるために、製作されていた。

ブルーフィルムにまつわる文化に触れるときに避けて通れないのが、作家・野坂昭如《あきゆき》の小説

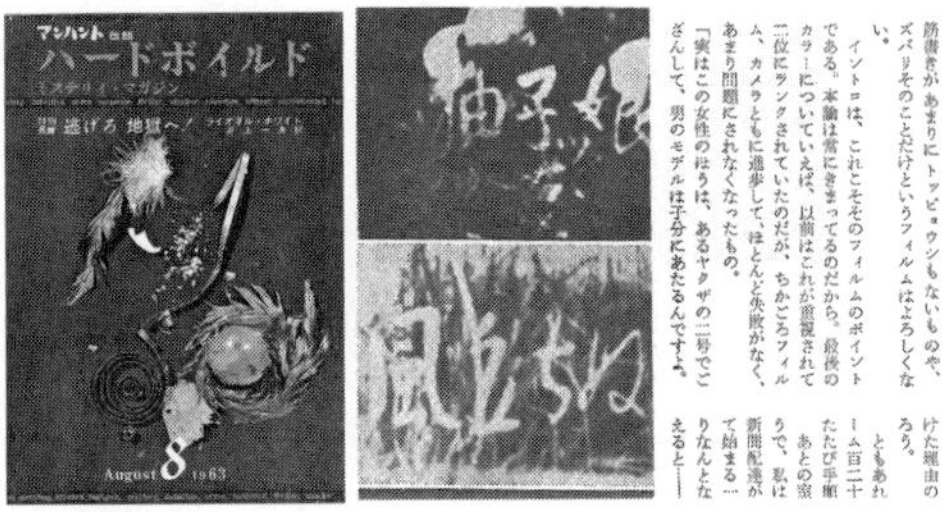

図版 0-1　『ハードボイルド・ミステリィ・マガジン』表紙（左）と「告白的ブルーフィルム論」215 頁（部分）

『エロ事師《ごとし》たち』である。この作品は一九六三年に『小説中央公論』に連載され、改めて書き下ろされて一九六六年に単行本化された。エロ事師とは、性にかかわる商売をする者のことであり、登場人物は猥褻な音声テープ、写真、映画、性的玩具などを売りさばいたり、ときに売春を斡旋《あっせん》したり、乱交パーティを企画したりしている。『エロ事師たち』を執筆した野坂昭如は土佐のクロサワを高く評価して、高知で製作された『風立ちぬ』（一九五一年）と『柚子《ゆず》ッ娘《こ》』（一九五二年）を「モノクロームにおける二大名作」としている（野坂「ブルーフィルムのすべて」二五九頁）。また、『ハードボイルド・ミステリィ・マガジン』（一九六三年八月号、久保書店）に連載された「告白的ブルーフィルム論」というエッセイの第一回では、これら二つの作品のタイトル部分の映像が紹介されている（図版0－1）。

深夜番組11PM《イレブンピーエム》の司会でも知られた作家の藤本義《ぎ》一《いち》もブルーフィルムに深くかかわっていた。藤本も小説やエッセイにおいてブルーフィルムを取り上げており、彼も〝二大名作〟のうちの『風立ちぬ』を絶賛し、その鑑賞経験を次のように記している。

昭和35年頃のことだったと思う。私は、宝塚の旅館の離れ座敷で1本のブルーフィルムを観た。

水郷を舞台にして、二人の男女が小舟の上で重なり合うというものであった。その二人の男女が初々しいかぎりで、とくに女性の羞《は》じらいの顔が歓喜の表情になっていき、大胆に腰を動かすときの白い肌が眩《まぶ》しかった。女性の陰部のクローズアップは、美しいの一言につきた。モノクロであるにもかかわらず、その部分が淡いピンクに思えたものである。複数のカメラを用いた丁寧な撮影と、綿密な編集作業のおかげで、背景となる自然の美しさが、女性の陰部にまで投影されたのだろう。ブルーフィルムに、制作者が全霊を投じた芸術作品である。

（「裏ビデオの原点「ブルーフィルム」８㎜の官能」『週刊現代』一九九六年九月二十一日）

土佐のクロサワにどれほど敬意が向けられ、その作品にどれほど賛辞が贈られようと、映画はあくまでも違法であって、映画館などで公開されることはない。しかも野坂や藤本が鑑賞してからかなりの時間が経過し、フィルムの行方はわからなくなって、幻の名作と呼ばれるに至った。

『柚子ッ娘』との出会い

高知に来てから数年後に、私は土佐のクロサワと面識があった映画関係者の話を聞くことができた。その人は、今村昌平《しょうへい》が野坂昭如の『エロ事師たち』を映画化した『「エロ事師たち」より人類学入門』（今村プロ・日活、一九六六年）の撮影で高知を訪れたとき、今村を高知の製作者たちに引き合わせたという。彼が言うには、今村はブルーフィルムの作り方を学び、作品を一本試作した。そのフィルムの所在はわからないが、今村が各地を取材していたことは、その回顧録でも確認できるし、土佐のクロサワを「ホンモノ」と賞賛してもいるのである（『今村昌平「映画は狂気の旅である」』九六―一〇一頁、桑原稲敏《いなとし》「土佐・エロ事師列伝」八四頁）。この話はローカルな出来事ではあるが、日本映画史の一部であって、聞くだけにとどめるべきではなかった。そこで、その時点で知っている限りの情報をまとめたコラム「高知のブルーフィルム」を『地方都市の暮らしとしあわせ――高知市史　民俗編』（二〇一四年）に掲載してもらった。

すると、それを読んだ人が大学へ電話をかけてきて、「夜須《やす》の浜辺で撮影しているのを若いころ見たことがある」と、貴重な情報を提供してくれた。フィルムを探してくれる人や譲ってくれる人も現れて、二〇一五年には十本ほどのフィルムを受け取ることになる。そのなかに、「柚子ッ娘」「山小屋で六時に」という手書きの紙が貼られたもの（図版0－2）があるのを見て、私は雑誌記事で読んだ『柚子ッ娘』の紹介文を思い出した。

――段々畑が連なる山村。その田舎道を背負籠《しょいご》を背に、野良着姿の若い男女が歩いている。畑仕事の帰りらしい。別れ際、青年は女の耳もとで「今夜、六時に……」と囁《ささや》く。美しい夕暮れ。約束の時間に、村はずれの納屋で落ち合った二人は、おずおずと抱き合う。燃えるような瞳。小川のせせらぎを聞きながら、二人は野良着を一枚、また一枚と脱ぎすてる。青年の日焼けした肉体と透きとおるような娘の白い肢体……。

三島由紀夫の『潮騒《しおさい》』のラブシーンを思わせるような、美しい作品である。

（桑原敏「ブルーフィルム界の〝黒沢明〟監督一代記」『宝石』一九七五年四月号、二三〇頁）

映写機で映像を再生してみた。モンペ姿の女性が山道を歩いている。ショットが変わり、ススキの穂がアップで映された。山仕事を終えた男女が一息ついて小川で水を飲む。美しい映画であり、明らかにほかのブルーフィルムとは異なっていた。人物や風景がスタンダードサイズ（横と縦の比が四：三）の画面にしっかり収められ、ときに顔や手やススキや水の流れのアップのショットが挿入されていた。男性が女性に向けて両手の指で六という数をはっきりと示し、女性は軽くうなずいた。六時に待ち合わせるという合図だ。日が暮れて二人は小屋でおちあい、愛の営みが始まる……。

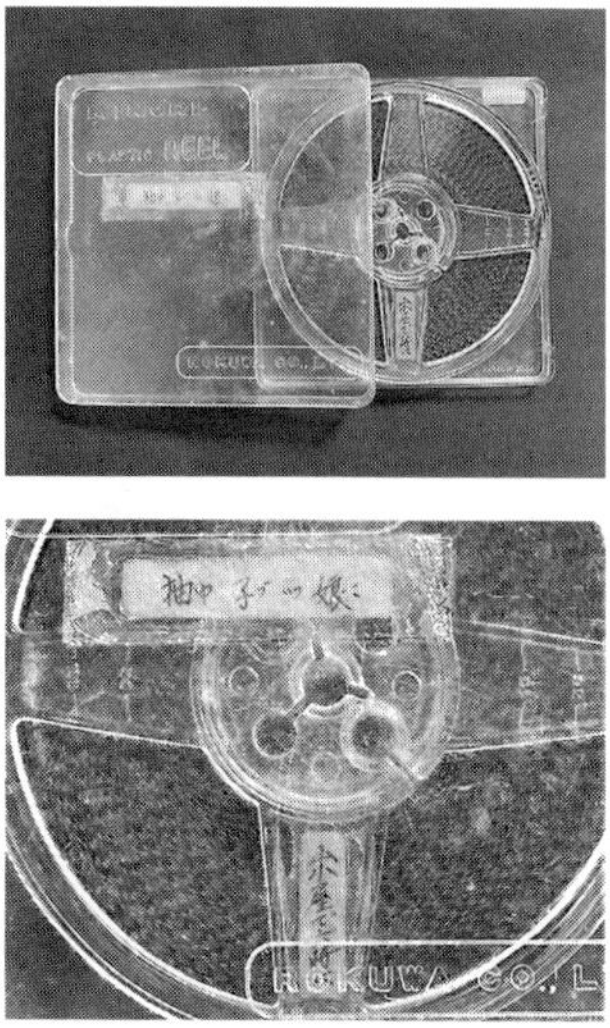

図版0-2 『柚子ッ娘』の8ミリフィルム。「柚（ゆ）子（づ）ッ娘（こ）」、「山小屋で六時に」と手書きのメモがあり、保護ケースに収められている

私は幻の名作に出会ったことを確信した。

ブルーフィルムからの問いかけ

私は高知に住んだことがきっかけで、「二大名作」のうちの『柚子ッ娘』にめぐりあった。見ることができないはずの映画を見てしまったことで、私には責任のようなものが生じた。本書は、『柚子ッ娘』を中心とするブルーフィルムを通じて考えたことが、哲学の手法において検討され、記されている。このような著作にまでなったのは、ブルーフィルムが、考えざるをえない多くの問いをもたらしたからである。

例えば、私は手元にあるフィルムをどうすればいいのかわからなかった。この映画は「違法」であって現在も上映することはできない。しかしインターネットにおいて同類の映像が溢《あふ》れかえっているのに刑法第百七十五条を守る意味はあるのか。プライヴェートで鑑賞することはかまわないとして、大学で同僚の研究者に見てもらうのはいけないのか。そもそも法律が形骸化しているならば、それを犯して公開することがどのような意味で「悪い」のか。

また、ポルノグラフィは、おもに異性に向かう男性の性欲を充《み》たすために製作され流通しており、ジェンダーやセクシュアリティに関する差別を強化するという指摘もある。しかし私が鑑賞したかぎり、『柚子ッ娘』の内容はとくに差別的だったり暴力的だったりはしないように思われた。他の人にも見せて確認・検討してもらいたいが、その方法を思いつかなかった。ブルーフィルムは見ること自体が困難であり、作品について論じ合うこともできない。

そもそも、映画や美術、音楽や書籍は、いつでも誰にでもアクセスできるように思われているが、実際には、時代や地理や言語、障害の有無や社会制度の状況など、さまざまな条件によってアクセスの可能性が制約されている。私は、過去に作られた違法のポルノ映画を手元に置いてはじめて、こうした事柄について考えてこなかったことを自覚した。

これら、ブルーフィルムがもたらした問いは、哲学の観点から捉え直すことができるものであった。たまたま出会った一つの作品について記述することは、一つの事例を記すことにすぎないが、この事例には別の場面の別の事柄と共通する普遍的な要素がある。そもそもブルーフィルムとは何か、見ることはどのような制約を受けるのか、作品がどのような快楽や興奮をもたらすのか、猥褻だったり差別的だったりするかもしれない作品にどのようにかかわるべきか、作品に関係する人たちがどのような人生を歩むのか……これらは、概念（第一章）、認識（第二章）、美的経験（第三章）、倫理（第四章）、政治（第五章）、人生（第六章）などの哲学のトピックとの関連のなかで従来の哲学の議論と結びつく問いであろう。

経験を通じて思考する

通常の哲学の本では、著者の経験や土地の名や年月を記すことはしない。むしろ哲学は一般性の高い水準において人間や世界について考察しており、そこからは個別的なものの痕跡が消し去られる。土地も、歴史も、それらにかかわる「私」も、その「私」が出会った人たちのことも、論述には不要なものとされる。しかし本書は、時間と場所に結びついた私自身の経験を記すことから出発している。このことはブルーフィルムという事柄の特性に応じている。ブルーフィルムのほとんどが散逸・消失しており、『風立ちぬ』や『柚子ッ娘』が製作された約七十年前に比べて格段に鑑賞が困難になっている。このため、ブルーフィルムという主題については、包括的な視座から全体を俯瞰《ふかん》するように論じることが事実上できない。

私は『風立ちぬ』を見ていないが、『柚子ッ娘』を見ることができた。ブルーフィルムについてはこのような個別的状況を踏まえたうえでしか語ることはできない。とりわけ現代においては、数十年前に製作されたフィルムを鑑賞して論じることがますます困難になっている。かなり高齢の人のなかには『風立ちぬ』を鑑賞したことがあったり、膨大なコレクションを持っていたりする人がいるかもしれないが、そうした人たちが発言する可能性は少なくなっている。このような状況においてブルーフィルムについて論じるためには、実際に見たことのある人が自らの経験の限界を踏まえながら論じるしかない。さらに日本の刑法第百七十五条のもとで作品を鑑賞するという経験そのものが重要であり、この点を抜きにしては、ブルーフィルムに固有の特徴は明らかにならない。そのためさまざまな鑑賞経験（私の経験、他人の経験、フィクションのなかで描かれる経験）を手がかりにせざるをえない。

私は高知に住んだことで関心が芽生え、たまたまフィルムに出会い、現在も研究を進めている。もちろん、私自身の経験からわかることは限られているので、書籍や雑誌などに残された他人の経験が重要な役割を果たすことになる。私が見ていない『風立ちぬ』について知るためには、実際に見たことのある人の証言に頼るしかない。さらには、本書の冒頭でそうしたように、映画や文学に描かれていることからも、ブルーフィルムやそれにかかわった人たちのことをイメージすることができる。フィクションに描かれている人たちの人生や経験を取り集めることによって、ブルーフィルムをめぐる世界がどのようなものであったのかが描き出される。

言語や地域や時代に制約されている私の経験を起点としてブルーフィルムについて考察する手法は、現象学的アプローチと呼ぶことができるだろう。私の経験や私が知りえたフィクションに描かれた経験を記すことで、読者をブルーフィルムの世界に誘うことになる。ブルーフィルムを見たことのない読者も、映画や性表現などをめぐるこれまでの経験を振り返りながら、本書で記されたブルーフィルムをめぐる経験との接点や相違点を確認できるだろう。

ボーヴォワールの実存主義的現象学

本書は現象学的哲学の実践であり、つねに手本となっているのはシモーヌ・ド・ボーヴォワールの著作である。代表作であり最も成功した『第二の性』は「人は女に生まれるのではない、女になるのだ」と指摘し（『第二の性』Ⅱ 体験 上、一五頁）、「女性らしさ」が生物学的なものではなく、家父長的・男性中心的な社会において形成されたものであることを明らかにした。生物学的ではなく社会的に構築されている性差を表すのに現代では「ジェンダー」という概念が用いられることになるが、『第二の性』はそうした発想が広まる素地をつくっている。

ボーヴォワールはこうした点においてフェミニズムの偉大な先駆者であるが、そもそもその著作はフェミニズムの主張を展開するという意図から生まれたわけではない。「自分について語ろうとしながら、私は女性という条件を描かねばならないことに気が付いた」（『或る戦後』上、二〇三頁）というように、当初は自分の人生を語るという目論見《もくろみ》が中心にあった。しかし、自分の人生を記すうえで避けて通れない「女であるという条件」を扱うときに「それまで眼に入らなかった世の中の一面」が、つまり女性が抑圧されていることが際立つようになった（同二〇四頁）。そのようにして、女性として生きることが主題の著作が誕生するが、元々の構想は自伝だったのである。

しかし、ボーヴォワールにとっては女性であることだけが重要だったわけではない。自分の人生を語る一連の回想録は、『娘時代』（一九五七年）から始まり『女ざかり』（一九六〇年）、『或る戦後』（一九六三年）と続き、『決算のとき』（一九七二年）で完結するが、それまで語られたことのない自分の子供時代を現在の視点から語り直そうとする。


私はずっと前から、私の人生の最初の二十年間を自分に語りたいと思っていた。私の身も心も吸収してゆくべきおとなの女性に向ってした少女の頃の呼びかけを、私はけっして忘れたことがなかった。

（『女ざかり』上、一頁）

ボーヴォワールは、そうした子供の経験やそこから見えてくるものを、大人になって言葉にしようとする。それらは、書き記されなければ、この世界から消えてなくなってしまうものである。さらに自らの年齢の推移とともに高齢者として生きることが主題になり、『老い』(一九七〇年)においては高齢者の生が描き出された。

社会にとって、老いはいわば一つの恥部であり、それについて語ることは不謹慎なのである。〔……〕しかし、それだからこそ、私はこの書物を書くのである、共謀の沈黙を破るために。〔……〕しかしもし人が彼らの声を聞いたならば、それがまぎれもなく人間の声であると認めざるをえないであろう。私は読者にぜひともこの声を聴いてもらいたい。

(『老い』上、六頁)

この書は、抑圧された高齢者の声を集めることによってステレオタイプの高齢者像を打破しようとするものであり、老いを見えなくする文化に異議を唱えて、老いを可視的なものにする。高齢者のなかでもとりわけ女性がさらに抑圧されており、女性の声を記した資料は少なかった。そのことを嘆きながらも、ボーヴォワールは男性高齢者の経験も躊躇なく集めており、例えばそこで引用される谷崎潤一郎の『鍵』や『瘋癲《ふうてん》老人日記』の主人公は、死と隣り合わせの状況において性の快楽を追求しようとする（『老い』下、三九八―四〇〇頁）。

ボーヴォワールは、男性のための存在として生きることを強いられる女性や、社会の恥として隠蔽される高齢者や、自分の言葉を持つことができない子供の生に光を当てて、それらを言語化しようとする。ボーヴォワールの哲学が、社会において抑圧され、忌避され、無視され、やがては消え去ってしまうものを書き記す試みであることは、本書の方法の支えとなる。本書もまた、これまであまり光が当たらなかったブルーフィルムをめぐる人たちの経験に注目して、そこに光を当てようとする。ジェンダー不平等のような、不正義と結びつく抑圧とは異なる意味を持つが、ブルーフィルムは露骨な性描写にかかわるゆえに違法なものとされ、社会から締め出されている。さらには、もはや製作がなされない過去のジャンルであり、作品やそれにかかわった人たちの生はまさに忘却され、歴史から消え去ろうとしている。いま誰かが記さなければ、ブルーフィルムはこの世界から完全に葬り去られてしまうだろう。

本書における哲学

本書は数少ない資料を手がかりに、ブルーフィルムの世界を描き出そうとする。作品の上映が禁じられているだけではなく、それにかかわった人たちやその経験も語られることが少なかった。違法のポルノ映画を鑑賞することには当時から一定のハードルがあったし、現在ではほとんどのフィルムが失われ、なおさらである。

本書の試みがなぜ哲学と言えるのかは少し説明を要するだろう。通常、哲学ということで考えられているのは、一方で、プラトンやデカルトやカントなどの哲学者のテキストを読解する文献研究である。もう少し詳しく言えばそれは、分厚い研究の歴史を踏まえながら、哲学者のテキストを、体系や論理の整合性などを浮かび上がらせつつ、現代の観点から理解することである。また他方では、哲学は、何らかのトピックについて概念を整理し、議論を通じてそれにかかわる主張の正当性を吟味する。つまり、論証することが哲学の営みの中心に据えられることがある。

通常、「哲学」の営みは、哲学者のテキストを読解したり、特定のトピックの議論を整理して何らかの立場を論証したりする。しかし本書はこれらとは異なり、ブルーフィルムをめぐる経験——鑑賞者、製作者、出演者の経験——に目を向けて、その意味を考察する。ブルーフィルムをめぐるさまざまな経験を集め、それらを分析することを通じて、一つの世界のありようが具体的に示されるだろう。かつてブルーフィルムというものがあり、それにかかわりながら生きていた人たちがいて、蔑《さげす》まれたり、疎《うと》んじられたり、珍しがられたりしていた。ブルーフィルムをめぐるこの世界は当初から見えにくいものであったし、いまとなってはすっかり忘却されてしまった。本書は、この世界を現在の私たち（この本の著者と読者）の生きる状況のうちに取り戻そうとする。本書において哲学とは、一つの世界や、そこに生きていた人たちやそこで生み出されたものがどのようなものなのかを示す営みである。

通常の哲学の概念や議論などが、ここではブルーフィルムの世界を描くための手がかりとなる。

例えば、第二章や第三章では、作品を鑑賞する経験を分析するうえで、従来の知識の哲学や美学における概念や議論の一部が参照されている。哲学だけではなく、ローラ・マルヴィやトム・ガニングやリンダ・ウィリアムズなどの映画理論も同様の意図によって参照されている。それらと同程度に、ブルーフィルムにかかわる映画や文学や漫画などにおける描写も引用されている。つまりここでは、哲学、映画理論、さまざまな分野の作品が等しく一つの世界を描くために用いられている。

こうした方法には手本がある。ボーヴォワールは『第二の性』において抑圧された女性の世界を描くときに、哲学の概念や議論のみならず、さまざまな文学作品を引用している。著作の第二巻「体験」では女性の実存が詳細に記述されており、その第五章「結婚した女」では、結婚後の女性の生きる状況が描かれている（『第二の性』Ⅱ 体験 上、三二三―四七五頁）。性的体験、洗濯、掃除、料理、家具や時間の使い方などの繊細な描写（女性が家の調度品を自分らしさで彩ることに生きがいを見いだすことなど）が、数多くの文学作品を用いてなされている。この章だけで、C・オードリー、V・ウルフ、D・パーカー、E・ウォートン、K・マンスフィールドなど二十名ほどの作家が引用される。華々しく活躍する文豪トルストイの妻ソフィア・トルストイが家庭生活の苦悩を綴った日記も印象的である。文学や映画などが、通常の哲学の理論や概念の視野に入りにくい経験を記述するための材料になることを、本書はボーヴォワールから学んでいる。

本書における倫理

このような手法によって研究を進めるうえでの倫理について確認しておきたい。この研究は文献や映像を手がかりに考察を進めるものであり、インタビューなどの方法に依拠した社会調査とは異なるものである。直接的な関係者に本格的な聞き取りをすることは、哲学の文献研究という私自身の元々の専門ゆえにも、過去の違法の映画という題材ゆえにも、不可能になっている。本書はあくまでも書籍・論文・雑誌記事・新聞記事などの文献や映画や文学などの作品を資料としている。

こうした資料は、引用することで法律のうえでも現行の研究倫理のうえでも支障なく紹介できるが、なかには扱いに注意を要するものもある。例えば、すでに発行され流通している新聞や雑誌に製作者などの氏名や顔写真が掲載されていたり、発売された映像に出演者の容姿がはっきり記録されていたりする。そうしたものを資料として引用することは法的には許容されるし、情報として価値があるかもしれない。しかしながら、本書はそうした情報をそのままの形で広めることを意図しているわけではない。むしろここでは、ブルーフィルムの世界を描くことで関係者のプライヴァシーが必要以上に晒《さら》されることのないような配慮がなされている。

したがって、何を取り上げ、どのように書くかということは、本書を構想し執筆する営みであると同時に、ある種の「倫理」の問いでもあった。これまでほとんど書かれていないことやもはや顧みられていないことがあり、そこに現実の人間たちがかかわっていて、自分たちの裸体や性行為を映像に残し、ときには犯罪として処罰されてもいる。製作した人、出演した人、販売した人、上映した人がいて、そのなかにはすでに亡くなった人もいればそうではない人もいるだろう。多くの場合、そうした関係者の実像は知られておらず、評価も確定していない。そのようなことを踏まえながら、名前や顔や身体や人生のエピソード、逮捕・検挙の報道をどの程度明らかにするのか、その都度の引用や記述の仕方を検討し、場合によっては、匿名にしたり、映像を引用しなかったりした。また、私がたまたま耳にしたことの記憶を手がかりに考察を展開している部分もあり、その場合には相手の了承を得ていたものに限って、匿名にして記述した。そのようなことが、本書の研究を進めるうえでの基本的な姿勢となっている。

第一章 ブルーフィルムとは何かと問いながら

8ミリフィルムと映写機

何年か前、中古のＤＶＤやＶＨＳビデオを扱っている店で「ブルーフィルム」が販売されていた。厚紙の小さな箱の一つ一つに「輪舞」「(新作映画)禁じられた遊び」「兄妹相姦」「好奇心に強い女」「悦楽の果て」「エロスの狂炎」「ザ・セックス」「恥ずかしそうで実はプロ級の女」「若妻の浮気」などのタイトルが書かれた水色のラベルが貼られていた(図版1－1)。それぞれの箱の中にはサイレントの8ミリフィルムが入っており、映写すると六分ほどになる。どの作品にもストーリーはなく、ただ性行為のシーンだけが収められている。しかもそれはかなり断片的であり、性行為の最中に突然終わっているものが多い。

これらは店内でアダルトビデオのＤＶＤやビデオテープなどとともに販売されていたものであ

り、性器そのものが写されたものではなく、販売しても取り締まりを受けることはない。エロチックな内容の8ミリのフィルムであることから「ブルーフィルム」と称されたようだが、刑法第百七十五条によって摘発される「本物」ではない。

これらのフィルムを鑑賞するには8ミリフィルム用の映写機が必要であり、いまとなっては自宅に常備する人も少ないだろうし、あったとしても故障していたり、使い方がわからなかったりすることが多いだろう。私自身も、ブルーフィルムの研究を始める前には8ミリの機材に触れることなどなかった。いまでは知人から譲ってもらった機材（図版1－2）を使って自宅で映像を確認できる。東京の実家に帰省したとき数本の8ミリフィルムを見つけ、持ち帰ったことがある。映写機にかけてみると、私が保育園の運動会で走る姿や、自宅の周辺で竹馬に乗って遊ぶ姿が映っていた。小学校に入る前、自宅に8ミリのカメラがあって母が使っていたことも思い出した。ビデオが普及する以前、8ミリは、家庭において映像を撮影・鑑賞するメディアであった。

ブルーフィルムに本物と本物ではないものがあるならば、あらためてブルーフィルムとは何かを確認しておく必要がある。とはいえ、定義によって両者を明確に区別するのではなく、本書の論述を進めるうえで混乱が生じないように、ブルーフィルムという言葉でどのようなものが指し

図版1-1　8ミリフィルム

示されていたかを明らかにして、読者がその対象を思い浮かべることができるようにしたい。これまで「ブルーフィルム」という言葉が用いられ、この語によって特定の対象が指し示され、一つのジャンルが形成されていた。まずこの事実をしっかりと受け止めて、実際の作品を手がかりにできるだけ具体的にブルーフィルムの世界をイメージできるようにしてみたい。さらには、違法とされた性表現の映画の歴史を踏まえたうえで、それがつねに「ブルーフィルム」と呼ばれていたわけではなく、「エロ映画」「秘密映画」「猥褻映画」「ワイ映画」などと呼ばれていたことを確認する。そのうえで本書ではなぜこの映画の世界を「ブルーフィルム」の世界と呼んで考察を進めるのかについても明らかにしておきたい。

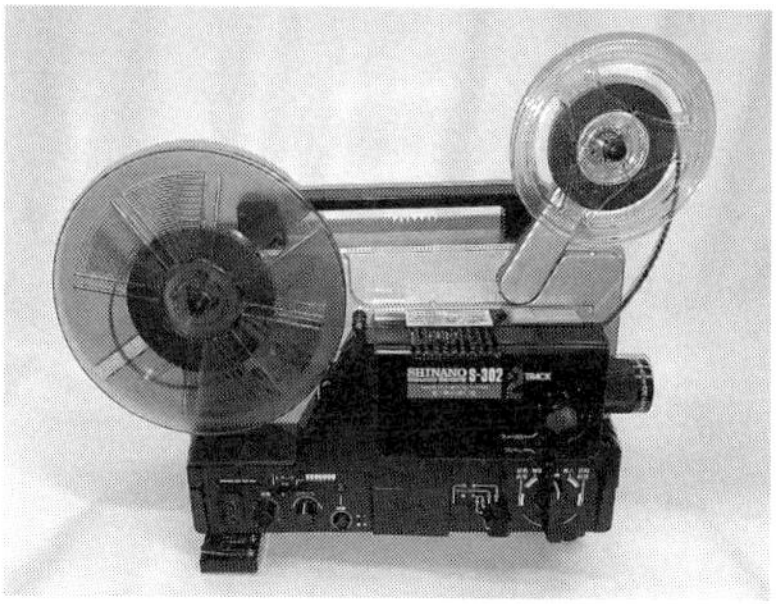

図版 1-2　8ミリフィルムの映写機

最初に特徴を挙げるならば、ブルーフィルムは、無修正の性表現がある映画であり、日本の刑法第百七十五条によって猥褻とされ、上映や頒布や販売目的での所持が禁じられている。そうした映画は戦前の一九二〇年代から一九八〇年代初めまで日本で製作されたものが流通していた。作品を記録する媒体は感光性のフィルムであり、ビデオにおける磁気テープやデジタルの情報を記録するＤＶＤではなかった。以下ではこの点を少しずつ明らかにすることになる。

一　『ブルーフィルム　風俗小型映画』全三巻と『久米の仙人』

雲から落ちる仙人

一つの作品を丸ごと紹介することが近道である。一九八四年に風俗資料考証会編『ブルーフィルム　風俗小型映画』という、ブルーフィルムを紹介する作品集が企画され、『1　東京・浅草編』『2　四国・高知編』『3　関西・大阪編』の全三巻がVHSでアダルトビデオメーカーの九鬼《くき》から発売された。一九九四年に同じくVHSで再発売され、二〇二〇年にはDVD化されて、今ではアダルトサイトから有料ネット配信を通じても鑑賞できる。土佐のクロサワ作品『久米《くめ》の仙人《せんにん》』が『2　四国・高知編』に収められている。一九六〇年代前半のカラー作品であり、全体の長さは十分程度で、三十一のショットからなっている。正確な製作年代は特定できないが、土佐のクロサワによって製作されたものであることがわかっている。通常は作品に関係者の名前がクレジットされず、誰が製作したかは不明であるので、これはかなり例外的である。そもそもブルーフィルムを紹介する三巻のうち一巻が「四国・高知編」になっていることにも注目すべきであろう。全ショットを一つずつ追ってみよう。

1. 黒い背景にオレンジの光が浮かんでいる。「久米乃《の》仙人シリーズ」と文字が出て（101）、次いで二重写し気味に「第一部　禁じられた花園」のテロップが現れて消える。

2. 黒い背景の画面、下の方には「雲」が流れている（スモークが焚《た》かれている）。仙人が杖を持って下界を見ている横姿のフルショット（102）。下に何かを見つけて、腰をかがめる。

3. 座って水浴びする全裸の尼僧。白い肌の背中全体が見える（103）。

4. 尼僧の顔のアップ。笑みを浮かべながら、体を洗っている。

5. 仙人の横顔のアップ。下を覗き込む。顔にはヒゲと皺《しわ》。左手に杖。うなずく。

6. 仙人の横姿のフルショット。雲の上でバランスを崩し、体を前後させ、踏みとどまろうとするが、やがて落ちてしまう。

7. 仙人が落下するシーン。黒い背景にスモーク。仰向けに横たわり、手足をバタバタさせる仙人が上から下に落ちる（104）。次いで、同じ背景に、顔のアップが写される。オーヴァーラップでふたたび横姿が写される。上から下に、手足をバタバタさせながら落ちていく。

8. 室内で座る尼僧。着衣。フルショット。そこに仙人が落ちてくる。尼僧の前に仰向けに倒れる。尼僧は仙人の顔や全身を見つめる。

9. 尼僧の顔のアップ。仙人を見つめている。

10. 尼僧のバストショット。目を閉じて、自分の体に触れる。

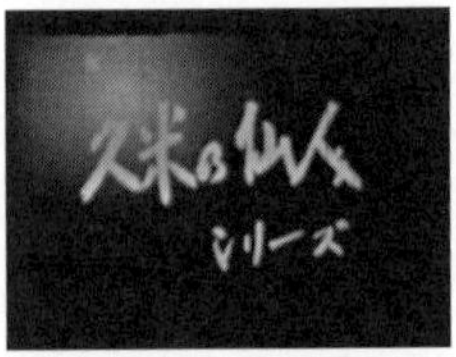

101

102

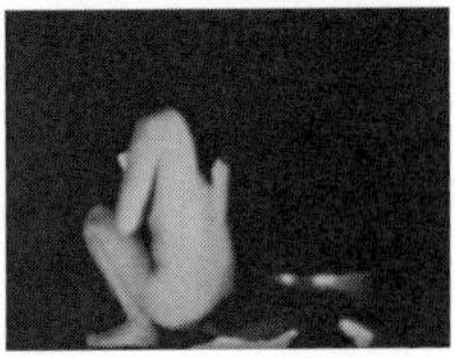
103

104

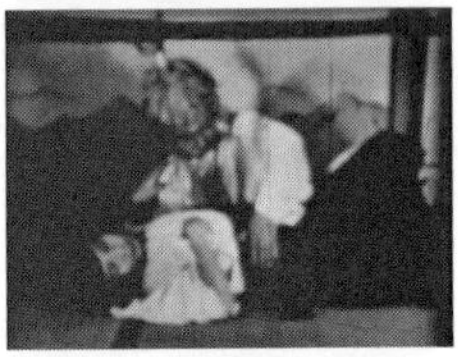
105

106　以上『久米の仙人』より

11. 尼僧と仙人のフルショット。横たわる仙人の衣服が脱がされている。尼僧は左手で自分の胸を、右手で仙人の股間を触る。次いで、尼僧が仙人に口づけする。
12. 二人の顔のアップ。仰向けに寝ている仙人に口づけする尼僧。手が仙人の顔を包み込む。
13. 二人のフルショット。仙人が目覚めて、尼僧にのしかかり、尼僧の服を脱がす（105）。
14. 尼僧の顔のアップ。目を閉じて、口を少し開いている。
15. 仙人の横顔のアップ。尼僧を見下ろしながら、何かを話している。
16. 尼僧と仙人の性器のアップ。仙人は自分の左手で自分の性器をつかむ。挿入する。
17. 仰向けに寝ている尼僧のバストショット。体が下から大きく突き上げられる。次いで、小刻みに揺れる。

18. 結合部のアップ。仙人の腰の動き。
19. 仙人の横顔のアップ。腰を動かしている。
20. 二人が両足を開いた結合部を足の方から写す。仙人は腰を動かす。
21. 横たわる尼僧のバストショット。仙人が上、尼僧が下。
22. 二人の絡み合う足のショット。上下が入れ替わる。
23. 尼僧の顔、バストショット。仰向け。
24. 尼僧のバストショット。角度を変えて、頭の方から写される。尼僧は仰向けになっており、体が小刻みに揺れている。
25. 尼僧の胸を揉む仙人の手のアップ。尼僧はその手を取り、下腹部へ動かす。
26. 二人の絡み合う下半身のアップ。仙人が上になる。仙人の腰が大きく動く（射精する）。
27. 二人の横顔のアップ。仙人がぐったりと尼僧の上に乗っている。
28. 尼僧の股間のアップから全身へとカメラが少しずつひく映像。
29. 座る尼僧。中腰の仙人が語る。二人ともすでに着衣。仙人が消える。尼僧は仙人を探す。
30. 仙人が置き忘れた白い褌《ふんどし》のアップ（106）。
31. 尼僧は褌を手に取り、上から見つめる。褌をたたむ。カメラが次第に顔をアップに写す。
「終」。フェイドアウト。

中世古典文学の映画化

このようなショットごとの記述からは、ブルーフィルムが一般的な映画と同じような特徴を持っていることが確認できるだろう。映像は三十一のショットとなっており、それらが編集によって組み合わされている。そして、仙人や尼僧といった登場人物は実在する役者によって演じられており、その役者の身体が撮影されている。役者の顔や身体の一部がクロースアップで大きく撮影されたり、全身のフルショットで撮影されたりしている。音はなく、セリフもなく、映像だけで物語や人間関係が表現されており、サイレント映画と呼ばれるものに分類される（ほとんどのブルーフィルムはサイレントである）。二重写し（オーヴァーラップ）という特殊効果も用いられており、カラーの撮影である。これらの特徴は、古くから映画というメディアが持っていたものであり、あるいは映画の歴史のなかのある時期に獲得されたものである。この作品もそうした映画に特有の技法を用いて、性行為や物語を描いている。

この作品は説話文学の映画化である。久米仙人は中世の伝説上の人物であり、女性の脚に魅了されて空から落ちてしまうエピソードは多くの書物に説話として記されている。例えば、『今昔物語集』巻第十一の「久米仙人始造久米寺語《くめのせんにんはじめてくめでらをつくること》第二十四」では、次のように記されている。

> 久米《くめ》モ既《すで》ニ仙《せん》ニ成《なり》テ、空《そら》ニ昇《のぼり》テ飛《とび》テ渡《わた》ル間《あひだ》、吉野《よしの》河《がは》ノ辺《ほとり》ニ、若《わか》キ女衣《をむなきぬ》ヲ洗《あらひ》テ立《た》テリ。衣《きぬ》ヲ

洗《あら》フトテ、女《をむな》ノ肺脛《はぎ》マデ衣《きぬ》ヲ掻上《かきあげ》タルニ、肺《はぎ》ノ白《しろ》カリケルヲ見《み》テ、久米《くめ》心穢《こころけが》レテ其女《そのをむな》ノ前《まえ》ニ落《おち》ヌ。
（『今昔物語集①』新編日本古典文学全集35、一一四頁）

仙人はその後に女性と結ばれ、俗世の生活を送ったことが語られる。この作品は、そうした伝説に基づいて、元々のエピソードのユーモラスな雰囲気が生かされた内容になっている。

映画はその誕生以来、神話や説話、小説や舞台作品や絵画などからエピソードの素材を譲り受けて発展した。次第に映画は表現の固有性を獲得して独自のメディアになり、ほかのメディアでも扱っている題材を、映画として新たに扱うようになった。このような間メディア性《インターメディアリティ》の一翼を担うことが映画の特徴でもある。『久米の仙人』は、他の分野を意識しつつ、それとは異なるメディアとしての映画ということに自覚的な作品であると言えるだろう。

性器の映画

ブルーフィルムが映画の一種であることが明らかになったが、そのうえでどのような特徴を持った映画のジャンルなのかについて付言するならば、ブルーフィルムは、丹羽文雄の小説において「露骨な、あまりに露骨な行為」とされていることをそのまま描いた映画であり、上映に際しては無修正の性器を映し出すために違法なものとなっている。性器と性行為が写っていればこのジャンルの作品が成立しており、ここでそれ以外の要素は求められてはいない。

作家の飯干晃一《いいぼしこういち》によればブルーフィルムは「性の映画でなく、性器の映画である」とされ、その芸術的価値の欠如が批判されている（「私を感動させた作品」三九頁）。このジャンルの作品として重要なのは、『久米の仙人』ならば地上における仙人と尼僧との「絡み」のシーンであり、ショット16から28に相当する部分である。ここではまさに二人の露骨な行為が性器のアップを交えて描写されている。仙人が尼僧の裸体に心奪われて雲から落下するシーンは、ブルーフィルムとしては余計な描写である。むしろ『ブルーフィルム　風俗小型映画』の全三巻に収められた作品のほとんどは〝通常の〟ブルーフィルムであり、特別なストーリーやそれと結びついた演出があるわけでもなく、露骨な行為の映像があることだけを売りにしている。

性行為を描くことだけが求められているこのジャンルでは、それ以外の要素に注意が払われにくい。しかも、異性愛の男性を中心とする鑑賞者の、性欲や知識欲を充たすために存在するこのジャンルには、必ずと言ってよいほど、女性の性器のアップが含まれている。フランスの画家G・クールベの《世界の起源》（一八六六年）は、股を開いた女性の性器を正面から描いた絵画であるが、通常のブルーフィルムにはこの構図のような映像が含まれている。しかも、映画の最後には、実際に性行為が行われ、（男性の）欲望が充たされたことをあえて示すかのように、女性器から精液がこぼれ落ちる映像がある（ただし実際の精液であるとはかぎらない）。

フィルムの一番最後の部分は、かならず女性の局所のアップとなって、そこからヌメヌメした液体がながれ落ちないと、およその観客は承知しない。

（吉村平吉《へいきち》「ブルーフィルムの観客層」一六五頁）

このようなクライマックスの表現は日本のブルーフィルムの多くに見いだされるものであり、『久米の仙人』ではショット28がそれに該当する。この作品のように、溢れ出た精液はそのまま放置されることもあるが、丁寧に拭き取られることも多い。それを拭き取るのは女性であることもあれば、男性のこともある。ある時期からの海外のハードコアポルノにおいては、クライマックスは「マネーショット」と呼ばれる男性器の射精の映像になるのが一般的であり、精液は女性の身体や顔などにかけられることも多い。このような表現とは一線を画していた点が、日本のブルーフィルムの特徴でもあろう。

作家の開高健《かいこうたけし》はエッセイで、洋物のフィルムに写っている白人男性の性器の大きさや形状を自分のものと比較する日本の鑑賞者について記している（「ワイセツの終焉」二七四頁）。まさに性器の映画を鑑賞する経験の記述として興味深いが、男性器にも焦点を合わせるのは、マネーショットを中心に組み立てる、ある時期からの欧米のポルノの特徴と言えるかもしれない。ハードコアのポルノにおいて、誰の性器をどのように映像にするのか、誰のクライマックスをどのように描くのかは、時代や地域に応じた表現方法の慣習に根ざす型のようなものがある。

二 「本物」のブルーフィルムとは何か

8ミリフィルムを映写する

実際のブルーフィルムがどのようなものであるかを示すために『久米の仙人』を紹介した。しかしながら、この映像を鑑賞してもブルーフィルムを見たことになるとはかぎらない。この作品は一九八四年に『ブルーフィルム 風俗小型映画』の企画においてVHSのビデオテープで発売され、その後にDVDやネット配信で鑑賞できるようになった。このようにして流通する作品はアダルトビデオと同じものであり、本来の意味でのブルーフィルムではない。

個人が録音された音楽を聴く場合には、二十世紀の大半の時期はアナログレコードが中心であったが、やがてカセットテープが登場して携帯用の機材からヘッドホンで聴くようになり、一九八〇年代にはCDが登場してデジタル化され普及した。現在ではそうした媒体そのものを必要とせず、インターネット上でデータをやり取りし、配信される音源を聴くことが普通になっている。映像の場合、製作・保存する媒体のことを「キャリア」と言うが、これにも音楽と同じような変遷がある。当初映像のキャリアは感光フィルムであったが、磁気テープのビデオになり、やがて

ＤＶＤが登場して電子化され、現代ではインターネット上の配信が中心になって、そもそもキャリアが存在しない流通が普通になっている。

映画としてのブルーフィルムはあくまでもフィルムをキャリアとしていて、フィルムを映写機に設置してスクリーンに映されたものを鑑賞することになる。「フィルム（film）」はもともと薄い膜を意味する言葉であり、映像が焼き付けられた映画のフィルムは長尺で、円形のリールに巻き付けられている。映画を上映するためには、リールに巻かれたフィルムを映写機に設置して、スクリーンに映像を映し出すことになる。先に紹介した『四季の愛欲』にも16ミリフィルムの映写機をアップでとらえたショットがあり、映写機のリールにフィルムが巻かれている。ここで16ミリと言われるのはフィルムの幅のことであり、劇場用の映画では35ミリや70ミリが用いられる一方、家庭や学校などの場所での鑑賞には16ミリや8ミリが用いられていた。一九五〇年代のブルーフィルムは16ミリが主流であったが、より手軽に扱うことのできる8ミリに取って代わられるようになる。一九六五年にはコダック製のスーパー8《エイト》や富士写真フイルム製シングル8《エイト》などの8ミリフィルムが発売され、かなり一般的に普及する。

このような8ミリのブームが始まった頃の映画『不敵なあいつ』（西村昭五郎《しょうごろう》監督、日活、一九六六年）では、小林旭《あきら》が演じる都築浩介がブルーフィルムを映写するシーンがある。彼は棚の中からフィルムを探し出し（107）、それを機材に設置して映写を始め（108）、その映像には知人の女性が写っているのだが（109）、そのことを確認する（110）。ブルーフィルムを鑑賞するためには、このようにフィルムを入手したうえで、映写機を設置して操作する必要がある。

　本章の冒頭に記したように、本物のブルーフィルムとそうではないブルーフィルムがある。もう一度この点に立ち返って、本物のブルーフィルムがブルーフィルムとして鑑賞されることはどのようなことなのかを明らかにしたい。以下ではブルーフィルムと似て非なるもの（アダルトビデオ、裏ビデオ、成人映画、温泉ポルノ）とを観点を変えながら少しずつ区別することになる。

107

108

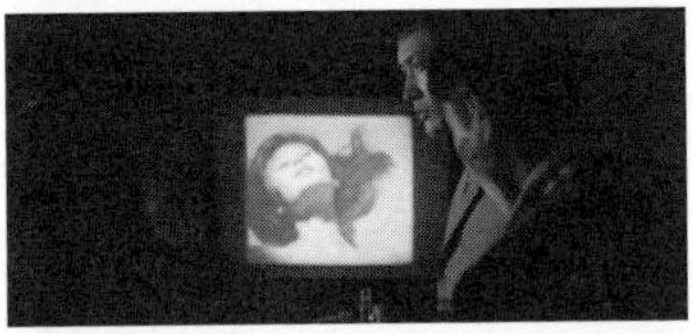
109

110　以上『不敵なあいつ』（西村昭五郎監督、日活、1966年）より

アダルトビデオと刑法第百七十五条

　磁気テープのビデオというキャリアで製作された性表現の映像は日本ではアダルトビデオと呼ばれ、その後にＤＶＤへとキャリアが変化したり、キャリアそのものを必要としなくなったりしても、アダルトビデオという名は残り続けた。アダルトビデオとブルーフィルムは同じような役

割を果たしており、両者はともに実際に行われている（とされる）性行為を撮影し、性行為を映像において見せるメディアという共通の役割を担っている（後述の成人映画は実際の性行為を映像にしたものではない）。ブルーフィルムはアダルトビデオの「前史」をなすことになる（安田理央《りお》『日本AV全史』第一章）。

ベータマックスが一九七五年、VHSが一九七六年に発売されたことにより、次第にポルノの映像にもビデオが関係するようになった。一九八一年の『ビニ本の女　秘奥覗き』や『OLワレメ白書　熟した秘園』が最初のアダルトビデオ作品とされ（藤木TDC『アダルトビデオ革命史』一四頁）、以後ビデオカメラで撮影をすることのジャンルが普及することによってブルーフィルムは完全に過去のものとなった。現代では、劇場で公開される映画であっても、撮影や上映にフィルムを使わないデジタルの映像が映画として公開されている。しかし、ブルーフィルムが製作されていた時代において、キャリアが何であるかの相違は大きなものであり、あくまでもフィルムで製作されていたものが映画とされていた。

キャリアの相違とは別の観点で重要なのが刑法第百七十五条との関係である。通常のアダルトビデオは、コンテンツが販売されたり、インターネット上で公式に配信されたりしており、違法ではない。同じように製作されたものであっても、性器の映像にモザイクなどの修正をすれば違法ではなく、通常のアダルトビデオはそうすることで流通が可能になっている。

先ほど紹介した『久米の仙人』はアダルトビデオと同じように販売・配信されている。性器の露骨な表現となっているショット16、18、20、26、28にはモザイク処理が施されており、性器がそのまま見えるようにはなっていない。

一方、アダルトビデオにも刑法第百七十五条に抵触する「裏ビデオ」があり、こちらは無修正の性器や性行為の映像を含んでいる。一九八二年には『ＩＮ ＳＨＯＯＴ 恐怖の人間狩り』や『洗濯屋ケンちゃん』が製作されて裏ビデオのブームが巻き起こることになる。しかし、こうした裏ビデオはまさにビデオであってフィルムではない。

ブルーフィルムや裏ビデオが違法とされるのは、それらが「頒布」「販売」「公然と陳列」されたり、「販売の目的」で「所持」されたりする場合である。家庭においてテレビモニターで鑑賞される裏ビデオが販売目的での所持や頒布の点において取り締まりを受けるのに対して、映画の場合は「公然と陳列」すること、つまり上映することが重要な意味を持っている。プライヴェートな空間において剝《む》き出しの性器の映像を見ることではなく、上映者が鑑賞者に向けて映像を陳列（＝映写）することが違法である。ブルーフィルムの違法な上映には、上映者と鑑賞者とがいて、不特定または多数の人たちからなる「公然」と呼ばれる状態が成立している。そこでたいてい鑑賞者は不特定であり、そうした鑑賞者のために上映者が違法行為に手を染める。梶山季之《としゆき》の短編小説「ブルー・フィルム先生」（一九七〇年）の主人公は「自己満足」のために「自作自演」の作品を作っているが、これは違法とはならないだろう。

成人映画

日本において性表現の映画と言えば、一九六〇年代以降から製作されているピンク映画、時代劇やエログロなどの路線で知られる「東映ポルノ」、一九七〇年代から製作された日活のロマンポルノなどの成人映画を思い浮かべる人が多いだろう。一九六二年に『肉体市場』（小林悟《さとる》監督、大蔵映画、香取環《たまき》主演）が製作・公開されており、これがピンク映画の最初の作品とされる。松竹・東宝・大映・東映・日活という大手五社以外の独立プロダクションで製作され、成人指定がなされ、役者によって演じられるフィクションの劇映画がピンク映画とされており、若松孝二や足立正生《まさお》などの名とともに海外でも知られるようになっていく。

東映でも、取締役でもあった岡田茂の企画によって、一九六〇年代後半から石井輝男《てるお》監督の『徳川女系図』（一九六八年）などエロティックな内容の映画が製作され、これはヤクザ映画と並ぶ人気の路線になった。日活でも経営不振を受けて一九七一年からロマンポルノが製作の中心となり、『団地妻　昼下りの情事』（西村昭五郎監督、白川和子主演）と、『色暦大奥秘話』（林功《いさお》監督、小川節子主演）が最初の作品として製作された。このような性表現の映画は、著名な監督や俳優が活躍する場になったり、若手製作者が一般映画に進出する前のステップになったりしている。

しかし、それらはブルーフィルムとは異なって、劇場での公開を目的として製作され、合法的に上映できるものである。そのために、性表現の部分に黒塗りやモザイクなどで修正が施されたり、カメラワークが工夫されたりした。また、映画で描写される性行為は撮影現場で実際に行われているわけではなく、観客もそうしたことを期待するわけではない。役者が性行為を演じるうえでは、性器の部分に「前貼り」をつけて、性器が見えないようにする慣習も生まれている。これらの作品は、欧米のポルノ映画の分類で言えば、「ソフトコア」と呼ばれるものに相当する。アメリカでは、過激な性や暴力などの「禁じられたトピック」をあえて利用することで商業的に成功を収めようとする「エクスプロイテーションフィルム」や「セクスプロイテーションフィルム」というソフトコアのジャンルがあり、ハリウッドの大手プロダクションとは異なる流通のルートが確立していた（Schaefer, *Bold! Daring! Shocking! True*）。

このような一般映画におけるソフトコアの作品は、年齢制限が設けられたうえで公開されている。つまり、これらの映画は映画館で公開されるものであり、基本的には劇場用の35ミリフィルムで製作され、上映がなされている。これに対して「ハードコア」のブルーフィルムは無修正の性器の映像を含んでいる。役者たちが実際の性行為を行った映像を含んでおり、性器そのものの映像や射精された精液を見せることを売りにしている。こうした作品は日本では劇場で公開できず、秘密裏に上映されており、上映は会員制の上映会や旅館の一室や個人の部屋や「シキ」と呼ばれる専用の上映場所で行われた。ブルーフィルムは映画でありながら、比較的小さな部屋などで上映されるため、フィルムも家庭用の8ミリや16ミリが用いられた。映画においては、上映する空間のサイズとフィルムのサイズが相関する。こうしてブルーフィルムは上映する空間もフィルムのサイズも小さい映画、「小型映画」として流通していった。

温泉ポルノ

『週刊アサヒ芸能』二〇一四年四月二十四日号には、「忘れじの「ブルーフィルム」をもう一度」という企画があり、『仁義なき性典』『尼僧物語　燃えた尼僧』『壺振りお万　濡れ濡れ道中』『女体開花』『濡れた尼僧』『成人映画の証明』『セックスの神秘』『人妻秘話』『愛の相談室　愛撫の技法』『愛の幻想』や愛染《あいぞめ》恭子の出演する『性技牝《めす》猫《ねこ》軍団』などがブルーフィルムとして紹介されている。『週刊現代』二〇一七年四月二十九日号では「傑作「ブルーフィルム」あの青春の滾《たぎ》りが甦る」という企画で、上記の作品の一部とともに『よろめきアパート花ざかり』『うまい話に御用心』『欲情に濡れた指』『淫蕩主婦』『オーモーレツ』『好色　白衣の天使・穴くらべ』『しびれ蛸』『裸性門』『江戸ポルノ　尼寺満毛経』などが紹介され、土佐のクロサワの『招かぬ客』『望遠』と同じブルーフィルムと見なされている。

ここでタイトルを挙げた多数の作品は「温泉ポルノ」と呼ばれて『ブルーフィルム・アーカイブス　温泉ポルノ』というDVDに収録されて発売されている（第一―第六巻・暫定白版第七―第十巻、ミスレーニアス、二〇一〇―二〇一一年）。このような「温泉ポルノ」は、劇場用の35ミリではなく家庭用の8ミリで流通していた小型映画で、温泉街などで上映されていた性描写を含む8ミリフィルムであることから、「ブルーフィルム」とも呼ばれていたようである。その実態はそれほど明らかではないが、そのなかには劇場用の成人映画のショットをつなぎ合わせたものもある。もともとの劇場用の映画の製作者や出演者の名前がクレジットされているものもあれば、そうでないものもある。

これらは無修正で性器や性行為を写したシーンがあるわけではなく、あくまでも合法なものであり、本物のブルーフィルムではない。本物のブルーフィルムは違法とされる映画のみを指しており、その用語法はそれなりに定着している。本書もこれを踏襲して、あくまでも違法なポルノ映画を考察の対象にする。

三 「ブルーフィルム」をめぐって

言葉の吟味

ここまで、ブルーフィルムの具体的な特徴を示して、これと似て非なるもの（アダルトビデオ、裏ビデオ、成人映画、温泉ポルノ）を区別してきた。以下では「ブルーフィルム」という語の使われ方に焦点を合わせてみたい。そもそも本書が考察の対象とする違法のポルノ映画に「ブルーフィルム」という語が用いられることにはどのような経緯があったのだろうか。もともとこの語は英語に由来するが、それが日本で用いられ、カタカナになったときにはどのようなニュアンスを持つのだろうか。

　実は、本書の考察の中心となる土佐のクロサワなどの作品に対して「ブルーフィルム」という語が用いられる必要はない。一九五〇年代に「ブルーフィルム」という日本語は一般的でなく、土佐のクロサワが『風立ちぬ』や『柚子ッ娘』を製作したときには、そのように呼ばれていなかったからだ。とするならば、この語を本書において用いることにはどのような意味があるのだろうか。ある言葉を用いることにどのような意味や背景があるのか、そのことによってどのような思考が展開されるのかを検討することは、私たちやその生きる世界を深く理解するための哲学の方法である（古田徹也『いつもの言葉を哲学する』）。本書も「ブルーフィルム」の語を用いて、さらにそれを「ポルノ」と特徴づけるのは、これらの言葉を用いることで見えてくるものや理解できることなどを重視するためである。場合によっては、「性器が描かれているために刑法第百七十五条に抵触する映画」などという言葉を用いて、同じ主題を論じることはできるし、その方が正確に事柄を表現している可能性もある。しかしそれをしないのは、「ブルーフィルム」や「ポルノ」という語を使わなければ見えてこないもの、考えられないものがあるためである。

　こうした観点から考察を進めるには、「ブルーフィルム」という言葉をめぐる歴史を振り返る必要がある。ブルーフィルムと呼ばれていたわけではないにしても、違法の性表現の映画はかなり昔からあった。ここで日本におけるそうした映画の歴史を概観しておきたい。このテーマについて学術的研究がなされているわけではないが、このジャンルを包括的に紹介した唯一の著作である長谷川卓也『いとしのブルーフィルム』（一九九八年）を手がかりにする。

日本における性の映画の歴史

日本にはもともとは戦前から「猥褻映画」「猥映画」「わい映画」「Y映画」「エロ映画」「エロフィルム」「性的映画」「秘密映画」「怪映画」「桃色映画」などと呼ばれるものがあり、取り締まりの対象になっていた。その歴史はそれなりに古く、大正時代（一九一二―二六年）の初めに「桜夜会」という会員組織で秘密映画が鑑賞されたという情報がある（帰山教正《かえりやまのりまさ》『映画の性的魅惑』）。一九二六年には『創世記』という作品の上映が有罪の判決を受けたが、裁判では、映像という「幻影」を空間に場所を占めるかたちで「陳列」できるかが争点となり、有罪判決がくだされた（江戸九郎「猥映画の秘密」）。映画評論家の帰山教正は『映画の性的魅惑』（一九二八年）において、次のように述べている。

性的映画の多くは極めて露骨なあるものを写したに過ぎない。謂《いわ》ゆる性交の映画であつて四十八手様々な奇異な状況を何の考《かんがえ》もなく撮影したものである。（『映画の性的魅惑』九六頁）

こうした映画は当時から文学の題材になっている。一九一六年から翌年にかけて発表された永井荷風の小説『腕くらべ』には「いつかのやうな会員組織の、猛烈な封切はないでせうか」という秘密上映会を示唆する会話が出てくる（「腕くらべ」一二一頁）。一九一八年の上山草人《かみやまそうじん》「煉獄《れんごく》」には「公《おほびら》には世間に出せない種類の西洋の活動写真」の、会員制上映会の描写がある（「煉獄」四一四頁）。こうした一九一〇年代の文学作品は上映会を描いているが、一九二三年に谷崎潤一郎が発表した「肉塊」は、上映会で鑑賞する人物ではなく、作品を製作する人物に光を当てている。主人公はある女性の官能的な魅力に取り憑かれ、彼女が出演する映画を製作するが、次第に正気を失って、猥褻な映画を製作し始める。当時の最先端の媒体である映画に対する谷崎の強い関心は、こうしたジャンルにまで及んでいた。一九三〇年には、龍胆寺雄《りゅうたんじゆう》が「階段を下りる」という短編を発表しており、これもまた「V・M・プロダクション」という猥褻映画を製作するグループを描いた作品である。

最初は海外から輸入したものが上映されていたが、一九二〇年代から日本での製作が始まったようである。一九二四年八月十九日の読売新聞には『人の花』という「猥褻フヰルム」の製作者が、一九二九年六月二十日の同紙では『春の夢』という「怪映画」の製作者が取り締まりを受けたことが報じられている。この頃から継続的に摘発の記事が新聞に掲載されており、一九二〇年代後半には本格的に製作・流通のルートができていたようである（島崎五郎「対談　秘密映画を映《う》つす男」『人間探究』一九五二年七月）。春画を見ている殿様と腰元を描いた『新郎新婦』がこの時期を代表する作品とされている。

一九三〇年代にも一定数の作品が製作され続け、一九三二年には『すゞみ舟』のようなアニメも製作された（第五章）。なかには、中国人男性と日本人女性との愛を描くなど、政治的にも禁じられたテーマが描かれたこともある（第五章）。戦中に製作が途絶えるが、一九四八年には日本での製作が再開されたと言われている。当時の小説にも、「今までの外国もの」とは違う「日本男女の濃厚場面」を描いた作品についての記述がある（正貫寺謙「秘密映画の出来るまで」八頁）。一九五一年には土佐のクロサワの『風立ちぬ』が、翌年には『柚子ッ娘』が作られた。女性同士の性行為を描いた『沙漠《さばく》の女』も一九五一年の作品である。この頃は主に「エロ映画」と呼ばれており、そうした映画に対して「ブルーフィルム」の名称は用いられていない。

こうした時代において違法のポルノ映画を製作している当人やその鑑賞者たちは、「ブルーフィルム」を製作したり鑑賞したりしているという自覚はなかった。「ブルーフィルム」という名称が広まったのは一九六〇年代になってからのことで、おそらくミステリー小説の巨匠グレアム・グリーンの一九五四年の短編小説「The Blue Film」が翻訳され、それなりに読まれたことと関連がある。これが「青い映画」として一九五五年に翻訳されており、一九六〇年刊のグリーンの著作集にも再録されている。結婚した男女のカップルが男性の出演した昔のブルーフィルムを見てしまうという話である。

「ブルーフィルム」の曖昧な誕生

開高健は、一九六〇年に『新潮』（七月号）に発表した「ユーモレスク」において、浅草で「ブルーフィルムを見物」する人物を描いている。一九六一年には『週刊文春』(十二月十八日号)において「Y映画すなわちブルーフィルム」という表現が用いられた。一九六〇年代の初頭から雑誌でも、違法のポルノ映画を表現するために「エロ映画」と並んで「ブルーフィルム」の語が用いられている。一九六三年には野坂昭如の『エロ事師たち』の初稿版が『小説中央公論』に発表された。一九六四年の読売新聞では「ブルー・フィルム」の製作者を描いた野坂の小説を今村昌平が映画化することが記事になっている。

新聞紙上でも、摘発や逮捕を報じるときにもともと「エロ映画」などと表記されていたものが、一九六〇年代から次第に「ブルー・フィルム」と表現されるようになり、読売新聞では一九六四年から、毎日新聞では一九六七年から、朝日新聞では一九七〇年からその文脈で「ブルーフィルム」という語が登場している。一般には、ブルーフィルムのほかに「青映画」などと呼ばれ、一部の製作者自身による隠語で「帯(オビ)」と呼ばれることもあった(矢野卓也『実録　ポルノオビ屋　闇の帝王』四二頁)。一九六〇年代中頃に8ミリブームがあり、その一翼を担うかたちでブルーフィルムは広く知られるようになった。

この頃から雑誌や漫画や文学などでも、ブルーフィルムという表現が用いられている。開高健や野坂昭如や藤本義一や吉行淳之介などの作家がブルーフィルムについて語り、一九五〇年代の土佐のクロサワの作品などを「ブルーフィルム」の傑作として紹介している。こうして、「エロ映画」と呼ばれていた時代の作品にも時代を遡《さかのぼ》ってブルーフィルムという名称が適用されるようになり、「戦前のブルーフィルム」などという言い方もされるようになった。

一九七〇年代になると、ブルーフィルムは「ポルノ」という概念と結びつくことになる。欧米のポルノの解禁と呼ばれる動向のなかでハードコアポルノがブームになった欧米社会の影響を受けて、日本でも性表現が「ポルノ」の名において公開されるようになった。東映の鈴木則文《のりぶみ》監督『温泉みみず芸者』（一九七一年）では、主演の池玲子が「衝撃のポルノ女優」というコピーでデビューを飾り、池玲子の第二作『女番長《すけばん》ブルース　牝蜂の逆襲』に続く第三作『現代ポルノ伝先天性淫婦』（一九七一年）は、タイトルにも「ポルノ」という表現が用いられた（鈴木則文『東映ゲリラ戦記』八一—四二頁）。この第三作のなかでは、タバコを吸う池玲子が、映写機が置かれた暗い部屋でブルーフィルムを鑑賞する場面もある（111）。同時期に日活では「ロマンポルノ」の製作が開始され、ジャンルとして定着することになる。日本における「ポルノ映画」は、一九七〇年代の東映や日活の合法の映画、同時期に輸入された欧米の作品を指す表現として定着することになった。ここから次第にブルーフィルムがポルノと重ね合わされるようになる。『不良番長突撃一番』（野田幸男監督、東映、一九七一年）では、梅宮辰夫らが桃太郎伝説にちなんだブルーフィルムを製作したり、鑑賞したりしているが（112）、この映画ではブルーフィルムが「ポルノ」と呼ばれている。おそらくブルーフィルムとポルノが結びついたかなり初期のイメージであろう。とはいえ、ブルーフィルムをポルノと呼ぶことに違和感を覚えた人もいたようであり、小林久三《きゆうぞう》のミステリー小説「フィルムが赤く濡れた」（一九七四年）で描かれる蒐集家《しゆうしゆうか》は、映画館で上映される「ポルノ」と対比されるブルーフィルムを愛好する設定になっている（「フィルムが赤く濡れた」八頁）。

　ブルーフィルムの最後の作品と言われているのは『燃え尽きるまで』（一九八〇年）であり（『ブルーフィルム　風俗小型映画３　関西・大阪編』）、アダルトビデオや裏ビデオが流通する一九八〇年代前半には完全になくなっている。その後「ブルーフィルム」は、古い時代の禁じられたエロティックな映画をイメージさせる言葉となり、昭和のエロティシズムを連想させたり、禁忌《タブー》の度合いの高いエロティシズムを表現するようになる。音楽業界では、桑原茂一《もいち》のプロデュースによる音楽ユニット「ブルーフィルム」が五枚のアルバムをリリースし、「ピエールとカトリーヌ」（一九九三年）などのエロティックな楽曲で知られている。町田町蔵《まちぞう》は一九九二年のアルバム『腹ふり』に、野坂昭如の小説の主人公の名と同じ「すぶやん」という曲を入れている。ビジュアル系ロックバンドcari≠gariは、二〇〇〇年に『ブルーフィルム』（通称「エロアルバム」）、コンドームの特典付き）、二〇〇一年に『ブルーフィルム２nd』を発表している。

　アダルトビデオでは、ヘンリー塚本監督の作品が「昭和ブルーフィルム」というシリーズ名で発表されている。

111　『現代ポルノ伝　先天性淫婦』（鈴木則文監督、東映、1971年）より

112　『不良番長　突撃一番』（野田幸男監督、東映、1971年）より

このシリーズのそれぞれの作品の冒頭にはフィルム映写機のイメージ映像が付けられており、古い時代のブルーフィルムを連想させる。こうしてブルーフィルムは、アダルトビデオのなかで追憶の対象となるに至った。

歓楽街にきらめくフィルム

本書の主題であるブルーフィルムは、日本の刑法第百七十五条によって違法となるような映画である。ここであらためて強調すべきは、違法のポルノ映画としてのブルーフィルムの存在が、さらにはそうしたものをブルーフィルムと呼ぶ習慣が、一九六〇年代以降の日本という特定の地域社会や歴史と深く結びついていたことである。一方、英語のblue filmには、性にかかわる猥褻な映画という意味はあっても、違法のものに限定するニュアンスはなく、劇場で公開されるような作品にも用いることができる。この点を、ある楽曲を手がかりに確認してみよう。

マーク・アーモンド（ボーカル）とデイヴ・ボール（シンセサイザー）によるユニットのソフト・セル（Soft Cell）の一九八一年のデビューアルバム『ノンストップ・エロティック・キャバレー』（*Non-Stop Erotic Cabaret*）に「三流映画（Seedy Films）」という曲が収められている。このタイトルはまさにいかがわしいポルノ映画を指しており、「Blue films flicker（ブルーフィルムがきらめいている）」という歌詞があって、ジャケットの裏面（図版1-3）には歓楽街の光景が描かれている。ここには「PEEP SHOW」や「CINEMATIC SEX」という看板が見え、歓楽

図版 1-3　*Non-Stop Erotic Cabaret* の裏ジャケット

街で覗き見や性的な映画の上映が行われていることが示唆されている。このように堂々と看板を掲げて営業している以上、上映されているらしい「blue film」は違法なものではないだろう。この楽曲やアルバムには本書で論じる「ブルーフィルム」は出てこない。本書で論じるブルーフィルムは、あくまでも日本の刑法によって違法なものとして存在するものであり、そのような社会的背景なしには成立しないものである。

洋物のブルーフィルム

ここで注意すべきは、日本において「洋物」のブルーフィルムがさまざまな時代に鑑賞されていたことである。丹羽文雄の『四季の演技』で主人公が鑑賞していたのも国外で製作されたものである。もともと日本で本格的に製作が開始される以前には、海外製作の輸入ものが鑑賞されていた。戦争が本格化した時期や終戦後は製作がなされず、再開は一九四八年であったが、戦後もしばらくは戦前の洋物の上映が多かった。一九五〇年代から六〇年代にかけては和製のフィルムの製作が本格的になったが、一九六〇年代の後半くらいからは、既成のフィルムをコピーする技術が発達したこともあり、海外の作品がコピーされて大量に出回っている。

欧米社会においても当然ながら古くから性表現にかかわる映画が存在し、性器をそのまま写したものが、さまざまな時代にさまざまな仕方で流通していた。海外では、一九一〇年頃にドイツで『夕べ』（*Am Abend*）が、一九〇七年から一三年のあいだにアルゼンチンで『エル・サタリオ』（*El Satario*）が、一九一五年から二三年のあいだにアメリカで『フリーライド』（*A Free Ride*）が製作され、これらは性器や性行為そのまま描いた初期の映画として知られている。かなり初期のポルノ映画はスタッグフィルムと呼ばれており、アメリカでは一九一〇年代くらいから一九六〇年代くらいまで確認することができる。これは短編のサイレント映画であり、性行為を露骨に写すものであるがゆえに違法なものとして、地下で流通していた。「スタッグ」とは牡鹿を意味する言葉であり、ほとんどの場合に男性だけの集まりにおいて鑑賞されていた（Dan Erdman, *Let's Go Stag*）。これに対して、前述のエクスプロイテーションフィルムの内容は過激であるが、実際の性行為をすることも性器を写すこともなく、合法なものとして映画館で上映されていた。一九六〇年代後半からは欧米において「ポルノ解禁」と呼ばれる動向が生じており、性行為を撮影した映像を含む映画の上映が許容されることになった（一挙に上映が許可されたわけではなく、その後も、社会情勢や政権交代などの影響を受けて関係者が摘発され、有罪判決を受けることもあった）。一九七〇年代初頭には『ディープ・スロート』や『グリーンドア』などのハードコアポルノが劇場公開用に製作される。しかし、小型映画のハードコアの映像も個人鑑賞用に製作され、8ミリフィルムが販売された。こうした無修正の映画が、それぞれの時代の日本において「洋物ブルーフィルム」として流通していたのである。

四　文化を継承する

ブルーフィルムを継承する

「ブルーフィルムとは何か」を検討する本章では、「本物」のブルーフィルムとそうではないものとを区別した。違法のポルノ映画としてのブルーフィルムとはどのようなものかについてイメージが読者のなかに喚起されるようになったなら、本章の目的は果たされたことになる。ここまでの論述からは、性表現のある違法の映画がつねに「ブルーフィルム」と呼ばれていたわけではないこと、英語の「blue film」が違法の映画だけを意味するのではないことがわかった。しかも、本書の考察の中心となるのは一九五〇年代の「土佐のクロサワ」作品であるが、当時そうした作品は「ブルーフィルム」ではなく「エロ映画」などと呼ばれていた。

それにもかかわらず本書が日本において違法とされてきた性表現の映画に「ブルーフィルム」という言葉を用いてその世界を描き出すのは、ある種の文化的伝統を「継承」することを意図しているためである。一九六〇年代から七〇年代にかけて、野坂昭如や藤本義一などが土佐のクロサワの旧作を「ブルーフィルム」の傑作と見なし、次第に多くの人が関心をもつようになった。

ドキュメント作家の桑原稲敏は土佐のクロサワにインタビューをして、その評伝を執筆する計画を立てていた（が実現しなかった）。一九七五年に三木幹夫の『ぶるうふぃるむ物語——秘められた映画史70年』（立風書房）が刊行されて、初めてジャンル全体が書籍のかたちで明らかにされた（これは一九八〇年に改訂版が出版され、さらに一九九一年には三木幹夫というペンネームではなく長谷川卓也の名で改訂されて『いとしのブルーフィルム』となった）。

野坂や藤本ら表現者にとっては、欧米でかなりの性表現が許容され、日本でも一定の性表現がなされているにもかかわらず、ブルーフィルムがなおも違法であることが重要であった。彼らはときに猥褻裁判を闘ったり、製作者を取材したりと、違法とされる映画を紹介することに意義を見いだしていた。また、洋物から土佐のクロサワ作品にまで至るブルーフィルムは、劇場向けに一般公開される映画では表現されない映像を流通させていた。本書は、現代においてこのような伝統を顧みることに価値があるという考えのもとに書かれている。

忘却に抗して

ブルーフィルムはすでに多くが廃棄され、もはや鑑賞されたり論じられたりすることがなくなっている。もともと当時から違法のもの、いかがわしいもの、あやしいもの、見てはならないものとして、一般には敬遠されていた。今ではさらに時代遅れのもの、過去のものとなって、鑑賞されることのないままに忘却されている。そもそもブルーフィルムが「猥褻なもの」として刑法

第百七十五条で禁じられているのは、社会秩序を乱し、多くの人を不快にさせ、性道徳に反すると考えられているからである。ブルーフィルムは、この社会に流通するのにふさわしくないものとされて、表舞台から締め出されているのである。

ブルーフィルムはまた、異性愛の男性の性欲を充たすためのメディアである。現代の日本において性表現の問題を考察する場合には、良識や道徳に反することよりも、女性を中心とする出演者の人権を損なったり、性差別を助長するかもしれない内容であったりすることが論点になるだろう。ブルーフィルムは猥褻であるのみならず、性差別的であるかもしれない。そうであるならば、ブルーフィルムが忘却されていることは望ましいと考えられるかもしれない。それをわざわざ掘り起こして、その文化を継承することに、どのような意味があるのか。

「ブルーフィルム」を「継承」する本書の試みは、これにかかわるあらゆる伝統を無批判に受容して肯定するものではない。しかし、露骨な性の描写がなされている古い映像は、少なくとも、当時の差別や抑圧について知るための資料という意味がある。さらにブルーフィルムには、その当時には珍しいほどの剝き出しの欲望が表現され、身体の最もプライヴェートな恥部が描写されており、私たちが自分自身や他者を理解するために、そうした欲望の記録を社会のどこかに残しておくべきだとする立場は許容されうるだろう。

本書が明らかにするように、ブルーフィルムは、フェミニズムなどによる性差別などの問題提起を正面から受けることがなかった時代に製作されたものでありながら、ジェンダーやセクシュアリティの多様性を描き出すことがあり、画一的であったり性差別的であったりする社会の構造に対抗する可能性も含んでいる。そこには映画の〝表社会〟から何らかの事情で弾き出された性的身体やジェンダー、セクシュアリティや人種・民族、政治や地域なども表現されている。

問いの渦中において再発見する

「猥褻」だったり「性差別的」だったりするものは、欧米社会の歴史のなかで「ポルノ」と特徴づけられてきた。それは社会にとって不穏当なものをめぐる意見の対立の論点を示したり、何らかの立場から「無価値なごみ」とされるものを示したりするための語でもあった(ウォルター・ケンドリック『シークレット・ミュージアム』第一章・第八章)。本書はブルーフィルムを「ポルノ」とも特徴づけているが、それはこのジャンルやそのなかの個々の作品が、そうした問題を抱えているかもしれないことを踏まえて、少なくとも考察の論点に含めるという姿勢でもある。そのうえでブルーフィルムをめぐる文化やその作品群を、忘却から取り戻そうとする。忘却に抗することは、ブルーフィルムをそうした問いの渦中において再発見することでもある。本書は「ブルーフィルムとは何か」と問いながら、その忘れられた歴史に光を当て、その文化を問題とともに取り戻すことを目指している。

本書における記述や検討は中立的な立場からなされているわけではない。というのも、ブルーフィルムという言葉によって特定の対象群を語ることは、それらに少なくとも語るだけの価値があると考えることになるからだ。そうした作品が、とりあえずは現代の鑑賞者にとっても価値があると見込んだうえで、プライヴァシーなどに配慮しながら論じることは許されるだろう。すべての作品がよいわけではないにしても、性器が描かれているという理由で社会から法によって抹消《キャンセル》されている現状は、改善されるべきである。

ブルーフィルムやそれを取り巻く世界は、目を背けたくなるような私たちの欲望や身体を描いており、多くの人から忌避されていた。作品だけではない。ブルーフィルムの流通に携わる人たちも刑法に違反する犯罪者であり、まともに語られることはなく、私たちが製作者や出演者の名を知らないことにつながっている。さらには、このジャンルについての最初の著作『ぶるうふいるむ物語』がペンネームで執筆されたように、コレクションする者、鑑賞する者、論じる者にもリスクがついて回った。国外でも、ハードコアポルノのコレクターやアーキビストや研究者は、扱っている対象ゆえに不利益を被ることが懸念されている。ポルノを批判する姿勢よりも、何らかのかたちで擁護する姿勢の方が、多くの説明を求められることがある。

本書はそうした状況を踏まえて、ブルーフィルムの作品やそれにかかわった人たち、そしてそれらとともに見えてくるものが、少なくとも現れ、見られ、論じられるに値するものであることを示そうとするものである。

第二章
ブルーフィルムを見るとはどのようなことか

脱ぎ捨てられた下駄

ブルーフィルムに関心を持ってまもなく、私は高知で、土佐のクロサワと親交があり、その製作現場を知っているという人に会った。話を聞いたときに八十歳を超えていたその人はまさに矍鑠《かくしゃく》としており、撮影現場では複数の8ミリのカメラが用いられていたこと、それらがU字型に並べられていて、センターポジションから撮影されたフィルムに最も高い値がついたことなどを教えてくれた。室内の撮影では強い照明のために室温が上がり、「みんな汗だくになっていた」という。何より印象的だったのは、その人が『風立ちぬ』を実際に見ていたことだった。

舟の上での営みが終わって、「終」というマークが出ると、二人が脱ぎ捨てた下駄が流れていった。とても情緒があった。

ブルーフィルム史上の最高傑作と言われる映画を鑑賞した人に、私は会うことができた。『風立ちぬ』が舟の上での性の営みを描いたことは知っていたが、脱ぎ捨てられた下駄が流れるという具体的なシーンの情報は貴重である。ますます見たくなったが、もはやそのフィルムは失われている。目の前には鑑賞した人がいるのであり、生まれた場所や時代が違えば私も『風立ちぬ』を見ることができたかもしれない——そんなことを考えるようになった。

法律がどのように機能するのかによって、人がどの地域にいつ生まれるのかによって、見ることができたりできなかったりする映画があるのだ。違法とされるブルーフィルムの世界に人は近づきがたいのだが、それはどのような意味においてなのか。どんな人がどのようにしてブルーフィルムを見ることができたのか。また、ブルーフィルムにおいてセックス（性器や性行為）の映像を何らかの事情で見ることができたならば、鑑賞者は何をどのように知ることになるのだろうか。本章では、ブルーフィルムを鑑賞してその世界へとアクセスすることをめぐる問いを考察する。

一　見ることの困難

大衆が映画を見る

土佐のクロサワが次々と傑作を撮っていた一九五〇年代、日本において映画は多くの人に鑑賞されていた。この時期の日本映画はまさしく黄金時代に突入しようとしており、五〇年代後半には最大の観客動員数を記録して全盛期を迎えることになる。このことからも映画を鑑賞する主体を「大衆」と特徴づけることができるが、大衆と呼ぶことのできる鑑賞者は一九二〇年代後半から一九六〇年代に成立しており、日常生活の主体であるとともにメディア消費文化の主体でもあった（藤木秀朗《ひであき》『映画観客とは何者か』序章・第五章・第六章）。こうした映画観客としての大衆はやがてテレビの視聴者へと変貌することになる。

『風立ちぬ』（一九五一年）が製作された頃の高知市内には十一の映画館があり（『映画年鑑　一九五一年版』）、最盛期の一九五〇年代後半には三十を超えるようになった（「古き良き映画館の歴史」読売新聞高知版　二〇一九年九月二十四日付）。現在、高知県内の映画館はシネコンを入れて数館となっているが、かつて映画は、一般の人たちが普通に生活するうえで欠かせない大衆娯楽であった。しかしながらクロサワらのブルーフィルムは、違法であるがゆえに、そうした映画館では上映されることがなかった。

ブルーフィルムは「大衆」によって鑑賞されていたわけではなく、むしろブルーフィルムを見る人はそのときに大衆ではなくなっている。一般映画の観客にも製作者の意図した技巧を見分けて楽しむ層がいたように（板倉史明「「無垢な」観客と「洗練された」観客」）、大衆ではないブルーフィルムの観客にもまた作品の技巧を楽しむ層がいた。そうした「好事家《こうずか》的な鑑識眼」を持った観客に向けて優れた作品が製作されていたのだ（宮台真司・石原英樹・大塚明子『増補　サブカルチャー神話解体』三七五頁）。ブルーフィルムというジャンルの作品の鑑賞は、一般映画を大衆が鑑賞するのとはかなり異なった営みである。

ブルーフィルムは劇場ではなく、旅館の一室や歓楽街のいかがわしい場所で、人知れずこっそり上映されていた。開高健は浅草のフィルム上映や性行為の実演ショーが行われる場所を「穴」と呼び、違法な営業にかかわる人物たちを「声」や「影」と呼んでいる。

〔……〕ちょっとした薄暗くて湿っぽい露地を歩けば、きっと暗がりから声がかかる。〔……〕穴の家へくると、声は戸をひいて玄関へ入り、そのまま足をかえしてすたすたと消える。〔……〕きまってあたりには焚火をしたり、立話をしたりしてる人影がある。声が影に何かちょっとしぐさをすると、影は声に見えるか見えないかのしぐさをしてみせる。ポリスにたいする歩哨《ほしよう》の役を影はやっているらしくて、そうやって声に、安全だと知らせるわけである。

（「黄昏の力」一二一―一二二頁）

こうした顔の見えにくい人たちにいざなわれてブルーフィルムの世界に入ることとは、大衆にふさわしいことではないだろう。鑑賞には実際にどのような制約があったのだろうか。

違法ゆえに

基本的なこととして、刑法第百七十五条に由来する法律上の困難がある。簡単に確認しておくと、ブルーフィルムは公然と陳列すること、頒布すること、販売目的で所持することなどが禁止されており、これによってアクセスが妨げられている。ブルーフィルムの作品が存在していれば、たしかに物理的には鑑賞することはできる。しかし、違法ゆえに何らかの仕方でアクセスが禁じられて、見ることが困難である。

このような法的制約と結びつくかたちで道徳的な制約がある。ポルノ映画を見ることは後ろめたさや恥ずかしさをともなうため、鑑賞を話題にすることを避ける人もいるだろう。ましてや違法のブルーフィルムを鑑賞したとなれば、ますます道徳的に問題があるものにアクセスしたことになり、鑑賞の経験を公にすることがためらわれる。大量の作品を売りさばいたグループが一九七一年に摘発されたとき、フィルムを購入していたテレビ局の社員や放送作家、デザイナーや銀行員などが参考人として取り調べを受けたことが、一部の人の実名入りで報道されている（『週刊アサヒ芸能』一九七一年九月十六日号、『週刊文春』同年九月二十日号）。また、一九七三年には、ブルーフィルムの上映・鑑賞をしたことで東京のある市役所の職員が五名逮捕され、実名・顔写真入りで報道されている。そこには「前代未聞のハレンチ事件」「本当にスキな奴ら」「スケベー職員」「エッチな人」などの表現が見いだされる（『週刊アサヒ芸能』一九七三年十一月十五日号）。

厳密に言えば鑑賞そのものは違法ではないが、そのような区別ははっきり意識されるわけでないこともあり、猥褻なものにアクセスしたという点が強調されて報じられる。上映者と鑑賞者が区別されるとしても、鑑賞者が作品にアクセスできるのは上映者の違法行為のおかげである。ブルーフィルムは違法であるという特徴を持つことによって、鑑賞することのハードルがかなり高くなっている。

女性ゆえに

ブルーフィルムはジェンダーやセクシュアリティによって鑑賞しやすかったりしにくかったりする。出生時に割り当てられた性別と、自認している性別（性自認）が一致していることを「シスジェンダー」と言い、恋愛感情や性的欲望が異性へ向かうことを「ヘテロセクシュアル」と言うが、ほとんどのブルーフィルムは、シスジェンダーでヘテロセクシュアルの男性を念頭に、その性的興奮を喚起するために製作されていた。ときにヘテロセクシュアルに限定されない題材としてレズビアンやバイセクシュアルなどを描いたものもあったが、基本的にはこのジャンル全体が異性愛の「シス男性」を鑑賞者として想定しており、そもそも男性以外が楽しむことが念頭におかれているわけではなかった。女性にとってはより高い鑑賞のハードルがあっただろう。もちろん、ときに旅館などで女性が男性とともに鑑賞することもあり、観客の半数が女性という上映もあったようである（吉村平吉「ブルーフィルムの観客層」一六五頁）。８ミリの普及とともに会社の社員旅行などで団体鑑賞がなされており、そうした場面で女性が（ときに意に反して）鑑賞していたこともある。しかし、鑑賞の状況を記録したものが残っているわけではなく、実際にどのような人たちによってどのような鑑賞がなされていたかを正確に知ることは難しい。

それでも、女性による鑑賞は、劇場で公開されるような映画作品にもたびたび描かれている。

201　『温泉ポン引女中』（荒井美三雄監督、東映、1969年）より

202　『みな殺しの霊歌』（加藤泰監督、松竹、1968年）より

「はじめに」で紹介した『四季の愛欲』では山田五十鈴が演じる女性がブルーフィルムを見ていた。東映の成人映画『温泉ポン引女中』（荒井美《み》三《さ》雄《お》監督、東映、一九六九年）にも旅館での鑑賞シーンがあり、『四季の愛欲』とよく似た光景が描かれ、女性を含めた鑑賞者はみな浴衣を着てくつろいでいる（２０１）。さらに『みな殺しの霊歌』（加藤泰《たい》監督、松竹、一九六八年）には女性だけでブルーフィルムを鑑賞するシーンがあり（２０２）、鑑賞している女性たちはそこに来た少年を性的に暴行する。この作品はあえて想定しにくい状況を設定して、その状況の異

常さを強調しているように思われる。女性がまったくブルーフィルムを鑑賞しなかったわけではない。山田五十鈴の娘で女優の瑳峨三智子《さがみちこ》は『こつまなんきん』（酒井辰雄監督、松竹、一九六〇年）の撮影の際に「そのものズバリのやま場だけの映画」を鑑賞して演技の「勉強」をしたと報じられている（『土曜漫画』一九六〇年十月二十一日号）。また随筆家の武田百合子は、開高健が精選した作品を紹介する「ブルーフィルム三本立大会」のために開高家に夫婦で招かれたときの、開高健のパートナーである牧羊子とのやり取りを記している。

「この女の人、百合子さんに似てはるやんか」と言って、また後片付けに出かけていった。私はぎょっとなって応接間をぬけだし、水を飲みにいった。（「開高さんと羊子さん」五四頁）

このように女性による鑑賞が実名で語られることは例外と言えるだろう。映画などで描かれる以外には、実際に女性鑑賞者が名前を出したり、作品についてコメントしたりすることはほとんどなく、男性よりも鑑賞のハードルが高かったことは推察できる。漫画家の水野英子《ひでこ》は著名な漫画家が集ったトキワ荘で、ブルーフィルムを上映しているらしき部屋に「女はだめだめっ」と入れてもらえなかったと記している（「トキワ荘物語」七六頁）。

フィルムゆえに

小型映画についてはフィルムにかかわる技術的制約にも触れておかねばならない。一九五〇年代後半くらいまで、ブルーフィルムは16ミリフィルムで撮影されることが多かった。ある時期までの土佐のクロサワは、16ミリで撮影したものを8ミリで販売するという手法をとって鮮明な画像を売りにしていた（一九五九年の新聞記事の押収品の写真〔第六章の図版6-3〕には16ミリと8ミリの両方のフィルムが写っており、この手法が用いられていたことを示している）。こうした場合にはネガからそれなりの量のプリントを複製することができた。しかし、一九六〇年代になって8ミリがブームになり家庭用の機材として普及すると、撮影そのものも、手軽にできる8ミリで行われるようになった。

この8ミリの撮影・現像は、ネガからプリントすることで無数のフィルムを現像するネガポジ方式ではなく、リヴァーサル方式が一般的であった。リヴァーサルフィルムというのは、撮影フィルムがそのまま映写フィルムになるものであり、複製することができない。家庭用の場合には、家族などごく限られた範囲での鑑賞が前提となるので、撮影した結果として一本のフィルムが残ればよいわけである。こうしたフィルムは複製が困難な一点物だった。

しかしブルーフィルムの場合、なるべく多く販売したり上映したりするために、フィルムを複数作ることが求められた。こうした事情から、現場では複数のカメラで撮影が行われ、カメラの台数分だけ作品が流通した（伊集院通《とおる》『回想の「風立ちぬ」』九一―九三頁）。ブルーフィルム製作者を描いた『「エロ事師たち」より 人類学入門』（今村昌平監督、一九六六年）のブルーフィルム撮

203

204

205　以上『「エロ事師たち」より　人類学入門』（今村昌平監督、今村プロ・日活、1966年）より

影シーンでは、屋外で複数台のスーパー8のカメラが用意され（203）、八台のカメラを二名で操作する撮影が行われている（204）。室内での撮影シーンも同様であり（205）、それなりにリアルに撮影現場が再現されたと言える。

　このような特異な製作方法から映画のストーリーが構想されることもあった。ロマンポルノの『新・団地妻　ブルーフィルムの女』（林功監督、日活、一九七五年）では、五台のカメラで性行為を撮影された女性のフィルムが流通している。主演の珠《たま》瑠《る》美《み》が演じる女性は、撮影されたときの五台のカメラを思い出し（206）、フィルムの行方を一本一本訪ねては取り返して（207）、焼き捨てる（208）。

　このような製作方法においては、出来上がる作品の数がその場で用いられたカメラの数と等しくなり、カメラごとにアングルや編集が微妙に異なってくる。このため厳密な意味で同一の作品を鑑賞した人の数はかなり限定されるのであり、同じ作品を鑑賞することがきわめて困難になっている。同じタイトルの作品を見たことがあったとしても、カメラのアングルが異なったものかもしれず、正確には、誰と誰のあいだに同一の作品の鑑賞が成立するかも定かではない。

さらには、時代とともに生じる物理的制約を挙げておかねばならない。現代において、ブルーフィルムを鑑賞することはフィルムや映写機などの物理的条件ゆえにいっそう困難になっている。そもそも、フィルムを上映するための機材は少なくなっているし、上映の技術も廃れてきている。実際に8ミリの映写機を所有し、操作する人は少ないだろう。映写機は手に入りにくいし、修理を含めて機材の扱い方をマスターするのは時間がかかる。こうした上映の物理的制約とともに、フィルムの保存をめぐる問題もあり、実際には、ブルーフィルムのかなりの作品が破損している可能性が高い。そもそもフィルムは劣化しやすく、約半世紀

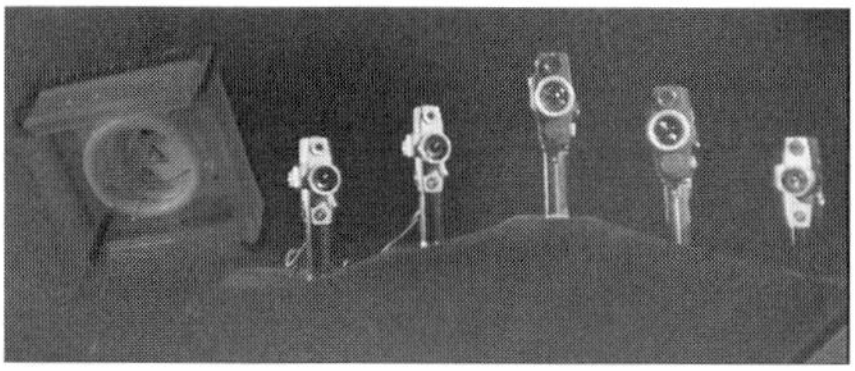
206

207

208　以上『新・団地妻　ブルーフィルムの女』（林功監督、日活、1975年）より

以上にわたって保存状態が良好であるとはかぎらないし、倉庫に保存されていたとしても、所有者の死とともにほとんどの場合、ゴミとして捨てられてしまう。フィルムが警察に押収されたならば、ふたたび鑑賞される可能性は低くなる。このような意味でもこのジャンルの作品は、いつでも誰でもアクセスして、自由に論じることができるようなものではない。

二　幻の名作『風立ちぬ』

ドキュメント作家の証言

以上のように、ブルーフィルムを見ることはさまざまな制約ゆえに困難である。土佐のクロサワの代表作『風立ちぬ』（一九五一年）も、現在では見ることができない。この作品は最もよく知られた土佐のクロサワ作品であり、その最高傑作、あるいは『柚子ッ娘』と並ぶ二大傑作とされている。現在フィルムの存在は確認されておらず、鑑賞された記録は一九七〇年代にまで遡らなければ見つからない。しかし『風立ちぬ』には例外的に、詳しい証言が複数残されている。

桑原稲敏による証言はシンプルに映画の内容を伝えており、『風立ちぬ』を評価するうえで貴重であろう。ドキュメント作家の桑原は、猥褻と表現の自由に関する著作『切られた猥褻』（一九九三年）を執筆しており、土佐のクロサワへのインタビューも行っている。以下は一九七三年のインタビュー記事における作品の紹介である。

——舞台は水郷。そよ吹く風にゆれる葦の間に、一艘《そう》の和舟が浮かんでいる。水中で黙々とカマを使う真菰《まこも》刈りの若い男女。刈った真菰を舟の中に積みあげる。

「ああ疲れた。ひと休みしよう」

と舟の上で憩う二人。空にはポッカリ白い雲。うつむく娘を、いとおしそうに見つめる男。激情に駆られた男は、紺がすりの着物に手甲脚絆《てっこうきゃはん》の女を抱きしめる。あらがう女。ゆれる真菰舟。しっかり口唇を合わせる二人の姿が水面に映る。

やがて、男の手が娘のモンペにかかる。モンペの下はだぶだぶの木綿のズロース。黒い股引き姿の男は、それを足の爪先で卵をむくように剝ぎ取る。白い肌、こんもりとしたなまめかしい下腹部のかげり。

……つつましく恍惚感をこらえる女の表情のクローズアップ。突然、ロングに引くともう一艘の真菰舟が向うを通り過ぎる。

ギョッとして離れる二人。男は水中に飛び込み、女の乗った舟を必死に真菰の茂みに隠そうとする。恥かしさに消え入りそうな全裸の女。が、カマを手にする男を、女は顔を赤らめながら引き止める。

そして、再びはじまる力強い、牧歌的な交合シーン。エネルギッシュな男の腰の動きにつれて、女は幾度となく悶え、のけぞる。たくましい男の逸物。しとどに濡れた女の下腹部。大きくゆれる真菰舟。

……終ったあと、ぐったりして舟に横たわる若い男女。まぶしそうに空を仰ぐ二人の表情と、真菰の穂先のクローズアップがしばらく続き、終――。

（桑原稲敏「ブルーフィルム界にも〝黒沢明〟あり」一四一頁）

ライバルの証言

これよりも詳しい証言が残されている。高知出身で、神戸や大阪において大量のブルーフィルムを製作・販売した人物がいる。彼は土佐のクロサワをライバルと見なしており、矢野卓也という筆名で著作を発表し、『風立ちぬ』の内容を詳細に語っている（矢野卓也『実録　ポルノオビ屋闇の帝王』）。もともとの記事は雑誌（『週刊アサヒ芸能』一九八一年八月二十日号―十一月五日号）に連載され、その後書籍化された。多少長くなるが、作品そのものをより詳しく知るためにも、また証言がどのような観点から何を伝えているのかを検討するためにも、全文を引用しておきたい。

F・I《フェイドイン》……静かな水面。生い繁る葦。遥か彼方にかすむ山々の峰……「風立ちぬ」――白字のタイトルがオーバーラップでF・I、F・O《フェイドアウト》。

……野良着に麦ワラ帽子の男がたくみに棹をさし、川舟を葦の繁みに寄せてくる。舳先《へさき》近くには、手甲脚絆に手拭いを姐さんかぶり（だったと思う）にしたモンペ姿の女が座っている。

葦の繁みに舟を寄せると、二人は鎌を手に葦を刈りはじめ、刈り取った葦を舟の上に積み上げていく。前屈みになって作業する女の臀部《でんぶ》にモンペが喰込み、体つきのわりに豊かに盛り上がったふたつのまるみがなまめかしい。

やがて夫婦者らしい男女は作業の手を休め、刈り取った葦の上に腰を下ろすと男が女の肩を抱き、語らう。

ときおり水面を渡るそよ風が葦を揺すり、詩情豊かな情趣を盛り上げる。

女はやや丸顔の、目鼻立ちの整った美人である。男は女と顔を見合わせて語らううち、ふと思いつめた、欲情の色を顔に出す。それを察したように女の眼にも色めきが漂う。

――人気のない水面に浮かんだ葦舟の上。しかもまわりは身の丈ほどの葦のカーテンで遮られている。その気になれば遠慮気兼ねのいらない夫婦の間、たがいに見るも触るも思いのままである。こういう設定のうまさも、リーダーがかつて無声映画の弁士だったというだけあってさすがだった。年齢は、私とは父親ほどのひらきがあったが、その創作意欲のすばらしさとテクニックには、ただ感服するほかなかった。

つづけてフィルムを回してみよう。

……男と女はどちらからともなく唇を吸い合う。男は唇を女の首筋に移し、さらに顎《あご》の下から胸へと這わす。それにつれてのけぞった女はせつなげな表情をみせ、両手で男の頭髪を狂おしく撫《な》ではじめる。

男は唇で女の耳たぶをなぶりながら、手は女の襟をわけて胸をまさぐっている。葦の上で体をうねらせる女の、はだけた胸からこぼれ出た豊かな乳房を、男は吸い、舐《な》めながらモンぺに手をかけ引き下ろそうとする。すると女は自分で下の物もいっしょに引き下ろして仰向けになる。

舟は浮遊にまかせ、葦をゆっくり押し倒して舟底へ敷き込んでゆく。

男の手が、あらわになった女の太腿《ふともも》を撫でる。むっちりとして白い内腿を撫でるかと思えば膝のあたりをまるく円を描くようになぞる。

喘《あえ》ぎ悶える女は、やがてたまりかねたように男の野良着をまさぐり、男のモノを取り出す。現われ出たモノは、まるで獲物を狙うコブラのように、その先太の蛇頭を斜めにそそり立てた逸物だった。

女は蛇胴をギュッと握りしめると、その巨大な蛇頭に舌を這わせ、すっぽりと口に含んでウットリとして頬をすぼめ貪《むさぼ》る。

女のするにまかせていた男はしばらくして腰を引き、うつろな表情の女と唇を重ねるとそのまま「対面座位」の体位に導いていく。

男の股の上に座った女の花門はジットリと潤っていた。女はたくましく猛り立つ蛇頭を花門に当てがう。

グッとエラを張ったイチモツに対して、女の花門はどちらかといえば小造りだった。見ていて、無事におさまるのかと、よけいな心配をしたくなるほどである。

すると女は腰を浮かして股間を覗き込み、左手で花門をひらくと男を右手にして腰を沈める。十分に潤った花門に、ゆるゆると蛇頭が没していき、途中、女は動きをとめるが男が腰を引き寄せ、二人は深々と結ばれた。

その瞬間、女は「アーッ」というようにのけぞり、男の肩につかまる。その腰をかかえた男は女の乳房に胸を合わせ、腰を押し上げ旋回させる。女は両手を男の首にまきつけ、腰を上下にはずませる……。

座ったまま行為にふける二人の動きで葦舟が揺れ、水面に波紋がひろがってゆく。

やがて、女が眉間にシワを寄せ、絶頂間近をおもわせたとき、どういうわけか突然、二人はあわてて離れ、手早く着物の前をかき合わせた。

二人の舟の向こうを、一艘の川舟がゆっくり通り過ぎて行くのである……。

このように工夫をこらしたキメの細かい演出に加え、カメラマンも舟に乗って撮るという、じつにスムーズな移動撮影など、それまでピストン運動と局部のアップに終始していたこの種の映画にはないカメラワークによって醸し出された「叙情性」が、この作品を名作といわしめたユエンであろう。

邪魔舟の出現によっていったん観賞者の気をそらせておいて——それは同時につぎのシーンへの期待をつのらせる心憎い効果となる——夫婦はふたたび愛を交わしはじめる。しだいにクライマックスに向う二人の行為につれ、葦舟の揺れも激しくなり、箱のような舟底が水面を叩くたび波紋がひろがる。

行為なかばからケイレンしながら脚をひらいた女のまえは、その秘めやかな睦《むつ》みごとによってあふれ出た愛液でおびただしく濡れていた。

男の動きが激しくなり、そのままクライマックスへ——。夫婦の舟を隠すように繁った葦をそよ風が渡って行く。静まりかえった水面……女は男の腰を締めつけている両脚をほどく。終ってなお通常の男の勃起したモノほどもある巨根がゆっくりと頭を垂れて出てくると、未練がましく女の柔襞がうごめき、ミルク色の粘液があふれ出る……。

最後は何事もなかったように葦舟が遠去かって行き、白文字の「終」で画面は暗転する。見終った印象を一言でいえば、クライマックスシーンで見せた女の表情がとりわけ美しく、官能度満点であった。

それもそのはず、この海老原グループの名作と称される作品のほとんどに、決まったように主役を演じた二組の性優がいたが、彼らはいずれもホンモノの夫婦だったのである。そして昨今のポルノスターなどとは比較にならない迫真の〝艶技〟と性交シーンで、数々の名場面を残してくれたのであった。

（『実録　ポルノオビ屋　闇の帝王』六八—七三頁）

文学者の証言と映画や漫画のなかの『風立ちぬ』

さらに、作家の吉行淳之介もエッセイのなかでこの作品を独自の筆致で紹介している。

〔……〕国産モノカラー・フィルムに「風立ちぬ」という名画がある。名のある監督の余技ではないかと疑われるほど良くできている。

利根川の潮来《いたこ》のあたりのロケーションで、全編マコモが風にそよいでいるムードで一貫している。マコモを積んだ舟を岸にもやって、農民の若夫婦が交わる設定なのだが、女性がモンペを脱ぐと、カメラはたちまち遠くへ引かれ、むき出しになった女の脚が二本のアスパラガスのように植物的な感じで画面にあらわれる。

カメラは対象にたいして弧を描いて位置を変え、風に揺れているマコモの奥に、男女交接の図が小さく見えている。

やがてカメラが女の顔をアップでとらえる。この女性が、また美人であり、名演技である。モンペをはいて勤労している女性のつつましさ、新婚のういういしさを、よく出していて、眼をつむった顔の鼻の穴のまるさが可憐で印象的だ。鼻の穴の演技というのは、はじめて見た。きっと名女優にちがいない。

209

210

211

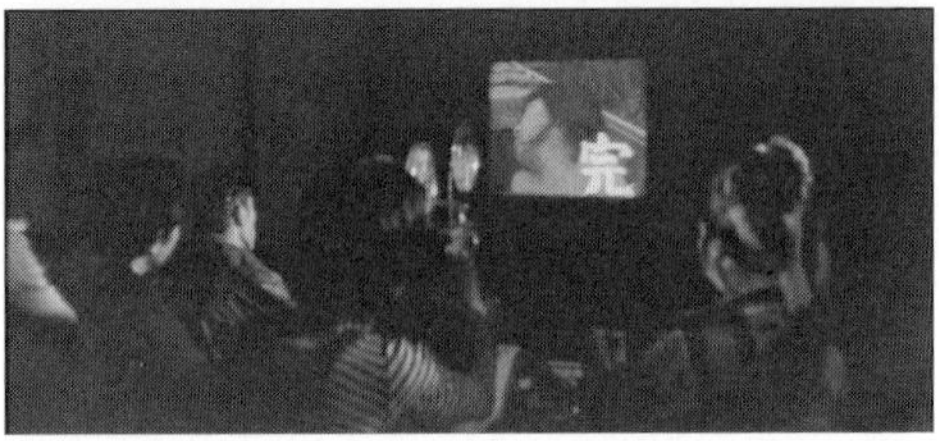

212　以上『若妻日記・悶える』（林功監督、日活、1977年）より

この女優は、農家の封建的な若妻の演技に徹していて、過剰な性感の表現などしない。性感がたかまってきて、絶頂に達すると、物でも取り落すように、がくりと首をかたむけて「終った」という表現に替えた。

（「青春放浪記」五三—五四頁）

このような証言のほかにも、映画や漫画のなかで『風立ちぬ』が紹介されることがある。日活ロマンポルノ『若妻日記・悶える』（林功監督、日活、一九七七年）は、『風立ちぬ』や『戦国残党伝』を世に送り出したブルーフィルム製作者を描いており、そこでは『風立ちぬ』の解説のテロップが流れ（209）、かなり長い再現シーンや作品が鑑賞されるシーンもあり、『風立ちぬ』というタイトルの映像（210）、舟の上での男女の性行為の映像（211）や「完」というマークの映像（212）が映写されている。監督の林功は土佐のクロサワ作品を鑑賞したわけではなく（「特集！　伝説のメディアを追って　いま、堂々と見るブルーフィルム！」『MAZAR』一九八三年八月号、六四頁）、再現される映画の内容はおそらく桑原などの雑誌記事に基づいている。

図版2-1　ビッグ錠「ブルースター物語」（『人生交換』96頁）

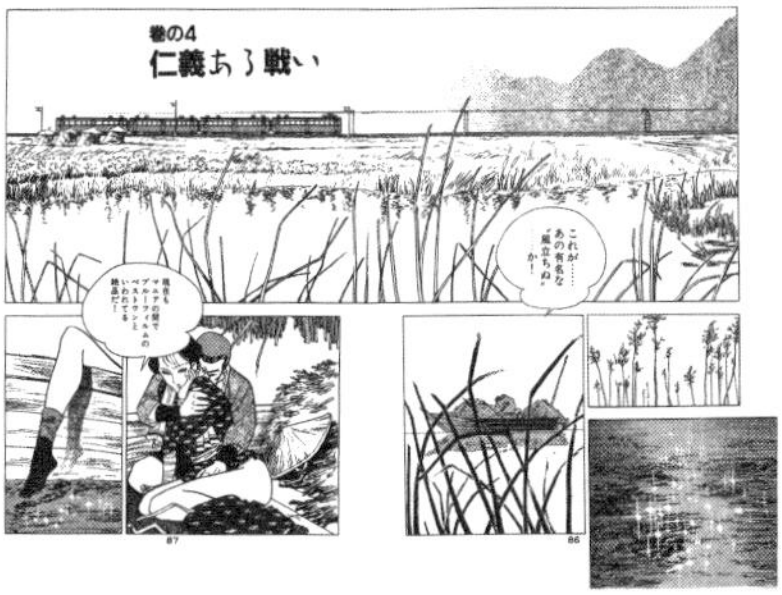

図版2-2　東史郎・作／向後つぐお・画『オビ屋稼業』86-87頁）

『風立ちぬ』を再現する映画が製作されただけではなく、漫画でもビッグ錠の「ブルースター物語」や東史郎・向後つぐお『オビ屋稼業』のように、ブルーフィルムの巨匠を題材にして、『風立ちぬ』が描かれることがある（図版2－1、2－2）。このようにイメージされる『風立ちぬ』は、失われた作品を想像するための手がかりになっている。

三　証言から何を知りうるのか

作品の再構成

失われた作品をめぐる証言は貴重であり、作品の魅力を伝えている。『風立ちぬ』は映画として野心をもって演出されており、それなりに成功しているようである。しかし同時に、残された証言がこのように少ないことは、現代においてブルーフィルムの作品について知ることの難しさを示してもいる。こうした状況は、私たちが何かを見ることや知ることが、さまざまな条件によって制約されることを浮き彫りにしている。

フィルムの喪失は多くの映画作品が辿った運命でもあり、とりわけ戦前の日本映画に当てはまる。場合によっては、脚本や宣伝や製作に関する非映像資料が残されていて、それらが内容を伝えることもある。そのような映画作品については、鑑賞者の証言や非映像資料に基づいて内容を再構成しうるだろう。例えば、溝口健二の失われた『血と霊』（一九二三年）は、宣伝素材や批評などが手がかりになっている（佐相勉『1923 溝口健二『血と霊』』）。

しかしながらブルーフィルムの場合には製作の記録がほとんど残されないため、そのような再構成をする余地がない。もともと短編のサイレント映画にはそれほど込み入ったセリフがあるわけではなく、詳細な脚本も必要ではない。さらには、製作のプロセスを記録する何らかの資料は、違法行為がなされた証拠にもなるため廃棄されるし、ポスターによる宣伝も行われない。こうしたことから、フィルムが失われた作品の内容を知ろうとするときに、手がかりとして証言の比重が大きくなっている。しかし、証言からのみ作品を知ることには深刻な問題が含まれている。以下では証言をめぐる問題を検討したい。

見ていない作品を評価できるか

第一に、こうした証言には、現代美学でも論じられているような、「作品の評価をめぐる直接経験と証言の関係」という問題が、先鋭化して出現しているように思われる。現代の美学者リチャード・ウォルハイムは、作品の鑑賞と評価をめぐって私たちがしばしば前提にしている立場を「直接知原理（acquaintance principle）」と特徴づけている。これによれば、私たちは直接経験をすることによってしか、美的判断を正当に形成することはできない。つまり、ある作品を「美しい」と判断するためには、当の作品を実際に自分の眼で鑑賞することが求められており、他人による証言をもとに評価することはできない。

美的価値の判断は〔……〕対象の直接の経験に基づかなければならず、きわめて狭い範囲を除いては、人から人に伝達不可能である〔……〕。

（『芸術とその対象』松尾大訳、二四〇頁）

この直接知原理を踏まえて、芸術作品についての「証言」をめぐる現代美学の論争が生じている。ある映画が面白いという美的判断をするにあたって、どこまで実際に自分が鑑賞することが求められ、どこまで他人の証言を手がかりにすることができるのかについての論争である。

実際の作品の評価において、文字通りの直接経験に依拠した評価だけが妥当であるわけではない。私たちは、実際に作品を鑑賞することがなくとも、多くの評論家や映画通の人が賞賛する作品を優れたものと思うだろうし、そうした証言に導かれて実際に鑑賞することもあるだろう。このことは、私たちが作品の評価としての他人の証言をそれなりに有効なものと見なしていることを示している。したがって、直接知原理をそのまま支持することは難しい。

こうした議論においては、事実に関する判断ではなく、美に関する判断に特有の問題が生じている。事実に関する知識について、他人の証言を介した知識を信用できないのだとすると、私たちが得られる知識はかなり少ないことになる。地球という天体が球体であること、日本の人口が一億人を超えていることは、多くの人が事実として受け入れているが、それを経験して確認した人はほとんどいない。地球の形状や日本の人口などについての私たちの知識はいわば社会的なものであり、一人の人間が確証を得るまでもなく、私たち社会のメンバーに共有されていて利用される。これに対して、「黒澤明の『七人の侍』が傑作である」などの美的評価においては、自分で鑑賞してどこがどのように優れているのかを確かめることが求められている。

事実と価値の二分法

事実と価値の二分法に依拠するならば、直接知原理が突きつける問題は、事実にかかわる判断ではなく価値にかかわる判断に該当することになる。しかしながら、『風立ちぬ』についてのいくつかの証言は、事実にかかわるものなのか美的価値にかかわるものなのか判然としないものだったり、事実を記述しているものでありながら価値を示していたりするものも多い。例えば、先ほど紹介した桑原の「つつましく恍惚感をこらえる女の表情のクローズアップ」「突然、ロングに引くと」「まぶしそうに空を仰ぐ二人の表情と、真菰の穂先のクローズアップがしばらく続き」という言い方や、矢野の「カメラマンも舟に乗って撮るという、じつにスムーズな移動撮影など、それまでピストン運動と局部のアップに終始していたこの種の映画にはないカメラワーク」「箱のような舟底が水面を叩くたび波紋がひろがる」などがそうである。

こうした記述は、『風立ちぬ』ではアップのショットとロングのショットが組み合わされていること、移動撮影がなされていたり、波紋が広がる水面が映し出されたりしたことを伝えている。これらは、カメラワークがどうであったのか、そこに何がどのように撮影されていたのかに関するものであり、価値評価がなされているわけではない。しかし、アップとロングを使い分けたり、舟で移動撮影をしたり、水紋を捉えるショットを入れたりすることは、それなりに優れた映画の持つ特徴である。

下駄は流れたか

本章の冒頭に記したように、私は高知の映画関係者から、『風立ちぬ』のラストでは、脱ぎ捨てられた二人の下駄が川を流れていくという話を聞いた。その証言者にとって、そうした描写は作品の情緒を示すものだったが、これまで紹介した桑原や矢野や吉行の証言では、このことが報告されていなかった。『若妻日記・悶える』での再現シーンにもラストの描写があり、そこでは「完」のマークが映し出されるだけで、下駄の描写はない。複数の証言が伝えている作品の雰囲気からすれば、下駄が流れる場面があってもおかしくはない。しかし、それなりに注目を集めそうな演出について、ほかの誰も言及していないのはなぜだろうか。複数の編集のバージョンがあったのか、それとも証言者の記憶違いなのか。高知の証言者は半世紀以上前に鑑賞した作品についての記憶に依拠しており、その記憶が曖昧になっていたり、ほかのものと混同されたりしていることも考えられる。彼は製作者と交流があり、実際に鑑賞したことは確実であろうが、その作品の美しさの印象が、別の作品のイメージと結びついている可能性も否定できない。

一般的に、証言は誰のものであるかによって信頼されたりされなかったりする。熟練した批評家や専門家の証言であれば、私たちは普段からそれなりに信頼しており、美術や映画を鑑賞するときの手がかりにもする。しかしどんな人の証言であっても、あまりに古い記憶に依拠したものは信頼性が低くならざるをえない。また、証言者の利害や動機のあり方によっても偏りが生じることがある。したがって、どのような作品の、どのような特徴に関する証言なのか、誰による証言なのか、証言者の利害関心や健康状態がどうなのかによって、証言の信頼の度合いが異なることになる。

とはいえ、基本的には、証言に対するある程度の信頼がないと、ほとんどのブルーフィルムの美的価値を承認することは困難になる。わずかでも残された証言の価値が否定されるならば、土佐のクロサワ作品はそもそも芸術としての美的価値について論じられなかったことになるだろう。カメラワークなどの証言も、映画の研究者によってなされているわけではないが、そうした資料から作品の価値を判断せざるをえない。

結局のところ、『風立ちぬ』のラストで下駄が流れたのかどうかはわからない。しかしながら、この作品が映画として優れた作品であることは推測できるだろう。

証言の偏り

第二に、証言者のジェンダーやセクシュアリティをめぐる論点を確認しておこう。とりわけこの問題は、セックスを描くブルーフィルムに直接かかわるものとして避けがたい。『風立ちぬ』

などのブルーフィルムについての証言は基本的に、男性、しかもシスジェンダーのヘテロセクシュアルの男性（と思われる人たち）によってなされている。性に深くかかわる映像の証言が、特定のジェンダーやセクシュアリティの人たちを中心になされており、それ以外の人の観点からの証言はほとんど残されてはいない。このことは、この時期の文化そのものの偏りを示していることになる。

矢野卓也の証言を振り返ってみると、いかにして男性の性的欲望が充たされるかという観点かが中心になっていることがわかるだろう。「前屈みになって作業する女の臀部にモンペが喰込み、体つきのわりに豊かに盛り上がったふたつのまるみがなまめかしい」「女はやや丸顔の、目鼻立ちの整った美人である」という描写は、典型的な「メイルゲイズ（男性の眼差し）」であり、女性を男性の性的欲望の対象と見なしている。このような視線自体をどのように評価するのかについては議論の余地があり、この視線それ自体が何らかの意味で悪いのか、それとも男性以外の視線が考慮されていないという不平等がよくないのかなどを検討することはできる。しかし、ブルーフィルム作品の証言としてこのようなものしか残されていないのであれば、鑑賞やその経験を語ることが困難という意味において不平等があることは確かである。

さらに「男は唇で女の耳たぶをなぶりながら、手は女の襟をわけて胸をまさぐっている」という部分では、性的な前戯が「なぶる」と描写されており、性暴力と結びつくかもしれない表現になっている。また「クライマックスシーンで見せた女の表情がとりわけ美しく、官能度満点であった」という文章は、男性の側から女性の欲望やその充足について語られている。性行為においては、男性と女性とがそれぞれどのような欲望を抱いており、どのように欲望を充たしているのかは、本来ならそれぞれのジェンダーの観点からそれぞれの語り方がなされるものである。もしも女性の側から同じシーンが描写されるならば、このような記述にはならなかっただろう。

性器の描写にも注目したい。「現われ出たモノは、まるで獲物を狙うコブラのように、その先太の蛇頭を斜めにそそり立てた逸物だった」「グッとエラを張ったイチモツに対して、女の花門はどちらかといえば小造りだった。見ていて、無事におさまるのかと、よけいな心配をしたくなるほどである」「終ってなお通常の男の勃起したモノほどもある巨根がゆっくりと頭を垂れて出てくる」といった記述は、男性器が力強く大きいこと、女性器が小さいことを強調している。ここには、女性を男性器によって快楽に導くような力強い男性という理想が投影されているようにも見える。しかも、映像の視覚的な情報から女性の膣の大きさを把握できるはずもなく、本当にそうなのか定かではない。矢野による記述は、そのような男性の欲望や男性の理想像と結びつく側面を必要以上に強調している。

一方、桑原の証言は全体的に矢野の証言ほどに偏った印象はないが、それでも「うつむく娘」「恥かしさに消え入りそうな全裸の女」「つつましく恍惚感をこらえる女の表情のクローズアップ」「たくましい男の逸物」という描写では矢野と同じように、女性の恥じらいや控えめな性格、男性器の大きさや力強さを強調している。

見る者と見られる者

さらに注目すべきは、吉行淳之介が女性の演技について「この女優は、農家の封建的な若妻の演技に徹していて、過剰な性感の表現などしない」とコメントしている点である。吉行は同じエッセイにおいて以下のようにも述べている。

男女同権という言葉は、まったくわけのわからぬ、詰《つま》らぬ言葉で、まるで男と並んで立小便でもしてみたいという感じが嫌いである。そして、私は女の酔っぱらいは大嫌いである。女性は立小便ができぬ〔……〕と同じように、酒を飲むことには不適格なのではなかろうか。

（「青春放浪記」一二二頁）

吉行は、女性が男性と同じように飲酒することを嫌い、封建的な社会における従順な若妻という女性の役割やそれをそのまま演じる役者のことを歓迎しているようである。ここには、女性は貞淑な妻であるべきという発想が反映されているのであり、吉行の『風立ちぬ』の評価はそうした発想に基づいているのかもしれない。

フェミニズム映画批評における、すでに古典的なものとされるローラ・マルヴィの論文によれば、映画はしばしば男性を能動的な観察者として、女性を受動的な見られるものとして描く傾向があり、女性の身体は男性の視覚的快楽を充たすための見せ物になりがちである（「視覚的快楽と物語映画」）。これまで紹介した証言は程度の差こそあれ、そうした枠組みに収まるものである。美学者のアン・イートンによれば、このような眼差しは映画やポルノのみならず、西洋の古典美術の歴史を貫いている（Eaton, "What's Wrong with the (Female) Nude?"）。男性の視線を基準にして芸術作品が製作され、語られており、ヌードになるのは女性で、男性である画家はそれを美しいものとして描くことになる。鑑賞者も男性で、画家の視線を反復しており、鑑賞者の作品の理解もこのような偏りを示している。

ブルーフィルムをめぐって、男性ではないジェンダーの人たちやヘテロセクシュアル男性以外のセクシュアリティの人たちが作品を見るならば、作品が違ったふうに見えて、記述されたのかもしれない。しかし、鑑賞者の生きた時代や土地や社会状況や文化の制約ゆえに、そうした多様な視点は排除され、証言としても残されなかった。私たちはどれほど異なる視線に関心を持とうとも、さしあたりは残された証言をもとに、つまり男性の眼差しから発せられた言葉をもとに、作品を検討するしかない。

四　セックスの映像を見る

若松孝二の憧れ

ブルーフィルム作品の鑑賞のハードルを高くしている要因の一つは、セックスの映像、つまり性器や性行為の映像であった。ブルーフィルムはこの映像ゆえに公開できなくなり、特殊な状況での鑑賞を余儀なくされる。しかし、セックスの映像を見ることができるならば、それはどのようなことになるのだろうか。ブルーフィルムが製作されていた当時、そうした映像は鑑賞者に特別な情報をもたらしていた。それによって、鑑賞者は何をどのように知ることになるのだろうか。人間の女性に魅了されるシスジェンダーでヘテロセクシュアルの男性向けのジャンルの作品を鑑賞するときに、その偏りのなかで何がどのように見えてくるのか（見えてこないのか）を確認することはできるだろう。

日本において劇場で公開されるポルノ映画は、性器や性行為を剝き出しのままスクリーンに映し出すことはなく、カメラワークを工夫して写らないようにしたり、映像に修正を入れたりしている。ピンク映画の巨匠として知られる若松孝二は「脱ブルーフィルム論」（一九七〇年）において、自らが携わるピンク映画との対比によってブルーフィルムを特徴づけている。

ブルーフィルムは一組の男女が実際に「性交」するのだし、彼等が開陳する「性器」は本物だし、全てが「実物」で成り立とうとしている。——記録映画の一種ということが出来る。
（「脱ブルーフィルム論」一六頁）

ヴァギナやペニスなどの「まごうことなき実物の群れ」が示されることが、ブルーフィルムの基本的な特徴である。ブルーフィルムは、〔……〕「一組の性器」があればいい」（同一八頁）のであり、「性感、性器、性交の行列」を映している。しかし、刑法第百七十五条ゆえに日本では「実物」の映像、つまり「実像」を見ることは禁じられており、このような映像を上映・鑑賞する際には、文字通りの「禁制違反」が生じることになる。服をまとっていない裸体がただ見いだされるというだけではなく、剝き出しの性器や性交が法によって禁じられたものとして見いだされ、鑑賞者は法を犯すかたちでそれを見ることになる。

若松による指摘には、二つの重要な点が含まれている。第一に、ブルーフィルムにおける剝き出しの性器の映像が、ある種の記録映画のように、人間の世界の真実を伝えていることである。つまり、ブルーフィルムは、性に関する認識——通常は手に入れにくい——を鑑賞者にもたらすことになる。第二に、ブルーフィルムの鑑賞は、禁じられたものを見るということによって、他の映画にはない経験をもたらすことができる。禁じられたものを見る経験がどのようなものであるかは、それ自体で重要な主題であろう。この章では、第一の点をより深く検討してみよう（第二の点については第三章の重要な主題となる）。

実例を示す

リアルな映像を通じて性や生殖についての知識がもたらされるということは、どのようなことなのだろうか。私たちは現代においても、露出した性器や性行為の映像を見ることには一定のためらいを感じるだろう。実際に本物が撮影され、スクリーンに映し出されるならば、場合によっては目を背けたくなるほど生々しいものとなる。吉行淳之介によれば、「あれが本当のオ××コというもんだなあ」（「青春放浪記」五七頁）と感想を漏らした者がいたし、週刊誌に掲載された、紀伊白浜での鑑賞者は「あの映画をみたときびっくりしましたな。ほんまにそのもんズバリやでな。えらい結構な気分になりましたわ」と述べている（『週刊新潮』一九六一年十月二十三日号、九二頁）。「本当の……」「そのもんズバリ」という特徴は、他のジャンルの作品にはないものであろう。例えば、春画にはデフォルメされた性器が描かれており、見慣れない人にとっては驚きであろうが、そこには、写真や映画におけるセックスの映像が持つようなリアリティがあるわけではない。

「実像」（若松）を見て性の知識を獲得することがどのようなことなのかについては、二十世紀に活躍した哲学者ネルソン・グッドマンを参考にしつつ考察できる。『芸術の言語』などの著作によれば、芸術作品はある種の記号であり、そのような記号の働きによって私たちにある種の知識をもたらしている。例えば、何らかの絵画は世界を描写しており、特定の風景（実際に存在する風景や存在すると考えられる風景）を「再現（描写）」することでそれについての情報を伝えることができる。こうした描写は、世界の何らかのものや出来事についての知識をもたらしてくれる。また、何らかの音楽は誰かの心の内面を反映することがあり、主観的な感情を「表現」することができる。喜びや悲しみなどを表現している音楽は、感情がどのようなものであるかという知識をもたらしてくれる。

芸術作品がこうした「再現」や「表現」をしていることはすぐにも理解できるだろう。しかしグッドマンは、ここにさらに「例示」という別の仕方の、記号の働きやそれによる知識のあり方を指摘する。青く描かれた絵は、青の特定の色合いの具体例となっており、ここに青という抽象的な性質の「例示」という関係が成立している。私たちはその絵を鑑賞することで、青の実例を知ることになる。ここでは絵画ではなく、生地や色紙などの見本を思い浮かべた方がわかりやすいかもしれない。見本は肌触りや色などの性質を例示している。このように、グッドマンの記号理論の特徴の一つは、芸術作品が世界の「再現」や感情の「表現」であるのみならず、何らかの性質の具体的な「例示」になっていることを指摘したことにある（『芸術の言語』第二章）。

ポルノ映画における性行為や性器の映像においては、現実に存在する身体が描写されており、その点において現実の身体やセックスが「再現」されている。さらには、その映像からは、性的な欲望や興奮などの主観的な感覚を読みとることができるのであり、そこでは官能が「表現」されている。しかしそれだけではなく、愛撫すること、オーラルセックスをすること、性器を挿入することなどの性に関するさまざまなタイプの営みが実例として示されており、そうしたことが具体的に「例示」されている。鑑賞者は、このような記号を通じて、性器や性行為がどのようなものか、そこでどのような感情や欲望が生じているのか、具体的にどのようなことをするのかを知ることができるのである。

「私はできる」

ハードコアポルノの映像は、人体が現実にどのようになっているのか、とりわけ普段は隠れている身体の部位がどうなっているのか、さらにそれは、さまざまな性行為を描くことで、人々がどのような欲望を抱えており、それがどのように充たされるのかについて教えてくれる。このようなことは、多様なセクシュアリティの欲望、とりわけ通常は表に出されにくい欲望の形を理解するうえで大きな意味を持つことがある（第五章）。

性や生殖については、医学やそれに基づく性教育においても何らかの知識が伝達されることがあるが、ここで作品を通じて獲得される知識は、命題として真偽を検証されるようなものである必要はない。そうした知識は理論的なものというよりも、しばしば「理解する」「わかる」と特徴づけられるある種の実践知でもあり、鑑賞者は自分がやるためのやり方を知ることになる。

　こうした発想は、フッサールから始まる現象学の流れのなかで解明されている。ここでの理解というのは、具体的に例示されるものを通じて、「私はできる」という仕方で「わかる」ことである。そうした理解は、本人の感受性や身体の傾向などを踏まえて、実際に自分の能力や状況のなかにおいて「できる」こととして、つまり「実践的可能性」として生じるものである。このような「できる」には身体能力という要素もあれば、心的な動機づけという要素もあり、たいていはそれらが絡み合っている（フッサール『イデーン　Ⅱ-Ⅱ』第六十節）。例えば、フルマラソンを三時間以内で完走できるということには、身体の能力と、マラソンに魅了されて走るよう動機づけられていることが含まれているだろう。ポルノの映画で例示されることについても、鑑賞者は自分ができることであり、そうしてみたいこととして魅了されている。

　ポルノ映画においてはたいてい、何らかの性行為が鑑賞者の前に「できる」ことや「やりたい」こととして示されることになる。もちろん、さまざまなジェンダーやセクシュアリティのことを考慮したときには、映画のなかの人物の性行為に魅了されることがポルノの鑑賞の一般的特徴である、と言うことはできない。とはいえ、鑑賞者が実際にできることややりたいことが描かれていることは、ブルーフィルムを含めたポルノの魅力の一つの要素となるだろう。

　そうした場合には、例示を通じて目の前に示されることが自分の欲望の充足される形、実践的可能性として了解される。したがって、若松がブルーフィルムに見いだしたような記録映画の生々しさを十分に言い表すためには、記号の機能を考察するだけでは不十分である。つまり、「わかる」「理解する」「できる」ためには、映像が身体をもった鑑賞者によって受け止められなければならない。

この点は映像がリアルであることにも結びついている。映画研究者のトム・ガニングは、映像のリアリティの起源を、運動を見ることに求めており、「私たちははらわたで、あるいは身体全体において運動を感じる」と述べている（「インデックスから離れて」一五九頁）。映画においては、観客が自然の創造物に「巻き込まれる」というプロセスが生じており、そのことが映画のリアリティにとって大きな意味を持っている。

> 映画的運動の観客性は、運動を見ることに伴う身体的な反応のような新たな問題を提起する。この運動感覚《キネステジー》の感覚について考察することで、たいていの観客論にみられる視覚性やイデオロギー性への排他的な強調を回避することができるし、代わって、映画観客は身体を備えた存在なのであって、スクリーンの前で何かしら宙吊りにされる単なる目や精神ではないと認めることができるのだ。（同頁）

身体が自分の運動や位置を内的に感覚すること（運動感覚）は、現象学によって論じられるトピックであり、映画におけるリアリティの考察はこの水準を無視できない。

写真や映像などのリアリティは、しばしば現実に存在する被写体との因果関係（指標関係）に起因すると考えられ、映像の「インデックス（指標）性」と呼ばれる特徴が強調されることもあった。つまり、写真や映画はまさに実際に起きた出来事を記録しており、そうした出来事があって、それが原因となってフィルムに光が焼きつけられて映像になっている。だからこそ、写真や動画は、現実の出来事の証拠として用いられ、監視カメラの映像は、犯罪の客観的証拠となることができる。写真や映画の映像がそのような役割を果たすことができるのは、映像の製作プロセスの因果的関係のゆえであり、映像には現実世界が機械的プロセスを通じて刻印され、ここに主観的なものが入り込む余地はない。

しかしながら、私たちは映画を見ながら何らかの対象や出来事が眼前にありありとする（現前する）場面に居合わせるのであり、このような現前を感覚することが重要である。ここでは、記号の働きが関係していないわけではないが、記号が事物や出来事とかかわる指標であるというよりは、実例をありありと示すという例示の働きが重要であるし、その例示は鑑賞者の身体との関係においてリアリティの経験を形成している。

目の前にありありと

ガニングはさらに、クリスチャン・メッツを手がかりにして、目の前に何かが現前していることの経験を分析する。メッツは、映画を鑑賞する経験を分析するという手法、つまり現象学の手法をとりながら、「映画《フィルム》を前にした観客が感じる現実感」が「運動の知覚」に由来していると指摘した。

映画においては、現実感は〔……〕運動の現実の現前でもあるのだ。
（「映画における現実感について」二八―二九頁）

目の前にありありとした運動が生じているということは、映画にあって写真にはないものである。フッサールによれば、私たちが現前の事物を知覚する場合には、「生身のありありとした様（Leibhaftigkeit）」がともなっており、しかも、この生身のありありとした様は、意識の時間の流れから成り立っている。知覚においては、何らかの新しい対象やその局面が絶えず新たに出現しては消え去って行く（フッサール『内的時間意識の現象学』）。鳥が木にとまっているときは同じ姿で現前し続けており、鳥が飛び立てばその姿が次々と変化するが、私たちはそのような姿をその都度受け止めている。動く映像を見ることは、現実の動く対象を捉えることではないが、現実の鳥を見るのと同じように、目の前のもののそのつどのありありとした姿を経験することである。

映画は、このような時間の流れのなかで物事を出現させることによって、写真とも異なるリアリティを示すことになる。ガニングは、このような運動によって鑑賞者が経験する現実感は「驚き」の感覚でもあるとして、リュミエール兄弟による発明以来の映画の魅力としてのスペクタクル性（見せ物性）のなかに、映画のリアリズムの力を求めている。最初期の映画『ラ・シオタ駅への列車の到着』を見た観客は、本物の列車が迫ってくるかのような映像に驚いたと、伝説的に語られることがある。このエピソードにおいて観客は、実際に列車が来るわけではないことを理解していながらも、ありありとしたものが現前していることを驚きとともに経験している。

映像における列車は現実に存在しているわけではないが、リアルなものとして経験される。ブルーフィルムの性器や性行為の映像も、目の前に人間の身体が映し出され、時間的に持続しながら動いており、それを鑑賞者が現在進行形で見るのであり、このことが独特の臨場感をもたらしている。鑑賞者は実物ではないことは理解しながらも、性器と性行為のリアルな映像のすぐ手前に居合わせている。

ここでの映像は鑑賞者の運動感覚とともに経験されるのであり、目の前のものを知覚する経験は単なる感覚的な受容ではなく、「私はできる」という身体能力の内的な感覚とも結びついている。鑑賞者は、何かを知覚しながら、自分の身体を動かしつつそのことを感覚している。空間的対象を知ることが、自分の身体の位置を感じることと相即しており、「上下左右」などの私を起点とする空間把握をともなっている。視覚における「私はできる」ということは、目の前の対象を裏からも見ることが私にはできて、自分の身体を動かすならばこのように見えるだろうという理解をともなっている。そのようにして対象は、自分の行為可能性の延長線上に捉えられることになる。リアリティを感じながら実像のもとに居合わせるということは、そこに行くことができる、裏側から見ることができる、触れることができる、さらには自分もそうすることができるという実践的可能性に向けて動機づけられるということである。もちろん、この可能性は映画を見ることのうちでは実現されず、現実世界におけるようには欲望が充足されるわけではない。鑑賞者は映像世界から隔てられており、映像の世界は鑑賞者がいないものとして現前している（カヴェル『眼に映る世界』七四—七五頁、三〇四—三〇五頁）。

グッドマンの記号論における「例示」や現象学における「実践的可能性」、「現前」、「運動感覚」の概念は、私たちがブルーフィルムにおいてセックスの映像を見ることとの重要な局面を指摘している。私たちが性行為の映像を見ることとは、性についての命題的な内容の知識を獲得することだけではなく、目の前のことを自らの「私ができる」ことの実例として理解することでもある。こう考えたとき、ハードコアポルノ映画のリアリティはもはや「見る」「知る」という知識の水準でのみ語ることはできないだろう。まさにどのような快楽が生じて、どのように欲望が充たされるかということが重要であり、これは美しさと感情をめぐる第三章の課題となる。

経験の偏りから

ここであらためて確認しておくべきことがある。以上のような鑑賞経験は、ブルーフィルムやハードコアポルノを鑑賞することの一般的な構造というわけではない。ブルーフィルムにかかわる経験はごく限られているため、万人に共通するような一般的な特徴を明るみに出すことはできない。これまで指摘したように、ブルーフィルムの作品や鑑賞の経験をめぐる証言は、特定のジェンダーやセクシュアリティなどに限定されたものしか残されていなかった。さらにこのジャンルの作品は地域や時代などによって見ることができたりできなかったりする。このような偏りが反映されることは、鑑賞経験の記述においても避けて通ることができない。

ここで「私はできる」という観点から鑑賞経験を論じたことも、そのような偏りを免れているわけではなく、シスジェンダーでヘテロセクシュアルの男性が、画面上の女性に性的に魅了される場面を念頭においている。もちろん、そうではないジェンダーやセクシュアリティの人たちの鑑賞にも共通する要素がそれなりにあるかもしれないが、すべての人の経験がそうなっているわけではない。「私もこのようにして鑑賞する」という受け止め方もあれば、「私はこのようには鑑賞しない」という受け止め方もあるかもしれない。

ボーヴォワールの『第二の性』は、女性の経験を記述したものとして受け止められ、影響力を持ってきた。しかし、その後の、ジェンダーのみならず人種や階級や障害などのさまざまな要素を論じる「インターセクショナルフェミニズム」につながる展開においては、ボーヴォワールが白人の中産階級以上の女性の経験から始めており、有色人種や下層階級やトランスジェンダーの女性を正面から考慮していないと批判されることもある。そのようにして「これは私の経験ではない」という異議申し立てはいつでもなされうるし、これまで記述されたものとは異なる新しい記述がなされ、それ自体が一つの経験の記述として位置づけられるだろう。

本書は、筆者の経験や筆者が手がかりとすることのできる経験を起点として、ブルーフィルムの鑑賞経験として妥当と思われることを記している。この論述は、ブルーフィルムの鑑賞経験を、ときにはハードコアポルノの鑑賞経験を視野に入れているが、ジェンダーやセクシュアリティや時代や地域などによって別様に経験がなされることをあらかじめ排除するわけではない。むしろ、本書は、ブルーフィルムがそのような多様な形での鑑賞や解釈に開かれることを願っており、そのためにできることとして、さしあたり手に入る資料に基づいた経験の再構成を行っている。

第三章
ブルーフィルムは何ゆえに美しいのか

ベルグハイン詣で

ベルリンにあるテクノクラブのベルグハインを、二〇一〇年代前半に訪れたことがある。のちにドイツ政府に認定されることになる文化施設でありながら、美術館やコンサートホールとは異なって誰でも入れるわけではない。入場時には厳しいチェックがあり、門番《バウンサー》と呼ばれる人間に数秒見つめられ、首を二、三センチ横に振られたら「不許可」である。数時間並んでゲートにたどり着いても、そうなったら入場を諦めるしかない。入場者がそのクラブにふさわしいかどうか判断されるらしいが、その基準はわからない。

私はある夜、長蛇の列に並んだが二度拒絶され、数時間を無駄にしてホテルに帰った。翌日の午後に地下鉄に乗って、もう一度チャレンジしてみた。そのときにはもう入場を待つ列はなく、ゲートまですぐにたどり着いた。門番は交代しており、前夜に比べると気さくな感じで、「誰かに招待されたのか」「好きなＤＪは誰だ」などと尋ねてきた。私の答えを受けて何人かが短く話し合った後、何かが告げられた。一瞬戸惑ったが、それは「ＯＫ」のサインだった。腕に入場許可のスタンプを押してもらい、古い巨大なビルの内部へと踏み入った。スタッフが笑顔で迎えてくれたので安心して、お土産のＴシャツを買った。

フロアから漏れてくる轟音を聴きながら通路を歩くと、通路脇の小部屋にところどころ人影があることに気づいた。よく見ると、さまざまな人たちが思いのままに性行為をしていて、複数の身体がさまざまな形で結ばれていた。重低音のリズムを体で受け止めて踊り、性的な興奮を昂《たか》め、その欲望を解き放っていたのだろう。「グルーヴ」を受け止めること、性的欲望を充たすこと、そして仲間とコミュニケーションをすることなどが深く結びついているようだった。

一般に芸術作品は、美術館や映画館やコンサートホールで静かに鑑賞されるべきものと考えられているが、実際には音楽を聴きながら、映像を見ながら性行為をすることがある。ブルーフィルムなどの性表現の映画も、これからなされる性行為の気分を昂めるため、マスターベーションをするためなどに用いられる。そのような仕方において作品を経験するというのは、どのようなことなのだろうか。

哲学の一分野である美学（aesthetics）は、ギリシア語の語源から「感性学」と訳すこともできるように、美を感じとる経験を主題にする。本書において「美を感じとる」とは、芸術鑑賞において作品の美しさを受け取ることだけではなく、そもそも何かに惹きつけられ、心や体が強く動かされること、感情の状態が大きく動揺して、世界の見え方や世界とのかかわり方が別様になることなども含んでいる。西洋ではプラトンが美に惹かれることを「エロス」と特徴づけ、日本では本居宣長が「もののあはれ」を解釈するとき「心が感《うご》く」という言い方をしたが、そうしたことも美を感じとることである。

ブルーフィルムをめぐる世界があって、そこにさまざまな人たちがかかわり、鑑賞者の心や体を強く動かし、魅了するものを生み出していた。それを鑑賞する者はどのような経験をすることになるのだろうか。本章はブルーフィルムに惹かれる経験を明らかにするのだが、ほとんどの読者はブルーフィルムそのものを見たことがないだろう。そのため、ブルーフィルム鑑賞とは異なる経験——食べる経験、踊りながら音楽を聴く経験、ホラーを楽しむ経験、ハードコアポルノを見る経験など——を引き合いに出しつつ、ブルーフィルムの鑑賞と重なる点を明らかにしながら、最終的に、かつて「秘密映画」とも呼ばれたブルーフィルムに固有の特徴に迫ることになる。

一　芸術ゆえの美しさ

裸体と食べ物の魅惑

私たちは、通常の芸術作品と同様に、ブルーフィルムなどのポルノ映画に心奪われることがある。ポルノと芸術の関係については、カント、ショーペンハウアー、ニーチェなどの著名な哲学者のあいだで立場が異なっているが、近現代においてポルノと背反するような芸術観が支配的になったこともあって、ポルノと芸術とを相容れない排他的なものとする立場が優勢になった(Maes ed., *Pornographic Art and the Aesthetics of Pornography*, pp. 1-24)。カントの『判断力批判』(一七九〇年)によれば、純粋な美的判断は、利害関係のない快感、すなわち対象が存在することへの欲求に依存しない快感にのみ基づくものである。性的な内容を持つ作品は、私たちの性的な欲望にかかわるものであり、美的判断の対象とはなり得ず、むしろ「快楽の関心事」となる。ショーペンハウアーの『意志と表象としての世界』(一八一九年)もこの論点を継承して、芸術を鑑賞する際には、裸体などの「魅惑的なもの(das Reizende)」を避けなければならないと指摘する。というのも、それは「美の把握にとって必要な純粋観照の状態から眺める者を引きずり下ろして、眺める者の意志に直接に気に入っている対象によって彼の意志を必然的に挑発する」からである（『意志と表象としての世界』Ⅱ、九二頁）。裸体を描く絵画は芸術には分類されないし、さらには食欲をそそるような料理も芸術の題材としては適切ではない。例えば、牡蠣《かき》、ニシン、蟹《かに》、パン、バター、ビール、ワインなどを緻密な筆致によってリアルに描いていた静物画は、性欲をそそるエロティックな絵画や彫刻と同じように位置づけられる。

この点をめぐる議論は今世紀も継続されており、その出発点となっているジェラルド・レヴィンソンは、「真のポルノグラフィーの目的と、エロティック・アートも含めた芸術の目的とは、両立するものではなく、互いに対立する」と指摘して、ポルノでありながら芸術であるようなもの、つまり「ポルノグラフィック・アート」は成り立たないと主張した（Levinson, "Erotic Art and Pornographic Pictures"）。ポルノは、鑑賞者の性的欲望を奮いたたせて、マスターベーションなどによってその欲望を解放することを目論んでいる。そのため、鑑賞者が表現の様式を振り返って「美的な快」を感じ取るような静かな鑑賞が妨げられてしまう。

浴室のポルノグラフィック・アート

二十一世紀の議論にまで影響を及ぼしているこうした芸術観に対しては、批判もなされている。この発想の難点をわかりやすい形で告発したのがニーチェである。『道徳の系譜』（一八八七年）の皮肉に満ちた一節には、次のように記されている。

もしわが美学者たちがカントに味方して、美の魔力の下でなら一糸まとわぬ女人の立像すら〈関心なし〉に眺められうると、どこどこまでも主張してやまないとならば、彼らの無駄骨のほどをちょっぴり憫笑《びんしょう》してやるのがよいであろう。

（『善悪の彼岸　道徳の系譜』四九六頁）

ニーチェにとって、カント的な無関心に基づく美の鑑賞は、奇妙なほどに過剰な禁欲主義的動機に導かれ、道徳による訓練によって可能になっているが、美を求めることは本来そうした静かな鑑賞とは相容れないものである。

今世紀の美学の議論においても、マシュー・キーランはレヴィンソンに抗して「ポルノグラフィック・アート」を認めており、クールベ、ロダン、クリムトなどの絵画・彫刻作品をその実例としている（Kieran, "Pornographic Art"）。つまり、美的なものへのアクセスが静かな鑑賞ではなく、身体的な欲望やその充足と結びついており、それとともに美への接近がなされる。そうした作品には、もともと美術館に展示されるわけではなかったものもある。

ベルナール・テセードルは『起源の物語――クールベの《世界の起源》をめぐって』において、クールベの《世界の起源》の製作や所蔵の歴史をドキュメントとフィクションを織り交ぜながら明らかにしている。女性の性器を大きく描いたこの絵画は、現在ではオルセー美術館に展示されている（この構図がブルーフィルムに近いことは本書第一章を参照）。しかし、もともとはそのような公の展示のためのものではなく、あるトルコ人外交官の依頼によって製作され、パリの邸宅の「浴室」に飾られていたという。テセードルによれば、浴室にある絵画は、極めて個人的な空間での性的目的での使用、つまり梅毒に罹《かか》った「名誉」ある外交官が女性への感染を避けながら自分の性欲を充たすためにマスターベーションをすることと、結びつくかもしれない（『起源の物語』六三頁）。

二　ポルノゆえの美しさ

料理を味わう

このようなことを踏まえると、芸術を美術館やコンサートホールでの静かな鑑賞の対象と見なして、そこからポルノグラフィのような性的興奮と解放を意図する作品を除外することは、あまりにも狭隘《きょうあい》な芸術観を前提にしていることになる。近年の議論においては、カントやショーペンハウアーの伝統を見直して、食べることを主題にしたり（源河亨《げんかとおる》『「美味しい」とは何か』）、味わうことを通じて自己のアイデンティティを理解することが論じられたりしている（ナナイ「経験を解き放つ」)。

料理を味わうことは、身体における感覚の状態と結びついてもいる。例えば、私たちは暑いときにはスイカや素麵《そうめん》を食べ、寒いときには鍋料理を食べたり熱燗《あつかん》を飲んだりするように、飲食が体温の上がり下がりや満腹感や酩酊という身体の状態の変化をもたらしている。また、どの時期に何を食べるかという時機やその場の雰囲気なども、味わうことの重要な要素になる。お茶や酒を飲むことは、季節の変化のなかで料理や食器などを味わうことでもありうる。味わうことのうちでは、味覚だけではない感覚がともに働き、私たちは身体全体を通じて「世界に住み込む」ことになる(村田純一『味わいの現象学』二〇三―二一二頁)。こうしたことはポルノの鑑賞にも該当するであろう。ポルノは身体の興奮を引き起こすし、あるときには個室でマスターベーションをするために、別のときには現実の相手との性行為の前に気分を昂めるために鑑賞されている。

グルーヴを体感する

芸術作品と身体との関係を考えるうえでさらに興味深いのは、音楽におけるグルーヴについての分析である。タイガー・ロホルトの『グルーヴ――リズムのニュアンスの現象学』(二〇一四年)は、音楽におけるグルーヴの経験を分析しており、ポルノの鑑賞にとっても大きな示唆を与えてくれる。グルーヴを感じることは、耳で音楽の性質を受け止めるだけではなく、身体全体が関与して、身体自身が動きだすことでもあり、そうした体感の次元を無視できない。

グルーヴを聴く、把握する、理解する、「つかむ」ためには、実際に身体を動かすことが必要だと主張する。私たちは、身体を通してグルーヴを把握するのである。ある命題や原理や概念を学ぶという知性の手段ではグルーヴをつかむことはできない。また、聴くという受動的な聴覚だけでグルーヴを把握することはできない。私たちは、動くことによってグルーヴを理解するようになる。

(Roholt, *Groove*, pp. 3-4)

グルーヴをつかむことは、身体の適切な動かし方を知っていて、実際にそうすることができるという実践知であり、ある意味では、コンピュータのキーボードの打ち方を知っていて実際に指を動かすことや、車の運転手が冬の路面の状況を理解してハンドルをきることと類似している。私たちは、音楽のジャンルやそれを聴く状況によって、適切な身体の動かし方を知っているのであり、しかもグルーヴの場合には、自分の体をリズミカルに動かすことを意識しつつそれを把握している。

ここで手がかりとなるのは、現象学者メルロ＝ポンティがフッサールの「志向性」を継承しながら「運動志向性」を特徴づけたことである(『知覚の現象学』1、一九一頁)。「志向性」とは、意識が何かに向かうことを意味しており、これをフッサールは意識の根本的特徴と見なした。メルロ＝ポンティはこれを、身体を介した世界とのかかわりの水準で捉え直している。私たちの身体運動においては、対象への身体的な志向性が実践的な理解を形づくっており、例えば、私たちは指先でキーボードの配置を理解するとともに指の動かし方を知っており、それゆえに文字を打つことができる。その場合には机の高さなどが重要であり、使い慣れた机の適切な位置にノートパソコンがない場合には打ちにくい。私たちは状況が適切であることを身体的に理解しており、そうした適切さが平衡《へいこう》などの身体的感情として経験される。グルーヴにおいても、音楽のリズムなどの対象の性質が身体を通じて知覚されながら、それに対して適切に身体が反応しており、そのことを自分で感じ取っていて、自己の身体の動きとして受け止めている。運動志向性においては、対象の理解と対象に応じる自己の理解がともに成立している。

ポルノを見てマスターベーションをする

私たちがポルノをポルノとして受け止めるときには、性的に興奮して身体的な反応が生じている。興奮するだけで終わることもあるが、場合によっては、鑑賞しながら性描写に合わせる形でマスターベーションをしたり、実際の性行為を始めたりして、自分の欲望を解放することもある。メルロ＝ポンティによれば、性的に欲望するときに「己れのまえに性的世界を投企して、自分を色情的状況のなかに置く能力」(『知覚の現象学』1、二五九頁)が発揮されており、私たちは何らかの対象に魅了されている。このような私たちの傾向と芸術作品とが響き合って、私たちは芸術作品をもエロティックな状況において受け止めることがある。

作品がどのようなものであるのかの理解は、作品を前にして自分がどのように振る舞うのかという自己の理解とも結びついている。ある作品を見て共感するのか反感を覚えるのかは、作品ばかりか自己についての理解の相違を示唆している。これと同じように、私たちは何らかの性行為などが描かれたポルノの作品を鑑賞して、それに応じて自分がどのように振る舞うか、自分が何者であるかを理解することがある。こうした理解は知性の水準において生じるわけではないが、私たちの生きていることとそのことに浸透しており、そこから切り離すことはできない。ダンス音楽において何らかの仕方で自分が踊りながらグルーヴを受け止めることも音楽の鑑賞であり、そこでは踊ることで自己理解が表明される。こうしたことを踏まえるならば、ポルノを見ながらマスターベーションをすることも、芸術の美しさを鑑賞することの一つの様式と考えることができるかもしれない。

会話しながら食事を楽しむこと、踊りながら音楽を聴くこと、性器をいじりながらポルノを鑑賞することなどを一つの水準に並べて、芸術へのアクセスのパターンとして考察することは可能だろう。このような鑑賞は実際になされており、静かな鑑賞を基準にして芸術を考察する必要はない。優れたポルノにおいては、鑑賞者の性的興奮を高めるような表現がなされており、そうした表現を介して鑑賞者は自らの身体の動きをともなう美的経験を形成することになる。

告白する身体

ポルノ映画における性的興奮は、見てはならないものを見ることと結びついている。ポルノ映画研究という分野そのものを確立した映画研究者、リンダ・ウィリアムズの『ハードコア――権力、快楽、「見えるものの狂気」』（一九八九年）によれば、ハードコアのポルノ映画は「なるべく多くのことを見えるようにする（maximum visibility）」という原理によって成立している。ハードコアポルノはすべてを見えるようにするのであり、とりわけ通常は隠されている性器を可視化している。

ハードコアは主流のフィクションの物語の手法やソフトコアの間接的な演出とは違って、男性または女性の身体を「いないいないばあ」のように見せようとするのではない。それは、物自体意のままにならない身体による告白のような発作を窃視《せつし》的に記録することを通じて、物自体についての知識を執拗に求めていく。

（Linda Williams, *Hard Core*, p. 49）

このジャンルの作品は、「マネーショット」「カムショット」と呼ばれる射精シーンや「ミートショット」と呼ばれる性器の挿入シーンからなり、通常は見えないものを最大限見せるのであり、そのことで特別な知識の源泉になっている。ここで「告白」とされるのは、身体の最もプライヴエートな部分である性器が映像を通じて自らを顕《あらわ》にすることである。啓蒙の哲学者ディドロの『お喋りな宝石』（一七四八年）は、女性器が喋る設定の小説であり、ウィリアムズはこの設定にハードコアポルノとの共通点を見いだしている。後者における性器の映像もまた、通常は秘められている最奥のプライヴァシーを明かしており、鑑賞者はその告白に聴き入る（映像に見入る）ことになる。

哲学者のスタンリー・カヴェルによれば、古典的な映画においては、俳優個人の容姿が特別な意味を持っていて、その身体はつねに注目されるが、基本的には役者の身体は衣服で覆われ、その素肌は隠されている。この衣服が脱ぎ捨てられる可能性があることが大きな意味をもつが、ほとんどの場面でその直前にショットが切り替わり、裸体が映ることはない。古典的ハリウッド映画を念頭においたカヴェルの映画論は、生々しい裸体が、つまり性器や性行為がスクリーンに映写されることを想定してはいない（『眼に映る世界』八〇頁）。

これに対してハードコアのポルノ映画は、通常の映画では隠される身体そのものを露呈してしまうジャンルということになるだろう。「なるべく多くのことを見えるようにする」という原理のもとで、スクリーンに映される性器が自らを語り出すこのジャンルは、マネーショットをクライマックスとしており、男性器から精液が射出されることをアップで捉えようとする。本物の性行為が行われ、実際の欲望の充足がなされていることを証明するためにも（そのように鑑賞者に見せるためにも）、そうしたショットは欠かせない。第一章で指摘したように、日本のブルーフィルムはやや事情が異なり、膣内で射精された精液が女性器からこぼれ落ちる映像を含むことが多い。こうした映像は射精する瞬間の男性器を捉えたものではなく、あくまでも射精というクライマックスが起こった痕跡を表現したものに過ぎないが、放出された精液を見せようとする点では共通している。

女性の欲望

ハードコアポルノにおいては、男性の欲望が射精という視覚的に確認できるかたちで表現されるのに対して、女性の欲望はそのようにならない。性欲の充足のクライマックスとして射精を見せることで男性器が雄弁に語るのに対して、女性器はそうではない。

> 女性のための女性の快楽についての文学的告白（男性によって書かれたが、多くの場合女性に焦点をあてている）と、ハードコアにおける女性の身体による快楽のより直接的で生々しい告白とのあいだに大きな違いはない。どちらも、男性が他の男性に向けて女性のセックスについて語る例である〔……〕。
>
> （Williams, *Hardcore*, p. 49）

ハードコアポルノの多くがこうした構図になっており、クライマックスに用いられるマネーショットは、男性の欲望の充足を最大限可視的にすることで、女性の欲望の充足を表現することを断念して、未知のものにとどめておく傾向がある。

確かにブルーフィルムはマネーショットをクライマックスとしておらず、ミートショットを中心とした性的欲望の充足が表現される。男性が女性の膣内で射精したことを示す体の動き（例えば『久米の仙人』のショット26）によって欲望の充足が可視化されており、マネーショットのように男性だけの欲望の充足を示すわけではないかもしれない。しかし、たいていの場合に女性は「ドテーッ」と横たわったまま反応をすることなく、男性の射精をただ受け入れているだけである（朝倉喬司「ブルーフィルムが組織的〝シノギ〟になった瞬間」五七一頁）。

なかには、女性の欲望をはっきり描こうとするものもある。女性がマスターベーションをする設定の作品では、一人でいる女性がディルド（張型《はりかた》）などの性具を自分の局部に当てる。そこに女性による想起や願望の内容を表現する映像がオーバーラップで挿入されて、その女性が男性と性行為をするシーンが続くことがある。土佐のクロサワの『招かぬ客』（『ブルーフィルム　風俗小型映画2』所収）や関西で製作された『女一人夢を見る』（『ブルーフィルム　風俗小型映画3』所収）などはそうした作品である。それらの映像が女性の願望として描くものは他の通常の作品と同じような男女の性行為の場面であり、男性の側の願望（＝鑑賞者の願望）を描く場合と変わらないものになる。このように性器を無修正のまま描くポルノは、女性の身体にその内奥の秘密を告白させるものであるが、あくまでも男性の視点によって導かれている。

三　見てはならないゆえの美しさ

低俗とされるジャンルを楽しむ

こうした映像を鑑賞する経験においては、どのようなことが生じているのだろうか。高級な芸術を静かに鑑賞することにおいては美的な快が生じると考えられているが、料理を食べたり、音楽で踊ったりすることも、何らかの感情をともなった美的経験である。ポルノ映画を鑑賞することがそのような経験であることは言うまでもない。リンダ・ウィリアムズは、映画のなかでも、観客の身体的反応に訴えかけるゆえに低俗とされるメロドラマとホラーとポルノを「ボディジャンル」と名づけている（Williams, "Film Bodies"、木下千花「リンダ・ウィリアムズ」）。このようなジャンルにおいては、女性の生々しい身体が過剰に示されており、観客もそうした姿を見ることで身体的に反応することになる。

ここではホラーの鑑賞経験を手がかりにして、ポルノ、さらにはブルーフィルムの鑑賞の核心部分に迫りたい。現代の美学者ノエル・キャロルは『ホラーの哲学』において、ホラーというジャンルの哲学的考察を試みている。キャロルは、アリストテレスが『詩学』において、悲劇というジャンルが鑑賞者にカタルシス（浄化）をもたらすと考えたことに注目する。ホラーにおいても、鑑賞者はホラーという感情（＝怖がること）を経験する。さらには「不浄」であると認知されているモンスターが登場しており、このモンスターは「危険」であり、さらには「不浄」であると認知されている。危険は「恐れ」という感情を、不浄は「嫌悪感」という感情をそれぞれ引き起こすが、ホラーというジャンルにおいてはその両方が合わさって鑑賞者に「ホラー（怖がる）」という感情を引き起こすことになる（『ホラーの哲学』第一章）。このようなホラーの感情は「顕在的感情状態」であり、生理的な動きの感覚や興奮を感じるなどの身体の状態と結びついている。ホラーというジャンルの作品を鑑賞することで、鑑賞者には筋肉の収縮、緊張、身のすくみなどの身体的興奮が引き起こされる。鑑賞者に生じるホラーの感情は、作品内において主人公がモンスターに遭遇するときの感情であり、鑑賞者はモンスターに襲われる登場人物を介してホラーの感情を経験している。

では、ポルノの場合はどうだろうか。猥褻な作品はどのように経験されるのだろうか。マシュー・キーランは、何かが猥褻なものとして経験されるときに（正確に言えば、何らかの対象が猥褻であると判断されるときに）、行為者にどのような感情が生じているのかを明らかにしている（Kieran, "On Obscenity"）。そこでポイントになっているのは、道徳的信念と感情的反応との相反する関係である。猥褻なこと、例えば相手の服を脱がすことなどは、鑑賞者にとって、道徳的に悪いと考えられる内容を表現しており、鑑賞者は「……することはよくない」という信念を持っている（ホラーにおいては何かが不浄であり、それを避けるべきという信念が含まれていた）。しかし同時に、鑑賞者においては、それに逆らってあえてよくないことを求めるような欲望が呼び覚まされてもいる。つまり鑑賞者は「反発を感じながら魅了される」という経験をすることになる。

ポルノグラフィでは規範が侵犯されることが描かれるのであり、日常において自明な規範が破られるのを目撃することで鑑賞者にはさまざまな感情が喚起されることがある。バタイユやサドの小説は、獣性と結びつくもの、秩序を揺るがすもの、美を汚すものなどを描くことで、嫌悪感、ユーモア、畏敬の念をひき起こしている（Newall, "An Aesthetics of Transgressive Pornography," p. 217）。性的欲望とこのような感情は何らかの形で結びついていることが多い。

覗きを楽しむ

以上のように、ポルノグラフィで描かれることの内容は規範を侵犯するものであり、それによって鑑賞者にある種の感情が喚起される。しかしブルーフィルムの場合、内容だけではなく、鑑賞する営みそのものが規範の侵犯につながっている。猥褻なものが違法とされている場合は、作品が描いている内容をめぐる信念の葛藤が生じるだけではなく、フィルムが上映され鑑賞される状況そのものが独自の緊張感をもたらすことになる。

吉行淳之介の短編「手鞠《てまり》」は、学生たちがブルーフィルムを鑑賞する状況を描いている。

小さな地下室には、内側から厳重に鍵がかけられた。そして、映写機がまわりはじめた。不鮮明な画面で、白い肉とやや薄黒い肉とが絡まり合いはじめたとき、扉を叩く音がきこえた。

「開けろ、開けろ」

地下室の内部は、一斉に緊張した。その叫び声といってもよい声は、繰りかえされ、握り拳で扉をはげしく叩く音がしだいに高くなった。

「あいつだよ。うるさい奴だな」

呟く声が聞え、一人の学生が席から立って扉に向った。叫び声は、主催者側の法科の学生であることが、彼には分った。

（「手鞠」二二五―二二六頁）

吉行はエッセイ「耳と鼻と目」でも、鑑賞する者たちが、扉を叩く音がして「刑事かと思って緊張した」というエピソードを記している（「耳と鼻と目」一二四頁）。ブルーフィルムをあえて見ることには独特の緊張感がともなうのであり、この点を「窃視芸術」と呼ばれる分野の作品の鑑賞を手がかりに検討してみよう。

美学者のエリザベス・シェレケンスによれば、ティントレットの絵画《スザンナの水浴（スザンナと長老たち）》（一五五五年か五六年、図版3－1）などは「窃視芸術（voyeuristic art）」であり、

図版 3-1　ティントレット《スザンナの水浴（スザンナと長老たち）》（ウィーン美術史美術館蔵）

そうした作品は、鑑賞者が作品のなかの人物のプライヴェートを覗き見るような仕組みになっている。この絵画では、水浴を終えたスザンナを老人が覗き見ている。覗き見ることが描かれた絵画を鑑賞することで、鑑賞者は盗視の視点を共有することになり、自分があたかも覗きをするようにスザンナの裸体を見つめることになる。この絵画を鑑賞することは、見てはならないものを見る不道徳な営みという意味を持つ。シェレケンスが「表象された内容について道徳的に問題があるというよりも、私たちがその内容を観察する際の条件について問題がある」と言うように、「窃視芸術」は、作品の内容というよりもむしろ、それを鑑賞する営みが不道徳である（Schellekens, "Taking a Moral Perspective," p. 323）。正確に言えば、絵画の鑑賞そのものは不道徳ではなくあくまでも覗きが不道徳であるが、あたかも絵画鑑賞が覗きであるかのような構造になっているのである。

覗き手と覗かれ手の共同体

ブルーフィルムにおいては、猥褻な内容をただ見るだけではなく、法に抵触しながら見る点がポイントであり、窃視芸術と同じような構造ゆえに、鑑賞そのものが、あたかも禁じられたことをするかのような緊張感に溢れている。見るという営みそのものが、先ほど指摘した身体的理解としての「私はできる」という契機（moment、不可欠な構成要素）とどのように関連するのかは複雑である。つまり、ポルノの鑑賞には、一方に「覗き」に結びつく視覚的な欲望の契機があり、他方に「私はできる」という行為の実践的可能性に向かう契機がある。前者においては、窃視という視覚がそれ自体で性的な欲望の充足を果たすとも考えられる。後者において鑑賞者は視覚の水準を超えて、実際に性行為に至る可能性を思い描き、ときにはポルノの登場人物と鑑賞者の自己とが感情移入や共鳴によって同化することもある。二つの契機はせめぎ合うが、映画において私たちはあくまでも視覚を介して性行為をしている人やその身体の現前に居合わせており、鑑賞者の性的欲望は「覗き見る」ことに収斂《しゅうれん》する。そうして「見てはいけないものをいま見ている」という感覚が際立つことになる（朝倉「ブルーフィルムが組織的〝シノギ〟になった瞬間」五七一頁）。現実の世界は背後にあるので、鑑賞者が実際に欲望を充たすためには、映画を見ることをやめてスクリーンとは反対に歩み出さねばならない（カヴェル『眼に映る世界』二二八頁）。

　合法のピンク映画の作り手でもある若松孝二にとって、違法のブルーフィルムは羨望の的でもあった。若松によれば、ブルーフィルムの鑑賞は「禁制を犯す」ことであり、それを見ることが、ジョルジュ・バタイユの言う「エロティシズム」（『エロティシズム』一九五七年）そのものの経験となる。それは、見てはならないものを見る覗きのような行為であり、見る者がスクリーン上の人物に魅了される場合には、見てはならないものを見る鑑賞者と、見せてはならないものを見せている被写体とのあいだに共同体が形成される。

性の何かを、性に何かを求めようとする覗き手は、ブルーフィルムの覗かれる「実像」と出会おうとして、覗き手と覗かれ手の共同体を作り出す。貪欲な、性の共同体とでもいったものがそこに生まれる。（若松「脱ブルーフィルム論」一七頁）

この、被写体と鑑賞者とのあいだに成立する「覗き手と覗かれ手の共同体」は、「圧倒的な性の禁制違反を軸にしている共同体」とも特徴づけられている。剝き出しの裸体や性行為は、通常は公の場所で見るものではないし、刑法第百七十五条が効力をもつ社会においては、映画館のスクリーンに映写できるものでもない。しかしブルーフィルムには、女性器や男性器がそのままの姿で写されており、通常ならば実際の性行為などのきわめて親密な関係においてしか見られないものを見ることになる。

このような近さの関係、性の営みを可能にするようなプライヴェートな空間の成立が、ブルーフィルムの鑑賞経験に特有のものである。とりわけブルーフィルムを個人で鑑賞する場合には、スクリーンに映る出演者と鑑賞者とのあいだに、社会から締め出された者同士の密接な関係が生じるだろう。

三島由紀夫と未来の映画

注目すべきは、作家の三島由紀夫によって、このような被写体との近さの感覚がはっきり指摘されていることである。「忘我」（一九七〇年）というエッセイで彼は、劇場で公開される一般の映画と対比しながら、ブルーフィルムに特有の鑑賞経験を記述する。一般映画においては「性的対象が一つで、こちらが不特定多数人」であり、「たった一つの性的対象に対してできるだけ多数の不特定人が集まれば集まるほど、経済的効率は上る」ことになっている。そのためにはなるべく多数の人に鑑賞してもらうための宣伝が必要になり、「宣伝の公共性」がスターを多くの人に知らしめると同時に、「性の無名性（性的独占の条件）」はますます薄れてしまい、人々は「共有の法則」に従わざるをえなくなる。一般映画において登場人物はスターであり、公共的な空間に存在して、共有されるものであり、誰もが知っているスターは個人が独占できるものではない。

しかしブルー・フィルムでは、この事情は逆になる。俳優は無名であればあるほど、性的独占の対象として直接性を帯び、それはいかにも任意の対象という風情をそなへ、観客と俳優は一対一で映像の性関係に入ることが容易になる。そのためには、公共性を必然的に持つ宣伝は、すべてを阻害することになる。

（「忘我」二四五頁）

ここでは、ブルーフィルムを鑑賞することがプライヴェートな状況で俳優を独占することであるとされ、その俳優と何らかの性的関係に入ることと重ね合わされている。

もちろん、映像の鑑賞はそれだけでは性行為ではなく、この叙述を文字通りに受け取ることはできない。しかし、通常は他人の性器を目の前で見ることはなく、それが許されるのはたいてい性行為のときである。ブルーフィルムの鑑賞経験は性行為にも相当するような特殊なものであった。三島は性を描く一般映画の退屈さや飽きたらなさと対比しながら、まさにこのような特殊な関係が成立する媒体としてのブルーフィルムに映画の未来の姿を見いだしている。

未来の映画は、すべてブルー・フィルムになるであらう。そして公認されたブルー・フィルムの最上の媒体は、ヴィデオ・カセットになるであらう。なぜならそれは映像の性的独占を可能にするからだ。（同二四五頁）

一九七〇年のエッセイにおいて、ビデオの普及やプライヴェートの空間での鑑賞を語っていることに注目すべきであるが、この点がブルーフィルムの鑑賞経験から書かれていることも重要である。ブルーフィルムの鑑賞において私たちは、被写体の近さとともに性についての真理を秘密裏に知るのであり、画面上の人物を性的に独占できるかもしれないと思う。

デイヴィッド・クローネンバーグ監督の代表作『ビデオドローム』（一九八二年、ユニバーサル・

ピクチャーズ）は、家庭内のテレビ画面で再生されるビデオの画像が、どのような性的経験をもたらしてくれるのかを示している。ケーブルテレビ局を経営していて魅力的なコンテンツを探し求めているマックスは、セックスや暴力を扱った過激な「ビデオドローム」という海賊番組の存在を知る。そのビデオテープを手に入れて、自宅で再生するマックスは、テレビ画面から誘惑する女性に魅了されてゆく（301）。女性の唇が映ったモニターは隆起して（302）、マックスは画面に唇で触れながら（303）、文字通りに没入してゆくことになる（304）。三島由紀夫が未来の映画と見なしたような性的独占の形がここにあるだろう。

301

302

303

304　以上『ビデオドローム』（D. クローネンバーグ監督、ユニバーサル・ピクチャーズ、1982年）より

四　秘密ゆえの美しさ

小型映画のコンテキスト

被写体との親密な関係は、ブルーフィルムだけが可能にしているわけではない。16ミリや8ミリなどの小型映画は、一九八〇年代にビデオが普及するまで、ホームムービーという家庭用の映像の媒体として中心的な役割を担ってきた。家庭で映像を見るという贅沢な営みは、小型映画によって可能になっていた。家庭のみならず教育・研究機関においても映像が用いられ、人権啓発のための教育映画が16ミリで製作されたり、文化人類学、民俗学から医学にまでわたるさまざまな学術研究において映像が使用された。劇場用の映画作品が学校や図書館などの公共施設向けに小型映画として保管・鑑賞・貸し出しされることもあった。

ホームムービーは劇場映画とは異なって、製作・上映・鑑賞に携わる人が同一人物だったり、同じ家族やコミュニティに属していたりする。小津安二郎監督のサイレント映画『大人の見る絵本　生れてはみたけれど』（松竹、一九三二年）では、会社の重役の坂本武がホームムービーの愛好家であり、会社で部下の斎藤達雄とカメラやフィルムのメンテナンスをするシーン（305）や自宅で家族とともに社員を招いて鑑賞会をするシーンがある（306）。このようにホームムービーには、よく知っている誰かが、よく知っている場所で、恒例の行事に携わっている姿などが写っている。ホームムービーの鑑賞会では、たいてい撮影者、被写体、鑑賞者が近しい関係であり、スクリーンに映し出された人物（当人であることもある）を見ながら鑑賞者たちは語り合う。

小型映画には自分の家族が、ときにはもはやこの世には存在しない家族が登場するのであり、そのフィルムを映写することは家族との再会という意味を持つことがある。家族の肖像でもあるホームムービーについて、小型映画の普及に努めた吉川速男が次のように書いている。

> 私はすでにこの世にない父と我児《わがこ》に何時にてもこの小型活動映画を通して会ふことが出来ます。静かに考へる時は実に偉大なる発明と今更の如く感服せざるを得ないのであります。更《ふ》け行く夜半、自室を暗黒にして、映写機のスウィッチ一つで、忽《たちま》ち前面の白壁に投じられたる光芒《こうぼう》に浮び出た人影は物凄き幽霊の姿ではなしに、慕《した》はしき父の笑顔であり、いつも変らぬ愛し子の通学姿であります。

305

306　以上『大人の見る絵本　生れてはみたけれど』（小津安二郎監督、松竹、1932年）より

307

308　以上『遺言シネマ殺人事件』（R. メツガー監督、Grenadier Films、1978年）より

309

310　以上『夜行性情欲魔』（R. メツガー監督、Audubon Films、1970年）より

すなはち、明暗境を異にする世界の家人が永久にその心を失はぬものは、実に小型映画があるためであります。家庭にこの設備を持つがためであります。

（『アルス最新写真大講座　第15巻　小型映画の写し方』八頁）

ここでは、製作者、被写体、鑑賞者のすべてが、一つの家族のなかに収まっており、フィルムは家庭に保管され、そこから出ることはない。自分一人が、あるいは近しい人たちとともに、亡き人と対面できるという経験は、鑑賞者にとってかけがえのないものであろう。

ラドリー・メツガー監督の『遺言シネマ殺人事件』（Grenadier Films、一九七八年）では、遺言が小型映画に記録されていて、それを見るために一族が集まるシーンがある。そこでは、食卓を挟んで映写機とスクリーンが置かれており（307）、スクリーンに映る遺言を残した死者は、まるで生きているかのように近親者たちに語りかけている（308）。メッツガーは『夜行性情欲魔』（Audubon Films、一九七〇年）においてイタリアの古城でブルーフィルムを鑑賞する家族を描いており、映写機を操作する父親と息子が作品について会話したり（309）、妻と女性客がともにフィルムを鑑賞したりするシーン（310）がある。この映画では鑑賞者と出演者とが入れ替わりうるような関係にあり、監督のメッツガーは小型映画における被写体の近さを繰り返し描いていると言える。

コンテキストが隠される小型映画

小型映画の愛好家が他人に映画を見せることはあっても、その際の観客は家族や友人だったり、同じ階級だったり、同じ趣味を有する倶楽部の会員などであったりする（後藤一樹「〈趣味〉と〈闘争〉」一三〇頁）。小型映画の製作者と観客はともに「私たち」を形成するような範囲の人たちであることが多い。ホームムービー以外にも、政治運動に参加する者たちが、自分たちの運動をアピールするために映画を製作することがある。それらの場合、製作者と被写体とが目的を共有したり、自分たちの仲間を増やすために小型映画が用いられたりした。

こうしたホームムービーを中心とする小型映画には「他人にとっては近よりがたい側面」があ

り、「親しかった死者と出会うという心情は個人的で繊細なものであり、関係者以外の者が理解できるものではない」のかもしれない（郷田真理子「フィルムセンター所蔵の小型映画コレクション」一〇七頁）。ここではフィルムやそれを取り巻くコンテキストが重要であり、作品の価値を理解するためには、フィルムの辿った歴史や撮影者や被写体と同じ背景的知識を共有しなければならない。ある種のコンテキストを共有した者だけがホームムービーにアクセスして、それを楽しむことができる。さらには、教育や政治活動などの一環として小型映画が製作され、鑑賞されるときにも、コンテキストが重要である。家族や親戚という関係だったり、同じ会社に勤めていたり、小型映画を鑑賞する人たちはコンテキストを共有している。政治運動においてはコンテキストの共有を求めるために小型映画が用いられる。

ブルーフィルムの場合には事情が異なっており、そこで生じている被写体と鑑賞者や鑑賞者同士の親密な関係は特異である。ブルーフィルムにおいては、上映されたコンテキストの形跡が残されることはほとんどない。上映することは違法行為になるので、わざわざそのことを公表することもなければ、記録しておくこともない。刑法第百七十五条による禁止をかいくぐっての違法上映は他に類のない状況を作りだすが、そうした状況が記録に残されることもない。ここではかなり特異なコンテキストがありながらもそれが隠されてしまう。コンテキストのかき消される小型映画、それが違法なものとしてのブルーフィルムである。何らかの場所でブルーフィルムを見たということはおおっぴらに言うべきではなく、「秘密」にしておくべきことである。

秘密を抱える

画家の山口玄珠《げんじゅ》は、東京・中野の自宅で自身の解説つきでブルーフィルムの上映会を開催しており、この「中野学校」と呼ばれる場所を訪れる人も多かった（亀山巖《いわお》『中野スクール』）。日本初の商業ベースの同性愛雑誌と言われる『薔薇族《ばらぞく》』を創刊した伊藤文学は、回顧録的なエッセイにおいて、山口の「中野学校」について語っている（伊藤「互いに秘密を共有すること」「押収されたブルーフィルムの行方は？」『やらないか！』所収）。伊藤によれば、作家の田村泰次郎《たいじろう》や五味康祐などとたまたま同席したこともあるという。藤本義一によれば永井荷風がここで『風立ちぬ』を鑑賞したというが（『エロ事師どもの夜』一二二頁）、荷風の日記では、一九五二年に浅草での猥褻映画の鑑賞は確認されるものの、中野での鑑賞は記されていない。

伊藤が指摘するには、中野学校は「非合法な催しだからお互いに秘密を持つわけで、接待としては効果的」で、「またやってくれ」とせがまれることもあり、母校の大学教授たちを招待したこともあった。こうして鑑賞者のあいだに秘密が共有され、お互いの関係が深まることになる。

一般映画の『ニッポン無責任時代』（古澤憲吾監督、東宝、一九六二年）や『日本一の断絶男』（須川栄三監督、東宝、一九六九年）などの会社員を描いたシリーズ（植木等《ひとし》主演）には、ブルーフィルムが接待に使われるシーンがある。前者では『情熱の花』という作品が、座敷に設置された布のスクリーンに映し出され（311）、植木から接待を受けた由利徹《ゆりとおる》が鑑賞している（312）。後者では、植木が接待用の映写機を準備して（313）、「青いフィルム」が用意された部屋があることを伝えている（314）。さらには、『私が棄《す》てた女』（浦山桐郎《きりお》監督、日活、一九六九年）でも、温泉旅館の和室での接待の場面でブルーフィルムが上映されており（315）、『女学生のもだえ』という作品が女性の体に映し出されている（316）。『私が棄てた女』は、吉行淳之介とともにブルーフィルムをしばしば鑑賞していた遠藤周作の小説を原作としている。こうした作品は、一九六〇年代から会社員の接待の文化にブルーフィルムが浸透していたことを示している。

ブルーフィルムの鑑賞が、語ることの難しいよりシリアスな秘密をもたらすことは、一九五〇

311

312　以上『ニッポン無責任時代』（古澤憲吾監督、東宝、1962 年）より

313

314　以上『日本一の断絶男』（須川栄三監督、東宝、1969 年）より

315

316　以上『私が棄てた女』（浦山桐郎監督、日活、1969年）より

317

318　以上『青い乳房』（鈴木清順監督、日活、1958年）より

319

320　以上『銀座二十四帖』（川島雄三監督、日活、1955年）より

年代の映画に描かれることが多い。映画『青い乳房』（鈴木清順《せいじゅん》監督、日活、一九五八年）では、小林旭はヤクザの小高《おだか》雄二を兄貴分として慕っており、小高がジャズ喫茶の二階で上映を行うとき、小林旭の知り合いの十人以上の若者たちが集められ（317）、恐怖や驚きや戸惑いの表情を浮かべながらも映画に見入っている（318）。上映後、ヤクザの一人は「もう俺たちは仲間だぜ。おんなじ秘密を持っているんだ」と若者たちに告げる。また『銀座二十四帖《ちょう》』（川島雄三監督、日活、一九五五年）では、ヤクザの芦田伸介が雑居ビルにある事務所の一室においてブ

ルーフィルムを外国人相手に映写している（319）。これは取引のための品定めの上映であり、上映後にスクリーンの前で密談がなされている（320）。こうしたシーンでは程度の違いはあれ、ブルーフィルムを鑑賞した者は公にできない秘密を抱えているのであり、秘密を共有することで絆が強まったり、脅迫されたりする。

語りえないものの神秘

ブルーフィルムは、他のポルノ映画や、ホームムービーとしての小型映画とも異なる特徴を持っているが、それによって鑑賞者に独特の経験をもたらしている。つまり、ブルーフィルムは秘密をつくる。二〇一五年に『柚子ッ娘』のフィルムを入手して鑑賞したとき、私はそのことをしばらく他人に言うことができなかった。厳密にはこうしたことは違法ではないと確信していたが、何らかの違法なことに触れていたかのように思われ、鑑賞経験やフィルムの入手、さらにはフィルムの内容について、公に発言することをためらった。

それから三年後の二〇一八年に『フィルカル』誌に「ブルーフィルム鑑賞者であるとはどのようなことか?」という論文を寄稿した。そのとき私は『柚子ッ娘』のフィルムを入手し、すでに鑑賞していたが、そのことにいっさい言及しなかった。論文を読んだ知人の研究者から「吉川さんは見たんですか」と問われ、「見たけれどそのことをはっきりとは言えない」と答えた記憶がある。論文では、自分のフィルム鑑賞の経験をそのまま記す代わりに、過去にＶＨＳで発売されていた『久米の仙人』の映像を紹介して、ブルーフィルムの内容やその鑑賞経験について分析した。『柚子ッ娘』のことは、隠しておくべき秘密であった。美しい作品を発見したけれど、そのことを誰かに言ってはいけない。このような美的経験の「私秘性」はブルーフィルムの鑑賞の核心にあるように思われた。ブルーフィルムはかつて「秘密映画」と呼ばれていたのであり、その鑑賞経験を分析することは、秘密をめぐる考察へと帰着することになる。

本書は哲学からのアプローチを試みているが、語りえないものとしての秘密は、古代の神秘主義から現代まで哲学においてしばしば取り上げられる主題でもある。ウィトゲンシュタインの『論理哲学論考』(一九二一年、以下『論考』と表記)は、二十世紀を代表する哲学書とされて、現代の日本でも関連する研究書や入門書の出版が相次いでいる。

哲学専攻の大学生だったときに私ははじめてこの本を読んだ。世界と言語の論理形式とは写像関係にあって、言語は世界の事態を描写している。こうした論理形式を通じて語りうること以外のことについて語ることは、無意味ということになる。世界と言語が写像関係にあること——『論考』という書物自体が語っていること——、世界に価値があること、いかに生きるべきかという倫理などについては、論理形式の枠内にはなく、語ることができない。

語りえぬものについては、沈黙せねばならない。

(『論理哲学論考』一四九頁)

『論考』の論述は、このようなテーゼに向かって進んで、最終的には著作自身が語っていることも、本来は語りえずに示されるにすぎないものと位置づけられる。「語りえぬもの」というモチーフや論述のスタイルは、哲学を学び始めた者にとって魅力的だった。とはいえ、ウィトゲンシュタインによる、研ぎ澄まされた思考を徹底するプロセスは、自分には縁遠いもののようにも思われた。しかしいまではウィトゲンシュタインにかぎらず、語りえぬものを扱う哲学を読むときに、少し違うことが気になりはじめた。哲学者当人が、本当に何か語りえないものを経験していたのではないか。そのような経験が哲学の表現になるときに、『論考』のようなスタイルを必要としたのではないか。フランスの哲学者ピエール・アドの『論考』解釈によれば、ウィトゲンシュタインは実際に何らかの神秘的なことを、少なくとも彼にとってはそのように受け止められることを経験した。「現存在〔Dasein〕（世界があるという事実）を前にしてわれわれが感じる未知の印象（それは忘我恍惚《エクスターズ》に至りうる）を、ウィトゲンシュタインは記述しようとした」（『ウィトゲンシュタインと言語の限界』五七頁）のである。『論考』は、忘我恍惚とともに世界の神秘を経験した哲学者が、そうした経験に対する忠実な表現を模索した試みなのかもしれない。

私はいま、語りえないと思われたブルーフィルムの経験を何とか語ろうとしている。次章において『柚子ッ娘』の内容を紹介するように、さらには――本書の最後に記すことだが――そのフィルムをすでに手放したように、もはやそれは隠しておくべき秘密ではなくなりつつある。本書の執筆は、語りえない経験の神秘を私自身は失いつつも、それを世界におけるほかの人たちと何らかの形で共有しようという意図からなされている。

世界の神秘をめぐるウィトゲンシュタインの経験と、ブルーフィルムを見てしまった私の経験とはかなり異質かもしれない。しかしカヴェルによれば、ウィトゲンシュタインの著作を、彼自身の個室《クローゼット》での思考の「表現の非力さ（inexpressiveness）」の反映と見なし、世界から孤立したゆえに他人を対話の相手として承認できなくなる、文学や映画の登場人物と並べてみることができる（カヴェル『涙の果て』二三九―二六六頁）。シェイクスピアの戯曲ではリアやオセローが娘や妻を信じられなくなり、ハリウッド映画『ガス燈』のイングリッド・バーグマンなどの女性主人公は、自分の声を発しても受け止めてもらえない。そうした人物たちは、自分には自分の経験を知られるようにする能力がないという思い、すなわち「表現欠如（inexpressiveness）の恐怖あるいは不安」（カヴェル『悲劇の構造』二六頁）にとらわれることになる。私も当初は、ブルーフィルムを見たことを表現できないし、映像を公にできないからには作品について語らない方がいいと考えていた。しかしいままでは、このフィルムやその経験は、いきなりすべてを万人に公開するのではなく、それにふさわしい仕方で語ることができるように思われる。

ロラン・バルトの『明るい部屋』（一九八〇年）は、写真を見る経験を分析する現象学的写真論である。それは、写真や写真鑑賞を一般的に論じるのではなく、実際のバルト自身の経験の具体的内実を明らかにすることを目論んでいる。そこでは、すでにこの世にいない彼の母の写真が考察の基軸になっているが、その写真自体が画像として引用されることはない。しかし読者はバルトの言語表現を通じて、またはその他の写真を見せられることで、彼の経験において何らかのいわく言いがたいものが生じていることを知ることができる。

私の経験のなかで見えてきたものを、他の人たちは私と同じようには経験できないだろう。しかし、この経験を秘密のままにしておく必要はなく、これを一つの軸にしてブルーフィルムの世界を描くことができるし、そうすることに意味があるかもしれない。いまはそう考えながら、私はこの経験を介して、ブルーフィルムやそれにかかわる人たちのことを現代の世界に甦らせようとしている。

第四章
ブルーフィルムを前にして何をすべきか

『天使のはらわた　赤い教室』のブルーフィルム

ロマンポルノ『天使のはらわた　赤い教室』（曽根中生《そねちゅうせい》監督、日活、一九七九年、以下『赤い教室』と表記）はブルーフィルムを題材としている。レンタルビデオ店で借りたＶＨＳのビデオテープで私がこの作品を見たのは大学生の頃だったが、当時はブルーフィルムをブルーフィルムとして認識していたわけではなかった。いまこの作品を確認してみると、作品内での物語の数年間の展開のなかで、フィルムからビデオへというメディアの推移が描かれていることに気づく。蟹江《かにえ》敬三の演じる村木はかつてブルーフィルムをいかがわしい上映場所で見たが（４０１）、それから数年後にはビデオのモニターが設置されたホテルにいる（４０２）。ここには、ブルーフィルムが終焉を迎えようとする一九七〇年代後半の時代状況が反映されている。

401

402　以上『天使のはらわた　赤い教室』（曽根中生監督、日活、1979年）より

さらに『赤い教室』には、当時の刑法第百七十七条における「強姦」（現在の刑法における「不同意性交」）が描かれていて、ブルーフィルムがまさに性犯罪を記録するメディアになっていることに注目せざるをえない。このロマンポルノ作品は石井隆の劇画『天使のはらわた』を原作としたシリーズであり、いずれも名美という女性と村木という男性との恋愛が描かれるが、名美はどこかで見知らぬ男性や知人による性犯罪の被害を受けている。映画で描かれるブルーフィルムが性犯罪を記録する装置となっていることに私の目が向くようになったのは、私がフェミニズムの議論に関心を持つようになり、ポルノグラフィの製作において人権侵害がなされうることを認識し、性犯罪という観点が考察に不可欠であることを学んだからである。現代では、製作プロセスでの人権侵害が判明した場合には、その作品の価値が損なわれると考えられることがあり、作者の顕彰が取りやめられたり、場合によっては作品の公開が控えられたりすることもある。

ブルーフィルムの世界は鑑賞者を魅了するものではあるが、そこには法や道徳の観点から見て何らかの問題があるかもしれない。製作にあたって「不同意性交」という犯罪は行われていたのだろうか。そうではない場合にも、映画のなかで役者が性犯罪を演じるような作品を鑑賞することは、どのような意味を持つのだろうか。ここでは私が出会った作品や知りえた情報に基づいて、私たちがブルーフィルムにどのように向き合うべきかを検討したい。

一　ポルノグラフィをめぐる議論から

マッキノンの遺産

ポルノグラフィと女性への差別とを結びつける現代の議論は、一九七〇年代以降のアメリカの政治運動に端を発していると言ってよい。一九七〇年代になって欧米でポルノ解禁がなされ、ハードコアポルノの作品が流通するようになった「ポルノ・シック」の風潮のなかで、女性が差別的に描かれているとされる性表現の問題が指摘されるようになった。こうしたフェミニズムの運動は、ポルノをめぐる論点を「猥褻」から「性差別」へと変えていくことになる。従来の実定法のなかでポルノが検閲される理由は、それが猥褻であるため、つまり、社会の道徳規範を逸脱し、一般の人々の感情を損なうためであった。この文脈においては、ポルノの流通が、表現の自由の枠内で許容されるか猥褻なものとして規制されるかが焦点となった。いずれにしてもポルノは実害を与えるわけではないとされ、猥褻な表現にかかわる犯罪は「被害者なき犯罪」とも呼ばれた。

しかし、反ポルノグラフィを掲げるラディカルフェミニズムの運動は、ポルノが猥褻であることよりも、性差別的であることを告発した。ここではラディカルフェミニズムの中心人物であるキャサリン・マッキノンの思想に立ち返って、現代にまで引き継がれている議論の出発点を確認しておこう。マッキノンによれば、ポルノは現実の社会やそこで生きる人間（とりわけ女性）に影響を与え、多くの害を及ぼしている。例えば、撮影現場で人権侵害がなされたり、作品の内容が鑑賞者に影響して、現実に性犯罪が生じたりする。また、女性についての誤ったステレオタイプが広まって、女性の社会的地位が低くなることもある。そのように考えるマッキノンとアンドレア・ドウォーキンはポルノグラフィを性差別的なものと定義して、それをミネアポリスやインディアナポリスなどで法案を作ることで取り締まることを目指した（マッキノン／ドゥォーキン『ポルノグラフィと性差別』、吉原令子『アメリカの第二波フェミニズム』）。

私たちはポルノグラフィをつぎのように定義する。画像や言葉で写実的に描かれた、女性の明らかな性的服従であり、これにはつぎのようなものも含まれる――性的客体、物体、あるいは商品として非人間化されている女性、苦痛や卑しめやレイプを楽しむ女性、縛られ、切られ、手足を奪われ、あざだらけにされ、肉体的に傷つけられている女性、性的な服従や奴隷状態やさらしものの姿勢をとらされている女性、身体的な部分に還元されてしまい、モノや動物を挿入され、あるいは卑しめられ、傷つけられ、苦悶させられるシナリオで提示されている女性、血を流し、打撲傷を負い、いためつけられて、こうした状態をセクシュアルなものとするような文脈におかれている女性。（マッキノン『フェミニズムと表現の自由』二九八頁）

とはいえ、すべての性表現が性差別的な内容を含意しているわけではない。フェミニズム運動の活動家で著述家のグロリア・スタイネムは、ポルノとエロティカを区別した。ポルノが男女の不平等な関係を反映する性行為を描くのに対して、エロチカは男女が平等な関係において愛しあうえでの性行為を描いている（「エロチカとポルノグラフィ」）。

定義して撲滅する

マッキノンにおいては定義という手法が重要な意味を持っている。もともと日常言語における「ポルノグラフィ」にはそれなりの歴史があり、この語には、露骨な性表現、道徳に反して不快感を与えるもの、猥褻なものなどというニュアンスが含まれていた。しかしマッキノンは、そうした歴史的に蓄積されたニュアンスを無視して、ポルノグラフィをあえて性差別的なものと定義し、撲滅しようとした。つまり、「ポルノ」と呼ばれているものすべてが実際に性差別的かどうか断定できるわけではないが、すべてのポルノがポルノであることによって性差別的であるかのように論じられたのである。このような手法は、現代の哲学にも洗練されたかたちで引き継がれ、哲学者のサリー・ハスランガーは女性を抑圧されているものと定義して、そのような女性がこの世界からいなくなることを目指している（「ジェンダーと人種」）。定義によって人々の態度に影響を及ぼそうとする手法は「説得的定義」と呼ばれる（倉田剛『論証の教室〔入門編〕』一八九頁）。

　何らかの概念がそれなりの歴史的な背景を持って使用されている場合には、概念の意味を自由に定めるこの手法は、それだけではあまり説得力を持たなかったり、かえって混乱をきたしたりすることがある。例えば、現実の社会で「ポルノグラフィ」と呼ばれるもののなかには、女性を従属的に描くわけではなかったり、女性の快楽にしっかり光を当てたりしているものもある。マッキノンを評価しながらもそうした点を懸念する論者もいて、現代の哲学者キャサリン・ジェンキンスは、日常の言語使用との間に大きな齟齬《そご》をきたす言葉遣いを回避するため、マッキノンの定義に該当する表現物には「ミソジニー〔女性嫌悪〕・ポルノ」の語を用いている（Jenkins, "What Women are For"）。このほかにも「性差別的ポルノ」や「不平等ポルノ」などの語を用いて、ポルノ全般ではなくその一部に限定して考察を進める傾向がある（Eaton, "Feminist Pornography," Maes, "Falling in Lust"）。本書はマッキノンによるポルノの定義から距離をとるが、ポルノという名称のもとで性差別をめぐる問題が検討されるようになった意義を踏まえながら、ブルーフィルムの考察を進めることになる。

実害を主張する

マッキノンはポルノのさまざまな実害を告発しており、それらはさまざまな場面に応じて次のように分類されうる（中里見博『ポルノグラフィと性暴力』、同「性暴力としてのポルノグラフィ」、森田成也「ポルノ被害とはどのようなものか」）。①製作の場面において人権の侵害が生じている。例えば、性犯罪が記録される、出演を強制される、想定していない性行為を強いられる、未成年や同意の能力のない者が出演する。②消費の場面では、ポルノの視聴を強制されたり（ハラスメントに該当する）、鑑賞者に影響を与えて性犯罪が助長されたりする。③流通の場面では、男性の性欲を充たす道具として女性を描く作品が広まることによって、集団としての女性の地位が低下したり、女性についての偏見（本当はレイプされることを望んでいるなど）が助長されたりする。こうした実害を告発するマッキノンらの運動は、議会で法案を通過させるために、女性の人権を尊重しているわけではない保守派とも手を結んだとされて、批判されることもあった（ストロッセン『ポルノグラフィ防衛論』一四六頁）。

このような論点は、そうした政治的な文脈から切り離されて、ポルノグラフィを主語にした「ポルノは性犯罪を助長する」、「ポルノは女性を従属的なものにする」、「ポルノは女性を沈黙させる」などの理論的な主張として吟味される。とりわけ現代哲学の論者は、製作現場の状況や出演者・鑑賞者の経験よりも、流通しているポルノそのものに目を向ける傾向がある（③の場面と相性がよい）。そして、現代哲学の古典となっているジョン・ラングショー・オースティンの言語行為論やジョン・サールの社会制度論に依拠しながら、「ポルノは女性を沈黙させる」や「ポルノは女性を従属的なものにする」という主張を擁護する試みがある（Langton, "Speech Acts and Unspeakable Acts," Jenkins, "What Women are For"）。哲学の考察がこの論点に集中しているのは、文献研究者にとっては、出演者や鑑賞者などの個人的な経験よりも、ポルノという表現物の内容の方が取り扱いやすかったためかもしれない。また、ポルノの表現が女性の従属的な地位を形成したり、女性の声を奪ったりする仕組みを本当に解明できるのであれば、現実の差別的な社会を構成する諸悪の根源を告発していることになり、大きなインパクトを持つとも考えられたのだろう。

しかしながらそのような哲学の試みは、成功しているとは言いがたい。とりわけ、ポルノグラフィが女性を沈黙させ、従属的なものにする力を本当に持っているのか、持っているとすればどのような「権威」に基づいているのかなどが明らかにされていない（江口聡《さとし》「悪いポルノ、悪い哲学」）。さらに、そうした実害が生じるときに、ポルノが鑑賞者の認識に影響を与えて、そこから何らかの行為が引き起こされたり、社会制度が形づくられたりすることが想定されている。そうした因果関係を立証するためには、周到に準備された疫学的研究が限定された条件のもとで長期間にわたって行われる必要があり、ポルノの害悪を示すことのハードルはきわめて高くなっている（Eaton, "A Sensible Antiporn Feminism"）。そうした調査は今後も必要であるが、ポルノ全般が害悪をもたらすことを論証するのは（害悪をもたらさないことを論証することも）かなり難しいだろう。さまざまなポルノグラフィが製作され、流通して、さまざまな状況のなかで、さまざまな鑑賞者によって鑑賞されている。そのなかではポルノグラフィが人権侵害や性犯罪に加担していることもあるので、そうした個別のケースを明るみに出す必要がある。

世界の見え方、ヴィジョンをめぐって

本書は、マッキノンがポルノを定義してその害悪を主張したことよりも、そうしたことを通じて、ポルノや、ポルノが製作・流通・鑑賞されている世界をある種の観点から見る（、、）ことを促していたことに注目してみたい。哲学者のナンシー・バウアーによれば、ポルノグラフィをめぐる哲学の議論においては、私たちに世界がどのように見えているのかがポイントになりうる（Bauer, *How to Do Things with Pornography*, pp. 21-35）。

「性的モノ化」という概念はポルノグラフィにもかかわるものであり、哲学でも繰り返し検討されてきた。その特徴として、相手を道具として扱う、自律を否定する、能動性を認めない、代替可能なものと扱う、毀損可能なものと見なす、所有物と見なす、主体性を否定する、身体へ切り詰める、外見へ切り詰める、沈黙を強いることなどが挙げられる（Nussbaum, "Objectification"; Langton, "Autonomy-Denial in Objectification"; 江口聡「性的モノ化再訪」）。ポルノグラフィが性差別的であるのは、女性を男性の性欲を充たすための「道具＝モノ」にしているため、つまり「性的モノ化」しているためと言われることがある。ポルノは女性を性的にモノ化して描くことがあるし、

さらにはそうしたポルノが製作・流通することが現実に女性を性的にモノ化しているかもしれない。性的モノ化の描写に何らかの問題があると考えるならば、どのような意味での問題であるのか（実害なのかそうではないのかなど）が明らかにされるべきであろう。また現実の社会において女性が性的にモノ化されていると言うならば、そこにポルノがどのように関係するのかが説明されねばならない。いずれにしても、性的モノ化という概念を明確化して、性的モノ化とそうでないものとを定義によって区別することが重要な課題となるだろう。

しかしバウアーによれば、このような概念を定義することには限界があるし、定義そのものが求められているわけではない。重要なのは、この概念が「世界とその中での自分の経験をどのように理解するか」にかかわっており、この概念を通じて、抑圧されている女性をめぐるさまざまな現象に「光が当たる」ようになり、周囲のいたるところに生じる性的モノ化の実例が私たちの目に入るようになることである。以前は気づかなかったものが見えるようになったり、何らかのものが以前とは異なる仕方で浮かび上がってきたりすることがポイントである。概念を定義することよりも、何らかの「世界の見え方（world view）」を示すことが、概念をめぐる哲学の課題とされる。つまり、性的モノ化という概念を通じて世界を見ることは、これまでにはなかった「ヴィジョン」がもたらされるということである（「ヴィジョン」については本書の終章も参照）。明確な定義によって性的モノ化とそうでない事例とを区別することよりも、それに先立って性的モノ化という観点から世界を見るようになることが重視される。

マッキノンも貢献した「ハラスメント」という概念の普及の事例がわかりやすいかもしれない。まさにハラスメントという概念がなかった時には見過ごされていたことが、この概念とともに見えるようになった。そうした概念は私たちの世界を解釈するためのリソースになり（フリッカー『認識的不正義』第七章）、私たちの現実の見え方が変わり、そこから考え方や行為の仕方が変化することもある。「性差別的なもの」としての「ポルノグラフィ」はそのような見え方の変化を促すものでもあった。現代では、ポルノに限定されない多様な表現物が、性差別的であるかどうかについて検討されるようになっており、宣伝のポスターや動画から、ポルノではない古典絵画などにまで及んでいる。もちろん、現実の世界の行為や出来事や制度などがそのような観点から見られるようになることは、性的モノ化の実例として挙がるものが直ちに犯罪などの害悪となることを意味するわけではない。性犯罪やハラスメントなどが実際に生じていると示すためには個々のケースでの精査が求められることは言うまでもない。とはいえ、そのような観点からの見え方があって初めて、実際のハラスメントや性犯罪の有無を検証することができる。

二　実演する出演者たち

ハードコアとソフトコア

本書は、性差別的であるかもしれないという観点からブルーフィルムを検討する。とりわけ不同意性交や出演強制などの実害という点から、その撮影現場はどのようなものだったのか、出演する女性はどのような状況に置かれていたのかを精査すべきであろう。まず、性表現の映画におけるハードコアとソフトコアの区別を確認したい。ブルーフィルムが性行為の「実演」がなされているハードコアであるのに対して、劇場公開される成人映画（ピンク映画、東映ポルノ、ロマンポルノなど）は基本的にはソフトコアであり、実際に性行為が行われているわけではない（第一章）。ソフトコアのポルノグラフィや一般映画の撮影現場にも、男性を中心とするプロデューサーや監督のもとで女性を中心とする出演者への性犯罪が起きやすい構造があり、近年では映画関係者や研究者からも現状の改善を強く求める声明が出されている。

マッキノンが念頭におくハードコアの製作においては、現場で何らかの性行為がなされることから、ソフトコアや一般映画にはないような問題が生じることが懸念されてきた。日本では、ここ四十年以上にわたってアダルトビデオがハードコアポルノの映像として流通しており、性行為の実演をめぐる問題が指摘されている。例えば、性行為をすることによって、出演者は妊娠したり、性感染症に罹患したりするリスクがある。また、出演することとそれ自体や、実演する行為の内容についての明確な同意や契約をする制度や習慣が確立されていない場合もある。そもそも出演者を確保しにくいときは、騙しや脅迫などを通じて出演を迫るケースも生じやすい。詐欺や脅迫まがいの出演強制があっても、出演者が被害を公表することが難しい環境もある。日本のアダルトビデオ業界に対しては、そうした被害を明るみに出して、被害を受けた出演者の声を聴き取ろうとする運動が時間をかけて展開されてきた（宮本節子『AV出演を強要された彼女たち』）。こうして、当初は見えなかった被害者が次第に可視化されるようになり、「AV新法」と呼ばれる法律が制定されるなど、業界を大きく変化させることにつながっている。

その一方で、ハードコアポルノの製作プロセスのマイナス面だけを強調することへの懸念もさまざまな場面で表明されている。例えば、ポルノ女優であり監督であり性教育者でもあるニナ・ハートレーも、ハードコアポルノの製作が出演者にとって害悪と決めつけるのは「アンチセックスバイアス」によるものと批判している（Hartley & Held, “Porn, Sex, and Liberty”）。こうした立場の拠り所となるのはセックス・ワーク論で、そこでは、性産業への従事が他の職種と同じまともな労働と見なされることを重視して、「選択か強制か」の二者択一ではすくい取れない、セックスワーカーの経験が記されることもある（青山薫『「セックスワーカー」とは誰か』、SWASH編『セックスワーク・スタディーズ』)。少し異なった観点からは、動物倫理の研究者としても知られている哲学者のザチ・ザミールは、ポルノの出演者の自伝やインタビューなどを手がかりにして、「演技のような経験をするが、演技をしているわけではない」というポルノに出演する経験の意味を考察している(Zamir,"Pornography and Acting")。そうした実演は出演者へのリスクがある一方で、自分の身体を通じて他者(製作者や鑑賞者など)の欲望を実現する点で、自己表現の喜びをもたらすことがあるという。これを、ポルノへの出演に関する一般的な主張として理解することは困難であるにしても、そのような面があることを否定し切れるわけでもないだろう。

沈黙する出演者と法の力

アメリカのハードコアについても、女性俳優のリンダ・ラブレイスはその自伝において、8ミリ作品から『ディープ・スロート』などの劇場用の35ミリ作品までの撮影現場について語っている(『ディープ・スロートの日々』)。それによれば、彼女は夫に銃を突きつけられ、売春や映画への出演を文字通り強制されていたという。そこに舞い込んだ『ディープ・スロート』への出演依頼は悪い話ではなく、映画が人気作になったことで彼女自身も映画女優として注目され、やがて夫から解放されることにもなった。このようなエピソードは、まさに強制出演と自己実現の双方の可能性がハードコアポルノにあることを示している。

もちろん、インタビューや自伝などの語りが製作現場の実情を正確に反映しているかどうかはわからない。しかし、このような出演者自身の言葉によって、撮影現場が実際にどのようになっているのかを知るための手がかりが提供される。日本のアダルトビデオに関しては、出演者が何らかの形で自己を語ったり、ジャーナリズムやアカデミズムからのインタビューがなされたりしている（鈴木涼美『「AV女優」の社会学』、中村淳彦『名前のない女たち』、宮本『AV出演を強要された彼女たち』）。関連する出版物は、出演者をセックスワーカーや表現者や被害者などの側面から映し出しており、結果として多様な観点から、出演者や撮影現場の状況が示されている。

しかしブルーフィルムの場合、そもそも、業界では著名なごく一部の製作者が匿名でインタビューに応じたり、引退後に自伝的な著作を発表したりする場合を除いて、製作現場の様子をまとまったかたちで伝えるものはない。出演者についてはなおさらであり、その実情や声を知るための運動や制度は存在しなかった。例えば、出演者は赤線《あかせん》（買売春が黙認された特定地域）で働いていた、「婦人警官」だった、夫婦で出演した、性行為が好きで撮影後も続けた、一般映画と騙されて出演した、知的障害があったなどのエピソードが残されているが（野坂「告白的ブルーフィルム論」、桑原「ブルーフィルム界にも〝黒沢明〟あり」、長谷川『いとしのブルーフィルム』、伊集院『回想の「風立ちぬ」』）、それらは出演者本人の語りではないし、資料から裏づけられていないため信憑性が低く、噂話の域を出ないものもある。ブルーフィルムの製作現場は人権侵害が起こりやすい環境にあったと推測することはもちろん可能だが、それはあくまでも推測にとどまるであろう。

出演料についても断片的な情報があるだけだが、女性にも基本的にはそれなりの額の出演料が支払われる習慣はあったようである。土佐のクロサワの撮影では、一九五〇年代に一万五千円、一九六〇年代に二万円から三万円が支払われている。これは当時の初任給並みか、それを超える金額である。

そもそも違法とされるブルーフィルムにおいては、作品製作の証拠となるものが残されないため、製作状況を知ることが極めて難しい。関係者は自分たちのやっていることを語ることができない。法の力は間接的にはこのようなところにも及んでおり、関係者は猥褻をめぐる犯罪にかかわる者として沈黙せざるをえなくなる。性産業に従事する者の声はもともと聞き取られにくいが、ブルーフィルムの場合にはとりわけ出演する女性の声が奪われやすくなっている。

ブルーフィルムの偏ったイメージ

ブルーフィルムの製作現場で何が行われているのかがわかりにくいゆえに、ここにはさまざまなマイナスのイメージが投影されやすい。一般映画や成人映画の業界でもブルーフィルムについての偏ったイメージが生産され、流布することになる。ロマンポルノの『赤い教室』は、実際の性暴力が撮影されて、それがブルーフィルムとして流通するという筋書きになっていた。このほかにも、劇場で公開される一般映画や成人映画やテレビ番組において、不同意性交という犯罪が撮影されたり、同意なく裸体や性行為の撮影がなされたりする設定のものは数多いし、男性がそのように撮影される設定のものもある（表4－1）。ブルーフィルムを題材とする一般映画や成人映画の作品では、役者が演じている現場を描いたものの方が少ない。このようなイメージは一面的であり、ブルーフィルムの製作に対する偏見に基づいている。

ブルーフィルムは通常、性行為や性器をアップで撮影する場面があるが、それを撮影するためにはそれなりの条件を整えなければならない。室内であればしっかりした照明が必要であるし、屋外でも強い太陽光線が性器を照らし出すことが必要になる。性器が見えやすいポーズをとったり、複数回の撮影によって一回の性行為の場面を撮影したり、使い古した映像と合わせて編集したり、実際にはしていない射精をしたように見せる工夫がなされたりしている（梶山季之「ブルーフィルムは日本モノが最高」、矢野『実録　ポルノオビ屋　闇の帝王』三三一頁、伊集院『回想の「風立ちぬ」』一一一―一一三頁）。現在残された作品から判断するかぎりでは、基本的には性暴力をそのまま撮影したり盗撮したりするわけではなく、演技によって製作されている。演技に見えるものが実際には強制され

表 4-1　ブルーフィルムの製作で同意のない性行為がなされることを描く作品

女性が撮影される作品（映画）……『青い乳房』（鈴木清順監督、1958 年）、『河内カルメン』（鈴木清順監督、1966 年）、『不敵なあいつ』（西村昭五郎監督、1966 年）、『花を喰う蟲』（西村昭五郎監督、1967 年）、『温泉あんま芸者』（石井輝男監督、1968 年）、『温泉ポン引女中』（荒井美三雄監督、1969 年）、『花芯の誘い』（小沼勝監督、1971 年）、『混血児リカ　ハマぐれ子守唄』（吉村公三郎監督、1973 年）、『カルーセル麻紀　夜は私を濡らす』（西村昭五郎監督、1974 年）、『黒薔薇昇天』（神代辰巳監督、1975 年）、『鎌倉夫人　童貞倶楽部』（林功監督、1975 年）『色情妻　肉の誘惑』（西村昭五郎監督、1976 年）、『やさぐれ刑事』（渡辺祐介監督、1976 年）

女性が撮影される作品（テレビ）……『大都会　闘いの日々』（第二話。小澤啓一監督）、『あるフイルムの背景』（千野皓司監督、1983 年）

男性が撮影される作品（映画）……『浮気のすすめ　女の裏窓』（番匠義彰監督、1960 年）、『ブルーフィルムの女』（向井寛監督、1969 年）、『妻たちの性体験　夫の眼の前で、今……』（小沼勝監督、1980 年）

403

404　以上『にっぽん'69　セックス猟奇地帯』（中島貞夫監督、東映、1969 年）より

ていることはつねに考えられるが、ジャンルの全体において犯罪行為がそのまま撮影されるというのは、一般映画による偏ったイメージと言えるだろう。むしろ、撮影機能のついたスマートフォンが普及して、誰もが映像を手軽に撮影でき、インターネット上にアップできる現在の方が、性犯罪の映像がそのままポルノとして流通する危険が増している。

中島貞夫監督の『にっぽん'69　セックス猟奇地帯』（東映、一九六九年）は、一般映画におけるブルーフィルムのイメージを考察する興味深い材料になる。そこには製作者とされる人物たちが登場しており、炎天下の瀬戸内海の小島においてブルーフィルムを撮影する現場を記録したとされている。製作者と出演者が小船で島に到着し（403）、機材を持って斜面を登り、草むらで撮影をする（404）。女性は酒を飲み、出演後に酩酊して、涙を流して取り乱す。製作者の装備がカメラを一台持っているだけなど不自然な点もある。そもそも記録映画と称する作品において一定の演出がなされることは珍しくなく、この映画がブルーフィルム撮影現場を正確に記録している保証はない。中島は、記録映画に「やらせ」の手法をとり入れるグァルティエロ・ヤコペッティと対談しており（中島貞夫『遊撃の美学』上、一九七頁）、その影響から、ナレーションを含めて女性の出演者にとって辛い現場であることを強調する演出がなされたのかもしれない。一般映画はブルーフィルムの撮影現場を偏ったイメージで描くことがあり、そうしたイメージはブルーフィルムの世界を知る手がかりにはなるが、内容を鵜呑《うの》みにすることはできない。

抹消されたジャンル

ブルーフィルムにおいては、作品を見ることが困難であるだけではなく、製作者や出演者の実像も見えにくくなっている。そのためさまざまなマイナスのイメージが結びつき、根拠のわからない噂のような悪評がつきまといやすい。製作プロセスの人権侵害のエピソードなどは確証できるわけではないが、かといって否定するのも困難である。製作プロセスにおける何らかの人権侵害などがあったと判明した場合、その作品がどのように扱われるべきか決定することは、現代の「キャンセル・カルチャー」と呼ばれる動向が広まるなかで焦眉の課題になっている。

哲学に関連する分野では、十八世紀の哲学者デイヴィッド・ヒュームの名を冠したエジンバラ大学の「ヒュームタワー」が、人権に関する実害というよりも彼の人種差別的見解ゆえに、二〇二〇年に名称変更された。このヒュームに関するケースは、あくまでも人物の顕彰が取り下げられたものであり、著作そのものは出版されてアクセス可能な状態は続く。このような区別は大きな意味を持つ（Matthes, *Drawing the Line*, pp. 75-115）。とはいえ、ヒュームを読む者はヒュームの人種差別的見解とどのように向き合うべきかを問われることになる。映画を鑑賞する場合にも、自分の愛する作品の製作プロセスに製作者による性犯罪などが生じていると知ったとき、作品を好んで鑑賞することは難しくなったり、なおも愛し続ける場合には大きな葛藤をともなったりするようになるだろう（Dederer, *Monsters*）。加害や被害の事情によっては、製作者のさらなる活動の機会をなくし、製作された作品そのものの流通を控えるよう求められることもある。

ブルーフィルムの名作といえども、製作現場の犯罪が明るみに出たり、被害者が告発したりすれば、何らかの対応が求められるだろう。しかし、もともとこのジャンルは刑法に抵触するゆえに、法の力によってすでに社会の表舞台から消し去られており、作者が讃《たた》えられることもなく、作品を鑑賞することも困難であるし、いまあえて見ようとする者もほとんどいない。そのため、性差別や人権侵害の問題を踏まえたうえでブルーフィルムをどのように扱うべきかが考えられたことはほとんどなかった。今後は、個々の作品をどのように扱うべきなのか、それを通じて自分がどうするべきなのかが問われることになるかもしれない。

アーカイブの倫理

最初に確認しておくべきは、ブルーフィルムはもはや新たな作品が製作されることのない過去のジャンルだという点である。製作されていた時代からかなりの年月が過ぎ去っていて、実際に製作や出演をした人を探し出したり、その製作現場について知ったりすることは非常に困難である。そもそもアダルトビデオなど、現在も製作されているハードコアの撮影現場が注目されるのは、製作プロセスにおける人権侵害をなくすためである。侵害のリスクが考えられる場合、出演者の人権へのいっそうの配慮が求められるし、業界の製作システム自体に問題がある場合は、それを改善していくことも重要な課題となる。しかし、もはや製作されていないブルーフィルムの場合には、これから出演するという人もいないし、仮に過去の作品での出演強制などの人権侵害が判明したとしても、誰かの責任を具体的に追及することも難しいだろう。

これからブルーフィルムを収集・保存したり、刑法の問題をクリアして公開したりする場合には、何よりも出演した人の人権やプライヴァシーに配慮することが求められる。作品を公開や鑑賞することが現在の社会においてどのような帰結をもたらすかを慎重に検討するべきである。デジタルアーカイブ学会が作成した「肖像権ガイドライン」(二〇二三年補訂)は一つの手がかりになるだろう。映像が作られてから経過した年月、被写体の同意の有無、顔やプライヴァシーの露出の程度、撮影の状況などから、公開の可否や限定公開の条件などが示されている。映像が、生存しているかもしれない出演者の脅威となることも避けるべきである。現代のポルノグラフィの議論が示すように、セックスが撮影された映像はしばしば直接的な脅迫に用いられたり、さまざまな仕方で拡散されたりして脅威をもたらしてきた。ブルーフィルムの場合にも、その映像と実際の出演者とが結びつかないようにするべきであり、少なくとも出演者や、場合によっては近しい関係者が生存しないことが確実になるまでは、デジタル化された映像がインターネットなどに出回る状況は避けるべきである。そもそもインターネットで鑑賞されることが想定されていなかったものについては、そういった公開の仕方には慎重になるべきかもしれない。

映像に加工などを施して上映する場合には、もともと8ミリで秘密の上映会で鑑賞されてきたことを踏まえて、それに類した環境において、少人数で鑑賞することが望ましいだろう。また出演者と所縁《ゆかり》のある場所での上映には注意を払い、例えば、高知で製作された作品を高知で多数の観衆に公開することには慎重になるべきである。個人が特定されないならば、映像が鑑賞されても大きな被害は生じないかもしれない。出演者や関係者がすでに亡くなっていて、映像と実在の人物の関係が途絶えている場合には、それなりの範囲で流通することが許容される可能性もある。こうしたことを考察するのが、過去の映像をめぐるアーカイブの倫理の課題となるだろう。

三　ポルノグラフィと自己理解

実例を手がかりに

これまでの考察は、ブルーフィルムの製作のプロセスにおいて何らかの実害が生じているかどうか、映像が後から出演者の脅威にならないかどうかに焦点を合わせていた。個人の実害をめぐるそのような論点とは別に、作品には性行為が描かれており、そこで描かれることが時には犯罪であったり、道徳的に非難されるべきことであったりする。映像に描かれた行為が不正なことだったとして、それが現実社会の問題とどのような因果関係を持つのかはわからない場合が多いかもしれない。しかし、私たちは作品を鑑賞し、登場人物やその行為を見つめて、知識を得たり、欲望を喚起されたりしており、この水準において考察するべきことがある。ブルーフィルムにも、不同意性交などの実際に行えば非難されるべき犯罪行為が描かれている作品がある。

第二章で考察したように、ポルノグラフィは日常的には手に入りにくいセックスや身体についての知識をもたらしている。その映像は、鑑賞者自身の「私はできる」という実践的可能性の延長線上にあるような、性行為の「実例」を提供する。具体的な性行為は、鑑賞者自身がするかもしれないこととして描き出されており、さまざまなタイプの性行為の実例が提供されることで、鑑賞者は実際に誰かしらの相手と試みることができる。映像で描かれるセックスが自分たちの可能性と結びつかないときにも、そのようなことを望む人がいることを理解し、やがて自分たちの可能性になることを想像するかもしれない。本書は、ポルノグラフィが性行為の実例を提供していることに注目して、自分がするかもしれないことについて作品を手がかりに考察する倫理の営みを示したい（吉川孝「倫理学における芸術作品の使用と想像力の問題」）。

このような倫理的な営みの一つのモデルとなりうるものを、ポルノグラフィをめぐる有名な考察に見いだすことができる。哲学者のマーサ・ヌスバウムは、性的モノ化の概念を検討している（Nussbaum, "Objectification"）。この論文でヌスバウムは、通常の哲学のように「モノ化」の概念を整理・分析するのみならず、いくつかの小説やポルノ雑誌などを引きながら、そこで描かれている性行為がどのような意味においてモノ化であるのかを検討している。そこでは、マッキノンなどの反ポルノグラフィの論者が、ポルノグラフィに描かれる性行為の文脈をしばしば無視することが批判されている。性行為がどのような意味を持っているのかは文脈をも考慮して検討する必要があるとし、そのために具体的な作品が取り上げられている。その考察はマッキノンが引き合いに出すような『プレイボーイ』誌の写真から、D・H・ロレンスの『チャタレイ夫人の恋人』などの小説にまで及んでいる。文学や芸術のなかに描かれた人間の姿を手がかりに倫理学を展開する手法は、アリストテレス主義と呼ばれている（Nussbaum, *Love's Knowledge*, pp. 45–49）。

素晴らしいモノ化

男性誌『プレイボーイ』のある写真では、テニスをしている女性のスカートがまくれあがって黒い下着が見えており、そこに「だから俺たちはテニスが好きだ」というキャプションがつけられている。ヌスバウムによれば、これは女性をモノ化する描写の典型である。女性が男性の性的欲求を充たす対象であることを伝えており、しかもテニスというスポーツをする女性をそのような眼差しで見ることを促している。このようなことが現実に行われるとすれば、それは女性を性欲を充たすための道具と見なしているということであり、道徳的に非難されることになる。

『チャタレイ夫人の恋人』については、注目すべきことに、ある種のモノ化が「素晴らしい《ワンダフル》」

と指摘され、肯定的に捉えられている(Nussbaum, "Objectification," p. 411)。ロレンスの作品に描かれるコニー(チャタレイ夫人)と森番のメラーズの関係においては、性的快楽を追求するなかで、お互いがお互いをある意味ではモノ化している。性器が「ジョン・トマス」などの名で呼ばれており、ともすれば相手の人となりを性器に還元しているように見える局面もある。


〔……〕「小さくて柔らかくなっている時でも、私の心はちゃんとそれに結びつけられているような気がするわ。それにここの毛は何て可愛らしいの! すっかり、すっかり違う色ね!」

「それはジョン・トマスの髪で、おれのじゃない!」と彼が言った。

「ジョン・トマスよ! ジョン・トマスよ!」と言って彼女は、また動き始めたそのペニスにすばやく接吻した。

(『完訳 チャタレイ夫人の恋人』三八八―三八九頁)


ヌスバウムによれば、ここでのモノ化(相手の性器にのみ注目すること)は道徳的に悪しきものではなく、愛の行為の表現であるような「素晴らしいモノ化」である。さらには性行為において相手に身を委ねることや、忘我光惚におけるある種の自律の放棄が、自己の欲望の実現でもありうる。相手の自律性や主体性を否定することが持続する場合には問題かもしれないが、相互に配慮がなされる関係における限定的な局面ならばまったく問題がないし、「素晴らしい」とさえ言えるかもしれない。むしろ、人間関係における行為の一つの局面だけを取り上げて、そこで自律性や主体性がないなどと批判することの問題点が浮かび上がってくる。

イギリスの作家アラン・ホリングハーストの『スイミングプール・ライブラリー』(一九八八年)は、ゲイのコミュニティを描いた小説である。「ザ・コーリー」と呼ばれる社交場のシャワールームで複数の相手と性的な眼差しをやり取りする場面が描かれている。

シャワー・ルームで硬くなってしまうのが初めは恥ずかしかった。でもザ・コーリーでは多くの連中がわざと刺激的に石鹸でコックを擦っていた。メンバーの何人もがここで日課のように勃起する。ぼくの勃起はそんなに頻繁じゃなかったが、それでもみんなに期待されていたし見られてもいたと思う。見せびらかすことは逆説的な強みでもある。裸の人間はいつだって服を着た人間より社交的に優位に立つ〔……〕。

(『スイミングプール・ライブラリー』二一四頁)

ここでは相手は特定の誰かではなく、代替可能な身体に切り詰められている。人種と結びつけられた性器の大きさに関心が向けられ、ステレオタイプの人種のイメージによって性行為の相手が捉えられている場面もある。匿名のままで身体的特徴に惹かれ合う人間関係がどこまで悪しきモノ化になっているのかを議論することができ、身体の水準での平等な関係の達成が見いだされたり、人間同士の相互尊重の欠如が疑われたりする。そうした疑いはかえって男女二者のロマンティックな恋愛の理想を前提にしているという指摘がなされることもある（江口聡「性的モノ化と性の倫理学」、クリッツァー『21世紀の道徳』二五五頁）。

『柚子ッ娘』を見る

ヌスバウムの考察は、作品で描かれている性にかかわる行為を、それがなされる文脈から切り離すことなく取り上げており、実際に自分がするならばどのような意味を持つのかの検討に通じている。以下では、土佐のクロサワの『柚子ッ娘』の内容を紹介しながら、描かれている性行為や描かれ方について検討したい。『柚子ッ娘』は、本書の序章で紹介したように、土佐のクロサワによって一九五二年に製作された作品であり、私は二〇一五年に発見して、鑑賞することができた。内容をショットごとに記すならば、以下のようになっている。

1．ススキの穂が前景に写された山道。奥から薪を背負ったモンペ姿の女性が山道を下り、近づいてくる。
2．その女性の歩みを左横から追う緩やかなカメラの動きのショット。女性は腰を下ろし、背の荷物を置き、さらに下へと歩みを進める。
3．谷にたどり着き、膝をついて、手で水をすくって口に運ぶ。立ち上がって、荷物のところまで戻る。カメラは2と同じように緩やかに女性の動きを追う。

4. 顔のアップ。髪を触る。

5. 座る女性を背後から写す固定ショット。画面の奥から男性が歩いて近づいて荷物を下ろし、女性に声をかける。

6. 俯《うつむ》いて笑顔で答える女性の横顔のアップ。

7. 草をいじる女性の手元のアップ。

8. 引き気味のツーショット。男性が女性から離れる。

9. 谷川で水を飲む男性を背後から引きで写す。男性は女性の方を振り向く。

10. 女性の横からのミドルショット。

11. 女性の顔の正面からのアップ。微笑み。はにかみ。視線は下を向いている。

12. しゃがむ男性。ふたたび水を飲む。

13. 女性の顔の正面からのアップ。微笑み。はにかみ。俯いている。下に向けていた視線を、一瞬、男性の方に向ける。

14. 水場から戻る男性。引きのツーショット。男性が女性の左手をとる。

15. つながれた手のアップ。カメラは女性の顔へと向かう。

16. 女性の顔のアップ。草をいじる右手へカメラが移動する。

17. ロングのツーショット。会話する二人。

18. 風に揺れるススキの穂のショット。

19. 女性の顔のアップ。はにかみ。視線は下の方。
20. ロングのツーショット。立ち上がり、荷物を取り歩みはじめる男性。女性も荷を取る。
21. ススキの穂の道を歩む男性。廃屋の柱ごしのロングショット。男性は振り向いて、手で合図をする。
22. 反対側に歩み去ろうとする女性が振り向く。
23. 男性が、広げた左手に右手の人差し指を添える。六時を意味する合図。アップ。
24. うなずく女性の顔のアップ。立ち去って行く女性。背中には薪。
25. ススキと木の枝のショット。
26. 地面の水の流れを追うショット。
27. 筒口から水が滴《したた》るショット。フェイドアウト。
28. 暗くなった山の斜面を追うショット。
29. 暗くなった山の斜面を追う別の角度のショット。足早に歩む女性が見える。
30. 歩みを止める女性のロングショット。
31. 女性の顔のアップ。仰角。何かを探す視線。
32. 男性が近づいてくるロングショット。
33. 歩く女性のロングショット。
34. 深く口づけを交わす二人のアップ。女性に覆いかぶさるような男性の顔。

35．男性の胸に顔を埋めて、目を瞑《つむ》る女性の横顔。カメラは女性のうなじに口づける男性を写し、ふたたび女性に戻る。
36．壊れた障子の格子越しの引き気味のショット。座る二人。男性が女性の服を脱がす。
37．女性の右の乳首をしゃぶる男性の横顔のアップ。男性の左手は乳房に。女性の顔へとカメラが向かい、恍惚とする女性の横顔をアップで写す。そこからふたたび乳首をしゃぶり続ける男性を写す。
38．格子越しの二人の引き気味のショット。男性は女性の右胸を吸い続けている。右肩と右胸が露呈された女性は、衣服をまとったままである。女性は男性の頭に口づけしている。
39．女性の右の乳首をしゃぶる男性の横顔のアップ。女性の顔に向けて、カメラが動く。恍惚とする女性の横顔のアップ。女性の左手が男性の首に。男性の頭に軽く口づけする女性。
40．女性の右の乳首をしゃぶる男性と男性の首に左手をやる女性。腰から上のショット。女性は男性の頭を触り続ける。左手を使って女性が男性を誘うように倒れる。右手も男性の腰のあたりに添える。
41．寝ている女性の帯紐を解く男性。格子越しの引き気味のショット。
42．目を瞑る女性の顔のアップ。
43．モンペが足元まで脱がされる女性の下半身を写すショット。
44．格子越しのショット。男性が女性の足元のモンペを脱がす。右から左への緩やかなカメラのトラベリング。男性は女性の着物をまくり上げ、下着を脱がし、女性の下半身に顔を近づける。

45. 横たわる女性。その性器に顔を埋める男性。女性の股間を正面から写すようにカメラが移動。男性は舌で女性器を舐めている。

46. 女性器を右手で広げ、舐め続ける男性の顔。アップ。

47. 目を瞑り、横向きになっている女性の顔のアップ。顔を少し上に向けて、また横を向く。カメラはそこから女性の手元を追う。男性のズボンのボタンを外す。右手で男性器を取り出して、そのまま口元に運び、しゃぶる。右手を添えながらしゃぶり続ける。

48. 右手で握った男性器を舌で舐める女性の横顔のアップ。そのまま男性器をしゃぶり、また舌先で舐める。

49. 格子越しの引き気味のショット。横たわる二人。男性が立ちあがる。

50. 野原の風に揺れるススキのショット。

51. 格子越しの引き気味のショット。横向きで寝る女性。その下半身に自分の下半身を添える男性。

52. 結合部のアップ。出入りする男性器。女性は自らの両手で女性器を開いている。

53. 格子越しのショット。腰を動かす男性。女性の上半身にかかった着物を脱がしかける。

54. 目を瞑って仰向けになる女性の顔のアップ。

55. 結合部のアップ。出入りする男性器。女性は自らの手で女性器を触る。正常位。
56. 目を瞑って仰向けになる女性の顔のアップ。女性の乳首を触る男性の手へとカメラが動く。
57. 自分の性器を左手で触る女性。カメラは性器から女性の顔へと動く。女性は首を左から右へ向ける。男性の右手は女性の乳首をつまんでいる。
58. 格子越しの引き気味のショット。腰を動かす男性。
59. 結合部のアップ。出入りする男性器。女性は自らの手で女性器を開いている。
60. 格子越しの引き気味のショット。右から左へのトラベリング。腰を動かす男性。
61. 目を瞑って横向きになる女性の顔のアップ。
62. 結合部のアップ。出入りする男性器。女性は自らの手で女性器を開いている。
63. 目を瞑って右横向きになる女性の顔のアップ。左を向く女性。カメラが動き、男性の右手が女性の乳首をつまみ、左手が女性器を触っているのを写す。さらにカメラが戻り、目を瞑って右横向きになる女性の顔のアップ。左を向く女性。
64. 結合部のアップ。出入りする男性器。女性は自らの手で女性器を開いている。
65. 格子越しの引き気味のショット。腰を動かす男性。動きのリズムの変化（射精した動き）。二人は横たわったまま抱き合って、離れ、仰向けになる。
66. 女性器のアップ。溢れる精液。精液を拭き取る女性の手。
67. 仰向けの女性の顔のアップ。目を瞑ったまま右から左を向く。男性の手を取って口に当てる。

68. ススキの穂のショット。

69. 黒字に白い文字で「終」。

素晴らしいオーラルセックス

この映画で見られる振る舞い方や、推察される二人の属性からは、女性の地位の低さは見いだされない。ここには男女が対等な関係に立ったうえで、お互いを求めあうように、性の営みを享受する様子が描かれている。大枠においては、お互いが相手の欲望を受け入れながら、自らの欲望を充たしている。もちろん、現代的な基準に照らし合わせたときに、違和感を持つ人もいるかもしれない。女性はたいてい俯いて、恥じらっているように見えるので、もっと感情を前面に出すことができると考える人もいるだろう。

ここでオーラルセックスが描かれていることに注目しよう（ショット45―48）。まず男性が相手の女性器を舐めて、次に女性が相手の男性器を口にしており、互いに入れ替わるようにオーラルセックスが行われている。このような行為は春画にも描かれてきたし、民俗学者の宮本常一の「土佐源氏」も女性の「まえ」を舐める話であり（「土佐源氏」一五〇頁）、それなりに知られていた営みであるが映像ではっきり描かれることにはインパクトがあったと推察される（桑原「土佐・エロ事師列伝」八八頁）。しかも、このオーラルセックスは、男性側の欲望を充たすために女性が奉仕するというよりも、夜の小屋で逢引きをする二人がお互いに相手の快楽を考慮して、愛情深くなされているように見える。ヌスバウムに倣って、ここでなされている営みを「素晴らしいクンニリングス」や「素晴らしいフェラチオ」と言うことができるかもしれない。女性が男性にするオーラルセックスの描写はラディカルフェミニズムからは性差別的なものとして批判されることがある。しかし、ここでのオーラルセックスは、男女のそれぞれが相手を喜ばせるために行うものであり、単純に女性への性差別の観点から批判できるわけではないように思われる。少なくともそうしたことをさまざまな立場から検討することが望ましいだろう。

作品に描写された性行為や欲望の表出の仕方は鑑賞者が実際にするかもしれないことの実例となる。その際には、フェラチオなどのそれだけ切り取られた行為の類型ではなく、日頃の人間関係やそうした行為が生じる文脈にも目を向けることが求められる。つまり、性に関して一瞬の行為のみならずそうする人の姿勢や相手との関係に焦点を合わせる倫理の営みが求められている。ある行為が実害という点で悪いかどうか、人権を侵害する不正なものであるかどうかだけではなく、その行為がその文脈において当人や相手にとってどのような意味を持つのかが重要である。自分がどのようにするのか、時には相手にどのように振る舞うのかの熟慮においてこそ、何らかの行為に対する「素晴らしい《ワンダフル》」という表現が意味を持つことになる。こうしたとき、一般的な観点からは犯罪行為や道徳的に非難されるべき行為と考えられることも、当人たちのあいだではそのような意味を持たないことがある。ＳＭを研究する河原梓水《かわはらあずみ》が指摘するように、性行為における同意を重視する現代の議論が、ＳＭ愛好者たちのあいだで犯罪から明確に区別されている実践までをも、不正なものと見なしてしまうことがある（河原「ＳＭが生き延びるためのアプローチ」）。

何らかの性行為が当事者たちの実践の文脈のなかでどのような意味を持つかを検討することは、自分が何者であり、他者たちとともにどのように生きるのかを問うことにつながる。性行為は相手との関係を深めるものであったり損なうものであったりするが、ここで検討される性行為を形容する言葉は「正／不正」だけではなく、「素晴らしい」「優しい」「愛情深い」「がさつ」「乱暴」「しつこい」「身勝手」のように、幅を持つことになるだろう。

私にはできないこと？

『柚子ッ娘』におけるこのような性行為のあり方を、土佐のクロサワの別の作品と比較することもできる。近い時期に製作されたと思われる『猟人秘抄《りょうじんひしょう》』は、私が二〇二二年に神戸映画資料館のおよそ二万本のフィルム群から発見したものであり、『柚子ッ娘』と出演者が同じであることから、土佐のクロサワ作品であると判断された（本書の第六章も参照）。この作品は、男性が山で狩猟するシーンで始まる。猟銃で鳥を撃ち落とし、その鳥が女性のもとに落ちて、拾われることで男女が出会うことになる（サイレント映画でありながら音が聞こえるような優れた描写になっている）。その後、男性は女性に性行為を求め、女性がそれを嫌がって逃げ出す。しかし男性は女性に追いつき、強引に性行為を始める。女性がはっきり同意しないかたちでの性行為がなされており、これは現代の基準からは性暴力ということになって、いま実際に行われるとすれば法的・道徳的に問題のある行為になるであろう。
時代劇の作品である『戦国残党伝』は、『風立ちぬ』や『柚子ッ娘』以降のものであるが、正確な製作年はわかっておらず、フィルムも発見されていない。桑原稲敏による紹介文を引用しておきたい。

――ときは下剋上の戦国時代。戦さに敗れた落武者が二人、ザンバラ髪で山道を歩いている。カメラが移動《パン》すると、谷川のほとり。二人の村娘が半裸、笑顔で語らいながら頭髪を洗っている。青白く若い胸の隆起。腰まで伸びた黒い髪。舌なめずりした落武者は、やにわに襲いかかる。逃げる村娘。が、ついに水車小屋に追い込まれ、衣服を剥ぎ取られる。カタカタと鳴る鎧《よろい》。まわる水車。それに女の歓喜の声が重なり、次第にクライマックス……。
（『ブルーフィルム界の〝黒沢明〟監督一代記』一三〇頁）

落武者による性暴力や水車という題材は溝口健二の『雨月物語』（一九五三年）や黒澤明の『七人の侍』（一九五四年）にも見いだされ、それらに刺激を受けたものと推測される。この作品は実際に流通した本数がかなり少なく、『風立ちぬ』と同じように現在では見ることができない。ちなみに、ロマンポルノの作品『若妻日記・悶える』にも『戦国残党伝』の再現映像があるし、上《かみ》村一夫《むらかずお》の漫画「ブルーフィルムの女」にも、鎧兜を身につけた武者が女性と性行為をするシーンを撮影するブルーフィルム製作者が登場し、複数のカメラでの撮影がなされている（図版4－1）。

桑原の証言から、この作品で描かれる性行為が同意のない性暴力であることがわかる。しかも、ここでの女性は性暴力を受けているにもかかわらず、最終的には「歓喜の声」をあげることになっている（サイレント映画なので「声」は比喩である）。ロマンポルノの再現映像でも女性たちはレイプされていながら最終的には性行為を喜んでいる。

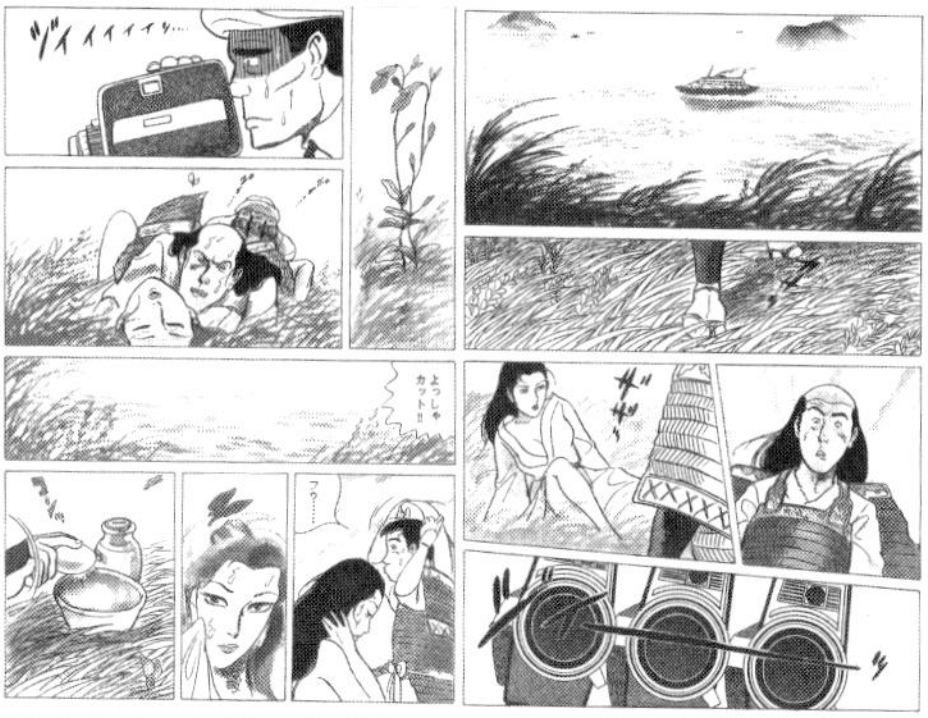

図版4-1　上村一夫「ブルーフィルムの女」（『完全版　怨獄紅　上巻』225、228頁）

これらの映像を鑑賞した者はそれぞれが、自分とのかかわりにおいて、そうした作品で描かれた性行為を検討することができる。性的同意の価値を踏まえるならば、何らかの性行為について、私にはとてもこんなことはできない、こんなことはしたくない、などと思うことがあるだろう。「私にできること」や私がしてみたいことなどは、実践的に可能なこととして受け止められるのに対して、「私にはとてもできない」ことは実践的に不可能なこととして受け止められる。相手が嫌がるからやりたくないという意味でできないこともあれば、やってみたいけれども法的に罰せられるからできない、嫌悪感ゆえにできないということもあるだろう。さらには、描かれている状況が現実離れしているために鑑賞者が自分の可能性として思い描くことができないという場合もあるだろう。鑑賞者によっては、例えば自分が猟師や落武者であることを想像できないから、作品に描かれたことがあくまでも他人事に思えてしまう。自分の可能性を思い描くことができる場合は、武者の甲冑《かっちゅう》をまとって性行為をすることへと動機づけられたりするだろう。

四　個性と民主主義

魅了される自分は何者であるか

ポルノグラフィを鑑賞する者が何にどのように魅了されるのか（魅了されないのか）は、当人が自己を性的に理解するための一つのきっかけになりうる。ここではハイデガーが「おそれ」などの感情と自己の関係について解明していることを手がかりにして考えたい（池田喬《たかし》『ハイデガー『存在と時間』を解き明かす』第六章）。ハイデガーによれば、おそれについて考察するとき、①おそれの対象、②おそれるというはたらきそのもの、③おそれている自己自身、という三つの契機が必要とされている（『存在と時間』）。例えば、私がスズメバチをおそれているとしよう。この時には、スズメバチという昆虫がおそれの対象であり、これに近づかないようにすることがおそれるというはたらきそのものである。さらには、私がなぜスズメバチをおそれるのかといえば、自分の安全や生存そのものがおびやかされるからである。ここでは、おそれの対象と、おそれる人の振る舞いと、自己の存在そのものとの関係が視野に入れられている。

おのれの存在においてこの存在自身へとかかわりゆくことが問題である存在者のみが、恐ろしがることができる。〔……〕恐れは、〔……〕現存在をその現の存在においてつねに露呈させる。

（『存在と時間』Ⅱ、二一九頁）

ポルノを鑑賞することにおいて、私たちは、私たちを魅了する対象に出会っており、実際にそれに興奮することがある。何らかの性行為が描かれた作品を鑑賞して、それに魅了されて、ときにマスターベーションなどの振る舞いをすることになる。しかも、どのような内容の作品に魅了されるのかはそれぞれの鑑賞者によって異なっている。何らかの特徴を持った人に魅了される鑑賞者もいればそうでない者もいるし、ある種の行為に興奮する者もいれば、そうではない者もいる。そのポイントは、出演者の衣装だったり、ルックスだったり、体型だったり、身体の部位だったり、年齢だったり、設定されている職業だったり、性行為がなされる状況だったりする。鑑賞者自身がどのようなタイプの人や行為や状況の表現に惹かれるのか、そうでないのは、さまざまでありうる。そもそもポルノグラフィに興奮するのかしないのか、どのようなポルノグラフィに興奮するのかは、自己がどのようなものであるかを示しており、そのような性的欲望が表現されているポルノを鑑賞することは、もともと不分明な自己についての理解を明らかにすることにつながっている。このように、ポルノの鑑賞が、自分とは何者であり、誰とともにいかに生きるのかを際立たせることもありうる。自分が食べ物や芸術作品にどのような好みを持っているかを吟味することは自己理解を明らかにするが（リグル「美的生活」）、ポルノの場合も同様の意味を持つだろう。

鑑賞体験を真剣な反省に基づいて検討したり、すでに自分を魅了している作品の内容を踏まえて次に視聴するポルノ作品を選んだりすることによって、私たちの自己理解は明らかになるだろう。このときに、もしもその作品がレイプ神話を踏襲するなど、偏見と思われる内容を含んでいるのであれば、自分の認識や趣味嗜好にもバイアスがあるのではないかという問いが生じるかもしれない。さらには、自己や自己の欲望を表現するための言語が検討され、自分は「サディスト」、「マゾヒスト」、「幼児性愛者」、「レイプ願望のある人」などであるのか、さらにはそうした欲望を抱えながらどのように生きるのかが問われることもある。性的にどのようなものに魅了されるかは、ある水準では変化することもあり、これまでの好みが変わって新たなジャンルに惹かれることもあるだろう。このように表現を介して明らかになる欲望は、ほかでもなく私たちそれぞれの欲望であって、この欲望を抱えて生きることがどのようなことなのかが問われることになる。

もちろんこのような営みは孤独な一人語りに終始する必要はなく、場合によっては性行為の相手とともに吟味したり、親しい人などと意見を述べ合ったりすることもある。通常の映画作品について、どこがどのように面白くて、自分がどこに魅了されるのかを語り合ったりできるように、ポルノグラフィについてもそのような語りが可能である。犯罪や差別とされる性行為への欲望をはっきり表明することで公に非難されることもあるかもしれないが、たいていの場合には、個人の性についての語り合いに参加できる者は限られており、完全に開かれた公共的な討議になることはない。鑑賞者の実践的な可能性や不可能性にかかわる性表現は、理論的な主張のように万人に開かれたかたちで検討されるものではなく、範囲はそれなりに限定されるのが望ましい。自分の性について語り合う営みがどの範囲まで可能なのかは、それ自体で検討を要するだろう。

例えば、作品に描かれたある行為を自分が望んでいるが、相手は望んでいないとわかることがある。このことはともに性の営みをする者たちにとってこそ重要な課題になっている。もちろん、そこでは当人たちの好みだけではなく、さまざまなリスクなどの客観的な情報も大きな役割を果たすし、そうであるべきであろう。とはいえ、実際にどのようにするのかは、それなりに実践的な可能性を共有する者たちのあいだでのみ意味を持ってくる問いである。

他者は何を欲望しているのか

さらには、ポルノグラフィには誰かの欲望が表現されているので、そうした表現を通じて自分自身を知るのみならず、他者について知ることにもつながるかもしれない。ジェンダーやセクシュアリティなどの相違から、他者が何に魅了されて（魅了されなくて）、どのようにして性的欲望を充たすのか（充たさないのか）がわからないことがある。とりわけ周縁化されている欲望の形については、多くの人にとってイメージを抱くことが難しいし、かなり偏ったステレオタイプの理解を形成しがちである。それどころか、そのような欲望に対して嫌悪感などの否定的な感情を抱えることすらありうる。

こうした時に、自分とは異なる欲望を表現するポルノグラフィは、両義的に機能する可能性がある。つまり、一方ではポルノグラフィはステレオタイプを強調するかたちで特定のジェンダーやセクシュアリティの欲望を描くことで、偏見を強化することにつながる。ほとんどのポルノグラフィは、一面的な要素や好奇心や、シスジェンダーでヘテロセクシュアルの男性の欲望にとって都合のいいような形態で、さまざまな性行為を描いてきたからである。他方、ポルノは多様な欲望を持つ人たちを理解するための手がかりになりうる。ポルノグラフィは、時に自分たちのしたことがない性行為がどのようになされ、それがどのような快楽をもたらすのかを教えてくれる。最初は自分にはかかわりがないと思っていても、場合によっては、身近な人がそのような欲望を抱えていることを理解することにつながるかもしれない。

こうしたことを踏まえるならば、ポルノにおいて最も大きな問題なのは、特定のジェンダーやセクシュアリティの欲望の表現が流通して、そこから一面的でしかない欲望の形態があたかも標準的なものと見なされるようになることであろう。したがって、ヘテロセクシュアルでシスジェンダーの男女を対象とするのみならず、ホモセクシュアルやトランスジェンダーなどの「クイア」な欲望を肯定するような描き方が模索され、さまざまな欲望とその充足を包摂するようなポルノが歓迎されるべきである（Maes, "Falling in Lust"）。こうした動きは、そもそもポルノを禁止する方向とは異なるものであり、事実上はポルノの規制ができなくなっているインターネットの時代にふさわしい発想かもしれない。

欲求や衝動が自分自身のものである人、つまり、欲求や衝動が自分自身の本性の表現であるとともに、自らの陶冶《とうや》によって発展を遂げ修正されている人が、性格を持つと言われている人なのである。欲求や衝動が自分自身のものでない人は、性格を持っていない。

（『自由論』一三五頁）

ジョン・ステュアート・ミルの『自由論』は、私たちが自分の欲望や衝動を受け止めて自己表現に至ることを、人の個性の形成の重要な契機と見なしている。カヴェルは、ミルにおける「変わっていること(eccentricity)」(「奇矯《ききょう》」とも訳される)としての「個性」の尊重を、映画の哲学のなかで捉え直し、ベティ・デイビスやバーバラ・スタンウィックのようなスター俳優の身体が体現する「際立っている(distinct)」「変わっている(idiosyncratic)」ことと関連づけている(『涙の果て』二〇七—二〇八頁)。映画は、俳優のその人らしい姿や振る舞いに着目して、社会的役割に先立つ個性を描くため、民主主義への生来の傾向を持っている(『眼に映る世界』六七頁)。もしもブルーフィルムを含めたポルノグラフィが、性の水準においてそれぞれの人が変わっていることに根ざす個性を描くことに成功しているのであれば、まさにポルノは、自分の性的な欲望や他者の欲望を理解し、互いに伝えるために欠かせないものであり、多様な個人の生き方が実現される場としての社会を構想する、民主主義に通じるものですらあるだろう。

刑法第百七十五条のある社会

実際の作品がどのようなものであるかを踏まえて、そこから鑑賞者の欲望や態度を検討するためには、何よりも作品を見ることが、さらにはそれを語り合うことが求められるのだが、ここで基本的な事実を確認しておく必要がある。ヌスバウムは、ロレンスの小説を手がかりに「素晴らしいモノ化」を指摘しており、本書もこれに倣ってブルーフィルムの作品に描かれた性行為を吟味した。しかしながら、そのような検討の素材となる作品は、いついかなるところでもアクセスできるわけではなかった。日本でも、刑法第百七十五条によって『チャタレイ夫人の恋人』の性描写は猥褻なものと判断されたため、当初は該当部分の描写は削除して出版せざるをえなかった。この作品は日本のみならず各国で猥褻と判断されて、二十世紀のある時期まで発売禁止などの判断が下されていた。つまり、時代や地域によっては『チャタレイ夫人の恋人』を手がかりに「素晴らしいモノ化」を理解することができなかったのである。幸いなことに、日本でも言語表現については刑法の解釈が変わってきており、露骨な描写のなされた著作物を出版しても摘発されることはなくなっている。『チャタレイ夫人の恋人』の最初の完訳が一九七三年に出版されてからも、それなりに長い年月が流れている。

しかしながら、映像表現についてはある意味では旧来の状況が続いている。『柚子ッ娘』におけるオーラルセックスがどれほど素晴らしいものであっても、それを鑑賞することはできない。より正確に言うならば、そこで描写される行為がそもそも本当に素晴らしいのかどうかを検討することもできない。ポルノグラフィの描写がどのような意味を持つのかは、鑑賞者のジェンダーやセクシュアリティ、年齢や地域や文化などによってかなり異なってくるので、描かれた実例が多くの人によって多くの機会に検討されることが望ましい。実例を検討する倫理の営みにおいては、映像が見られることが重要であり、何らかの映像が検討の俎上にあがる可能性すらないことは、大きな損失と言うべきであろう。このように表現を奪われることは、自己と他者を理解する手がかりが失われることでもある。その結果、その社会において理解されにくい欲望がいっそう縁遠いものになり、ますます見えないものになってしまうかもしれない。

見てはならないものをあえて見る者

こうした観点からは、ブルーフィルムを製作・上映・鑑賞する者が少し異なる仕方で評価されうるだろう。刑法第百七十五条が悪法であるならば、それに抵抗することは正しいことをしていることになる。ブルーフィルムが流通した二十世紀後半の日本社会では、猥褻をめぐる基準が次第に緩やかになり（桑原『切られた猥褻』）、性表現が次第に許容されるようになった。もしもこのプロセスが何らかの仕方で肯定的に評価されるならば、そうした時代にブルーフィルムにかかわった者は、悪法や旧弊な規範の刷新者だったということになる。ブルーフィルムの上映会を開催し、関連する小説も執筆した野坂昭如は、自らが編集長を務める雑誌『面白半分』に掲載された「四畳半襖の下張《したばり》」をめぐる猥褻裁判を闘って、刑法第百七十五条の意義を問い直している。野坂にとって、ブルーフィルムを上映・鑑賞することと猥褻裁判を闘うことは地続きのことであった。かつての製作者や鑑賞者たちは、法の想定する常識人の感性に揺さぶりをかけることで、自分たちが生きる社会の変革を試みたのかもしれない。

しかも注目すべきは、このときブルーフィルムを鑑賞する者は、それを鑑賞するやいなや、道徳に中立ではいられなくなってしまうことである（吉川孝「ブルーフィルム鑑賞者であるとはどのようなことか?」）。つまり鑑賞者はブルーフィルムを見ることによって、自らが進んで不道徳な経験をして、人としてのマイナス評価を引き受けざるをえなくなることもある（第二章）。鑑賞は厳密には違法ではないが、鑑賞者は上映者の違法行為の恩恵を被るのであり、自分のために上映者が法を犯すことを容認しており、上映者と共犯関係になって、上映者のおかげで見てはならないものを見ることになる。

たしかに、一般的に道徳的な観点から作品を批評するときには、作品が不道徳な内容であっても、鑑賞者はその作品を鑑賞しながら、その内容にコミットしないことができる。つまり、道徳的な鑑賞者であるなら、不道徳な作品に反発を感じるはずであり、その内容を道徳的に批判したり、作品の価値を低く見積もったりできる。そのとき鑑賞者は作品が不道徳であることとは距離をおいて、道徳的であり続けることができる。しかし、ブルーフィルムの場合には、それを鑑賞することがそのまま違法なものとかかわることになるのである。つまりブルーフィルム鑑賞者は見てはならないものをあえて見るのであり、不道徳なことをする者、あるいは少なくとも不道徳なことを許容する者としての非難を免れることができないだろう。『週刊大衆』一九九八年十月五日号には、「ブルーフィルムの性的刺激は、タブーとされていることを隠れて見ることにあったが、またそれはタブーとされる社会への挑戦だった」という、「当時の関係者」の言葉が紹介されている（「これが裏ビデオの「原点」だ！　幻の「ブルーフィルム」15本誌上鑑賞会」）。

ブルーフィルムにかかわる者は、法によって禁じられた「猥褻なもの」を求めることで、社会で悪いとされていることに加担する。そうした営みでは、まずは自分から泥をかぶって、そのうえで、美しいもの、自由なものを手にすることになる。しかも、ブルーフィルムにおいて欲望が表現される仕方は、あらかじめ正しいことが決まっていて、それに即して描かれるというよりも、鑑賞者たちの欲望によって方向づけられている。何らかの性行為をしたい人や見たい人たちがいて、そうした欲望が映像になっている。現在残っている作品はそうしたものであり、半世紀以上の歳月が経過してからどのように評価されるのかはわからない。それらは先駆的な試みとして評価されるかもしれないし、現代の観点からはまったく許容されないこともあるだろう。

第五章
ブルーフィルムはどのような（不）自由をもたらすのか

土地に住まう

私が高知に来て知り、そこに残されたブルーフィルムの歴史と同じくらい驚いたことに、高知パルプ生コン事件という出来事があった。一九七一年六月九日の早朝、四名の高知市民が、高知パルプの製紙工場の排水管に生コンクリートを流し込んで封鎖し、工場からの排水を止めたのである。汚染された工場排水は高知市内を流れる江《え》ノ口《くち》川を通って浦戸《うらど》湾に流れ込んでいた。江ノ口川沿いの地域住民からは、頭痛や喉の痛みなどの健康被害も報告され、魚のいなくなった川には動物の死骸も浮かび、浦戸湾では漁民の生活が破壊されていた。市民らは工場側に改善を求めていたが、交渉は打ち切られ、その結果としての犯行であった。実行者のうち二名が威力業務妨害罪によって起訴され、支援者も巻き込んだ長い裁判闘争のすえに有罪判決を受けた。実行者た

501

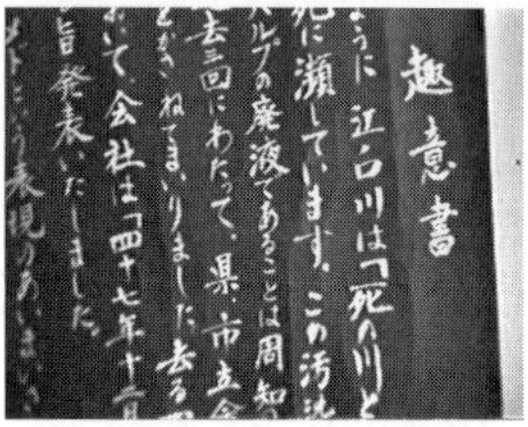

502　以上『よみがえれ!　浦戸湾』（高知県公害追放自然保護連絡協議会、1972 年）より

図版 5–1　2023 年の江ノ口川

ちは、自らの行為が法に抵触することを自覚しながら、公害を食い止めるためにやむにやまれず実行に移したのだった。裁判の支援のために製作された『よみがえれ！　浦戸湾』（高知県公害追放自然保護連絡協議会、一九七二年）には、当日の事件現場の写真（501）や実行者たちの趣意書（502）が収められている。この作品はフィルムのスライドによるものであり、裁判闘争の支持者を集めるために、高知のみならず東京（東京大学助手の宇《う》井純《いじゅん》の主催する自主講座）などでも、ナレーションの録音されたテープを再生しながら上映されている。

私の勤務した大学や仕事場は江ノ口川のほとりにあって、夏にはボラが跳ね、冬には鴨が泳ぐ川面を毎日のように目にしていた（図版5–1）。この川の公害の拡大が、有罪判決を受ける違法行為によって未然に防がれ、実際に川には魚や鳥が戻って来て、現在に至っている。私の生活する場所は、背景にこのような現代史を持っていたのである。

実行者たちには、法に抵触してまでも守るべきものがあった。ブルーフィルムも、私たちの剥き出しの欲望を表現することで違法なものとされてきたが、法に抵触しながら描かれたものであり、それをあえて鑑賞しようとする人たちがいた。違法の領域でなければ表現できないものがあり、それは社会の何かに抵抗しながら、ある種の規範から逸脱するものであって、これにかかわることはそのときの社会の変革に通じているかもしれなかった。

前章では、違法であるブルーフィルムやそれにかかわることが、刑法第百七十五条が効力を持つ社会への抵抗という意味を有することが示唆された。本章では、さまざまな人たちの剝き出しの性を表現した個々の作品の内容に注目して、ブルーフィルムの世界をさまざまな欲望がせめぎ合う場として描き出してみたい。ブルーフィルムが多様な人の欲望を描いていることは、ある種の自由につながっていたかもしれない。

一　社会変革とポルノグラフィ

政治的ポルノグラフィ

ポルノグラフィと社会変革を結びつけるのは、それほど根拠のないことではない。というのも、歴史的に見れば、ポルノグラフィと呼ばれるものが権力者や旧弊な社会体制への抵抗や批判という意味を持つことはよくあるからである。フランス革命の歴史研究者リン・ハントは、「初期近代、すなわち一五〇〇年から一八〇〇年に至るまでのヨーロッパでは、ポルノグラフィは性のもつ衝撃力を利用して、宗教的、政治的権威を批判する手段としてしばしば用いられていた」と指摘しながら、西洋におけるポルノグラフィの一つの起源を、フランス革命の直前の政治的ポルノグラフィのなかに見いだしている。そもそもポルノグラフィは、時の権力者たち（政治家や宗教家たちなど）から禁止されながらも、にもかかわらずそれを入手したい・流通させたいという願望を持つ人たちが存在することによって成立したジャンルである。

一方では、宗教的、政治的権威が作品を規制し、検閲し、発禁処分にしようと努めたため、そうした企てが作品を定義づけるのに貢献した。他方では、ある種の作品を購入したいという読者の願望とこうした作品を書きたいという作者の願望とが、ポルノグラフィというカテゴリーの構成に貢献した。（ハント「猥褻と近代の起源、一五〇〇年から一八〇〇年へ」一七頁）

そもそもポルノが何らかの規制を受けたのは、それが時の権力者や支配階級に何らかの脅威を与えうるためであった。実際に、ポルノグラフィは大衆化された性表現であって、だからこそ、支配者や権威者を揶揄したり嘲笑したりしてきたし、性的表現を楽しむという特権を既得権益者たちから奪うことになった。

啓蒙主義を代表する哲学者・ディドロが艶笑《えんしょう》小説『おしゃべりな宝石』を執筆したように、ポルノグラフィは啓蒙の一部とも考えられていた。そこには、身体をありのままに描こうとする唯物論的な関心がある。唯物論の哲学は、男性と女性、身分の高い人と低い人などが物質として同等の存在であると見なしており、ポルノグラフィはそうした意味での身体の交換可能性を手がかりとした平等への志向を含んでいた。作者不詳の『女哲学者テレーズ』では、「自愛心（快楽を望むあるいは不快を避ける）が私たちのあらゆる決定の原動力なのです」（『女哲学者テレーズ』一七一頁）と述べられるように、自己の快楽の追求を肯定する思想的背景からなされる性表現は、「政治的ポルノ」「哲学的ポルノ」「唯物論的ポルノ」などと呼ばれ、本格的な哲学書からマリー・アントワネットなどの王族を揶揄する政治的パンフレットにまで及ぶことになり、フランス革命に通じるような社会変革の一翼を担っていた。

階級

批評家のウォルター・ケンドリックによれば、支配階級または集団が、劣勢の立場にある階級や集団に手に入れさせたくない性的表現に「ポルノグラフィ」の名称を与えたのであり、いまやポルノグラフィは気に入らない表現への汚名として使用される（『シークレット・ミュージアム』一三頁）。近代ではセックスそのものが社会から隠されるべきものとされるのであり、そうしたセックスを描写する文章には既成の秩序を脅かす力があると考えられる。

美学者のアン・イートンの指摘によれば、十六世紀のイタリアの絵画においては、王侯貴族の鑑賞するエロティックな絵画が芸術とされるのに対して、同じ内容の大衆向けの版画は猥褻なものとされた。芸術とポルノの区別は、社会的な階級を区別するメカニズムとして機能する（Eaton, "A Lady on the Street but a Freak in the Bed"）。十六世紀の著名な画家ジュリオ・ロマーノは、ラファエロの弟子であり、彼が異性愛のカップルを描いた十六枚の絵画については何ら咎められることはなかった。しかし、マルカントーニオ・ライモンディが上記の版画版である『イ・モーディ（やり方：体位）』を一五二四年に発売したときには、教皇クレメンス七世の怒りをかい、非合法なものとされた。ここでは、同じ内容のものが、ある文脈では高尚なものとして許容され、別の文脈では低俗なものとして禁止されており、一部の特権階級の鑑賞には開かれているが、版画という大衆向けの媒体での流通は禁じられている。

歴史家のカルロ・ギンズブルグの概念を借りれば、所有者や鑑賞者による作品へのアクセスをめぐる「画像の回路」が、芸術の場合には私的であるのに対してポルノの場合には公的であり、この相違が高尚な文化と大衆の文化とを区別することになる（Ginzburg, "Titian, Ovid, and Sixteenth-Century Codes for Erotic Illustration"）。版画の流通は、こうした文化の階層を解体して、本来は私的な回路にあるべきものを公的な回路へ流通させ、王侯貴族の特権をなくすことにつながるゆえに恐れられていた。このような歴史のなかでの社会構造との関係においてポルノグラフィを考察することは重要であり、性表現を同時代の性差別の観点からのみ考察する発想――マッキノンがその典型である――は、このような論点を切り捨てたうえで成り立っている。

以下では、日本のブルーフィルムが製作・上映・鑑賞された時代の社会的背景を踏まえたうえで、違法とされた表現の意義を示すために、戦前・戦中と戦後の映像の検閲の状況を確認する必要があるだろう。映画は大衆に訴求する力があるメディアとしてつねに検閲の対象になり、戦前・戦中には内務省や軍部の検閲があったし、戦後もまた占領軍による検閲があった。あらゆる映画作品がそのような環境において製作されており、このような合法の表現の世界における検閲を横目に見ながら、ブルーフィルムは私たちの欲望や性の営みを自由に描き出していた。

一般映画の検閲

一九三一年の満州事変以降の戦争によって、映画も大きな影響を受けるようになった。戦前の検閲体制を確認しておくならば、もともと内務省を中心とする検閲が機能しており、溝口健二の『浪華悲歌《なにわえれじい》』や『祇園の姉妹《きょうだい》』(以上いずれも第一映画社・松竹キネマ、一九三六年)などの作品も、検閲との厳しい緊張関係のなかで製作されていた(木下千花『溝口健二論』第四章)。溝口は、花柳界の風俗やそこに生きる女性を描こうとするとき、当時の封建主義的・家父長主義的な社会体制への批判を込めているが、そうしたことは時代の風紀を乱すものとして忌避された。こうした傾向は戦争が本格的になるにつれて強まっていき、一九三九年の映画法の制定によって、ますます検閲は強化された。映画法の目的はその第一条にあるように「国民文化ノ進展ニ資スル為《ため》映画ノ質的向上ヲ促シ映画事業ノ健全ナル発達ヲ図ルコト」であり、内務省による検閲、文部省による認定や推薦、厚生省による映画館の安全などの観点から規制が行われた。この映画法によって「文化映画」の劇場上映が義務づけられ、長編の劇映画のほかに短編の文化映画や「時事映画」と呼ばれるニュース映画を含めた三本立ての上映が基本となった。文化映画とは一般市民の教育を目的として製作される記録映画の一種で、教育映画とも呼ばれた。こうして、あらゆる映画の製作・配給が許可制になり、映画製作者の登録制、劇映画脚本の事前検閲などが定められた。文部省も映画課を新設して、劇場で上映される民衆娯楽としての映画を改善することを目指した。国家総動員体制のなかで映画の製作や配給はますます一元化されていった。

終戦直後の日本には、戦時中とは異なった言論規制の体制が確立されていた（遠藤龍雄『映倫』、桑原『切られた猥褻』）。つまり、一九四五年から五二年までのＧＨＱ占領下においては、占領軍が日本にふたたび民主主義体制を定着させるため、人権や自由などの概念が重視されるようになる。しかしその一方で、民主主義を掲げる占領体制に都合の悪い要素（軍国主義、封建制、女性への抑圧、児童の搾取など）を表現することは禁じられ、検閲の対象になった。

一九四六―四九年には、民間検閲として教化を任務とするＣＩＥ（民間情報教育局）と軍事検閲として取り締まりを任務とするＣＣＤ（民間検閲部）による二重の検閲が機能しており、実際に多くの映画作品に影響が及んだ（平野共余子『天皇と接吻』）。また、戦前の旧作もカットされたうえで再上映されることがあった。この体制は、一九四九年に設立された映画倫理規程管理委員会（旧映倫）にも引き継がれており、現在の映倫（映画倫理機構）の基盤になっている。一九五五年には青少年映画委員会が「成人向《むけ》」指定の制定をして、一九五六年には映倫管理委員会(新映倫)が設立された。このような動向のなかで必ず語られるのが「接吻映画」であり、戦時中は禁じられていた描写が、民主主義における男女の関係を示すものとして歓迎された。『或る夜の接吻』(千葉泰樹監督、大映、一九四六年)は、日本映画で初めての「接吻」を含むタイトルの映画であり、『はたちの青春』(佐々木康監督、松竹、一九四六年)は、日本映画で初めてのキスシーンのある作品となった。

この時期は、いわゆる田村泰次郎などに代表される「肉体文学」がブームになり、言葉による性表現が注目されていた。田村の代表作である「肉体の門」や「春婦伝」も映画化され、それぞれ『肉体の門』(マキノ正博・小崎政房監督、吉本映画・東宝、一九四八年)と『暁《あかつき》の脱走』(谷口千吉監督、新東宝、一九五〇年)となっている。ともに原作にあるような性表現をそのまま映画にしたものではなくなっているが、それ以上に注目されるべきは、「春婦伝」から『暁の脱走』における役柄の変更である。原作小説では、朝鮮人の慰安婦が日本兵と恋愛関係になる設定であるが、映画では、山口淑子《よしこ》が演じるその女性の国籍は日本とされて、職業は慰安婦ではなく歌手とされている。GHQの検閲には、当時の国際関係に配慮したものもあり、この変更は朝鮮半島などの政治情勢を刺激しないための配慮とされている。原作小説「肉体の門」は一九四七年に『群像』に発表されたが、「春婦伝」は同年に『日本小説』掲載予定であったものの、朝鮮人慰安婦という題材ゆえにGHQにより発禁処分になっている。

小型映画の検閲

国家の検閲体制とともに歩んだのは、劇場公開される一般映画だけではない。小型映画もまた、一般映画とは異なる流通において別様の表現をしながら、検閲の体制と歩みをともにしている。吉原《よしはら》順平によれば、戦前・戦中の教育映画の業界は、映画館を視野に入れることなく、16ミリのサイレントの作品などを製作していた（『日本短編映像史』第一章）。例えば、小型映画のカメラや映写機を販売していた十字屋は一九三〇年代、16ミリの映写機を小学校向けに販売したうえ、小学校用の理科教材映画のシリーズも発売した。一九四一年の「国民学校令」によって、国民学校で使われる映画は文部大臣の検定を経たものだけになり、主に過去のサイレントの16ミリが鑑賞された。戦争末期の一九四四年頃には教育映画から「術科映画」への転換があり、「兵器としての映画」である「術科映画」は、軍学校において「教科書」として利用されていた。陸軍航空本部による『陸軍航空事故防止教育映画　整備編』などがあるが、戦後に廃棄されたために現存していない。戦時中には、防空演習などの行事が映像化されて地域で鑑賞されていたが、これによって被写体の人々は、国家総動員体制に参加する自分の姿を映像で確認することを通じて、体制の構成員としての意識を育んでいった（水島久光『戦争をいかに語り継ぐか』一六九頁）。

戦後のＧＨＱの支配下においても、劇映画のみならず16ミリの教育映画も検閲対象となった（吉原『日本短編映像史』第二章）。しかも、映画を鑑賞する設備がまだ整っていなかった一九四八年に、占領軍によって、公民館や学校などに「ナトコ」（National Company の略称 Natco）と呼ばれる映写機が貸し出されている。こうしたことを受けて文部省は、各都道府県の中央図書館に視聴覚ライブラリーを整備し、文部省とCIEによって講習会なども実施された。学校という舞台では、ナトコ映写機を利用して戦後の民主主義思想を伝える新しいコンテンツが求められていた。一九五〇年から配布が始まった「社会科教材映画大系」には、理研映画、岩波映画、科学映画社などの作品が多数含まれている。鳥羽耕史によれば、例えば「戦後民主主義のあり方を視覚的に伝える役割」という点において、岩波映画にはテーマとしてCIEの意向と重なるものがあった（『1950年代』八二頁）。こうした小型映画の世界には女性の監督やスタッフが多く起用されており、岩波映画の時枝俊江《ときえだとしえ》、羽田《はねだ》澄子《すみこ》、日映科学の中村麟子《りんこ》、岡野薫子《かおるこ》などが知られている。

また、戦後のGHQ支配下における身体と性にかかわる映像ということで触れておくべきは、バースコントロール（産児制限）にかかわる政策と映像である（桑原『切られた猥褻』二四―二五頁、Roland Domenig, "Sex Education Films in Japan"、木下千花「妻の選択」）。一九四〇年代後半から五〇年代前半にかけて、日本の人口増加が大きな問題になりつつあり、日本がふたたび覇権国家を目指すことを恐れたGHQにとっても、人口政策は大きな課題になっていた（荻野美穂『「家族計画」への道』第五章）。そのために、バースコントロールによる人口抑制の国策のもとでPR映画が製作されて、「厚生省推薦」として学校や職場で上映されていた。『愛の巣箱』『産児制限』

『産児制限の知識』『処女膜の神秘』『優生保護法と人工妊娠中絶』『若人へのはなむけ』『性の本能』『裸体』『花ある毒草』などのタイトルが知られている。

『美しき本能』(今村秀夫監督、ラジオ映画・松竹、一九四九年)には裸体の描写も含まれており、一般映画では困難だった表現がなされていることは注目すべきであろう。さらには、このジャンルに分類される作品がしばしば性的刺激を求めての上映・鑑賞のために利用され、スキャンダルを巻き起こしている。一九五二年には『愛の道標』が新宿セントラルで、『若人へのはなむけ』がストリップ劇場の浅草ロック座で上映・摘発されたが、これは映倫を通過していない海賊版であった。『堕胎か避妊か』には避妊薬を膣内に入れるシーン、『美しき本能』には性器にコンドームをつけるシーンがあったとも言われているが(桑原『切られた猥褻』二四頁)、国立映画アーカイブに所蔵されている『美しき本能』では確認できなかった。

二　法の外の自由

チャタレイ裁判と日本国憲法

性表現に関する検閲の問題がわかりやすい形で浮上したのが、文学作品をめぐる裁判である。

D・H・ロレンスの『チャタレイ夫人の恋人』（一九二八年）は作家の伊藤整によって翻訳され、全訳が一九五〇年四―五月に小山《おやま》書店から出版された。六月には警視庁がこれを摘発し、訳者・伊藤整と小山書店社長・小山久二郎はまさに刑法第百七十五条の猥褻物の頒布の罪に問われ、有名なチャタレイ裁判が始まることになる。判決は小山を罰金二十五万円に、伊藤を罰金十万円に処する有罪判決となり、両名は上告したが最高裁判所は上告を棄却し、一九五七年に有罪判決が確定している。注目される事件でもあるため、この裁判そのものを題材にした著作も出版されており、小沢武二編『チャタレイ夫人の恋人に関する公判ノート』や伊藤整の『裁判』から関係者の考えていたことを知ることができる。

『チャタレイ夫人の恋人』は、まさに土佐のクロサワのデビューと同年に翻訳が出版され、刑法によって摘発されて有罪判決を受けており、この翻訳文学と土佐のクロサワなどによるブルーフィルムとのあいだには、共通の背景があるようにも思われる。しかしながら、裁判の被告人や弁護人たちにとっては、性風俗雑誌などの同時代の性表現は『チャタレイ夫人の恋人』とはまったく別のものに見えていた。伊藤は『チャタレイ夫人の恋人』と比較してもらうために、「医学に口実を借りながらもワイセツ効果を狙った性関係の書物」を証拠として提出している。ここには「所謂カストリ雑誌級のもの」であるような『夫婦生活』『夫婦世界』『完全なる夫婦生活の友』『愛情生活』『愛情実話』『娯楽雑誌』『怪奇雑誌』などが入っていた（伊藤整『裁判』上、二四四頁）。

被告人側は『チャタレイ夫人の恋人』がカストリ雑誌などとはまったく異なる高尚な思想を表現しており、それゆえに言論の自由によって保障されるべき表現であるとアピールした。さまざまな大学人などが証言しているが、そこには時の総理大臣・吉田茂を父にもつ英文学者の吉田健一も含まれている。裁判には、心理学者で東京工業大学教授の宮城音弥《おとや》によって、『チャタレイ夫人の恋人』とカストリ雑誌に対する、「嫌悪感」と「興奮度」を測定した実験の結果も提出された。カストリ雑誌には皆が嫌悪感を抱いたのに対して、『チャタレイ夫人の恋人』に対してはそうではなかったし、さらに興奮度は『チャタレイ夫人の恋人』よりもカストリ雑誌の方が強いという結果になっている（『裁判』上、三二二頁、小沢武二編『チャタレイ夫人の恋人に関する公判ノート』V、一四九―一六四頁）。

ブルーフィルムの自由

伊藤や小山や支援者たちの弁論においては、新しい日本国憲法が引き合いに出されている。弁護人によれば、出版社の小山が「現下の性思想を堕落に導くと考えたエロ雑誌類」に対して、「民主的精神」をもって対抗しようとして、「公共の福祉」のために『チャタレイ夫人の恋人』の出版をしたのである（『裁判』下、八五頁）。そしてこの裁判は「主権在民の民主的日本憲法を天の賜物として、日本の国土に完全に育て上げるか」あるいは「旧来の亡国亡民的な非民主的伝統を再び盛んにするか」の岐路を決定するとされる（同二三〇頁）。

今日、その優秀なる精神文明が、日本国憲法という形で国法として堂々と輸入されたことは、まことに悦ばしき運命であります。この一本の香り高き西欧産の一枝の薔薇が日本産の台木に、完全に接木《つぎき》が出来ているか否かを試すのが、この裁判の人類史的な意味であります。

（『裁判』下、一三二頁）

性表現には新しい憲法の思想に即する高尚なものとそうではない低俗なものがあって、『チャタレイ夫人の恋人』は前者であり、カストリ雑誌などは後者に該当すると考えられている。

これに対してブルーフィルムの製作者たちは、チャタレイ裁判の被告人たちとは異なり、自らの表現が新しい憲法によって保障されている自由の枠内にあるとは考えなかった。基本的には、剝き出しの性器を描く猥褻な作品を製作しており、社会の規範を逸脱していて、法で罰せられることを当たり前のことと考えていた。自分たちの活動やそこから生まれるものが、社会の道徳規範から逸脱して、それを汚すものであることを知っていたのである。チャタレイ裁判が行われていた時期に土佐のクロサワは傑作を立て続けに製作していたが、そうした作品はあくまでも猥褻なものであるために禁じられていることを、製作者たちは受け入れていた。

一九七〇年代になると、野坂昭如のようなブルーフィルムに理解のある作家が、雑誌『面白半分』に掲載した「四畳半襖の下張《したばり》」をめぐる猥褻裁判の被告人になり、猥褻をめぐってチャタレイ裁判の被告人たちとは異なる立場を表明している。

猥褻という語感は、なかなかいいと思う、百七十五条で規定されているようなチャチなことではなく、ぼくは人間の中に巣食う性的な業《ごう》を、考えている、これなしでは人間たり得ないような、すくなくとも人間の性の営みを支える怪物を、ぼくは猥褻と名づけたい。

（野坂昭如『四畳半襖の下張・裁判』一三二頁）

このような意味で捉え直された「猥褻」は、ブルーフィルムにかかわる者たちが密かに胸には抱きながら言葉にはしなかったものであろう。ブルーフィルムはそもそも違法なものとして製作されて流通しており、法の世界に出現するためのフィルターを介することなく、人間の性の営みにかかわる「業」や「怪物」を描いている。

こうしたものをそのまま描くことができたという意味において、ブルーフィルムは自由であった。この自由は、多くの人に鑑賞されるという、映画が本来持っている特徴を代償にすることで得られたものであった。ブルーフィルムにかかわることは、基本的には、大衆と結びついて広がりを持つような性質のものではなく、その規模がきわめて控えめな実践であった。それは、社会に大きな影響を与えたわけではなく、密かに流通させた映像を見る人がいたということにすぎない。いわば、社会において体現されてはいない人間の姿や世界のあり方、そのイメージとしての

「ヴィジョン」を提示していたのである。そうしたヴィジョンにおいて、私たちの個々の身体に根ざした欲望がそのまま肯定されており、自由な言論として主張できないものが映像として描かれていた。

以下では、一九三八年頃の製作と推定される『白衣の愛』、一九五〇年代に製作された『沙漠の女』、さらには一九五〇年代の土佐のクロサワ作品である『風立ちぬ』や『柚子ッ娘』を念頭において、海外の作品も援用しながら、それらがその時々の政治体制や社会規範とどのような関係にあって、いかなる意味で密かにヴィジョンを描いていたのかを明らかにしたい。

三　偏りのなかで欲望を描く

『白衣の愛』『The Stiff Game』

作家の伏見丘太郎《きゆうたろう》は『白衣の愛』という作品を戦前に大阪府警察部試写室で鑑賞させてもらったという(「ああ思い出の絶品よ」)。この作品は白黒サイレントであり、事変下の上海《シャンハイ》が舞台で、密偵として日本軍に追われた中国人青年と日本人看護師との性愛が描かれており、中国人青年のセリフには字幕も入っていたという。長谷川卓也による同作の紹介は作品内容や鑑賞者の感想を証言するものとして貴重であり、全文を引用しておきたい。

内容から判断して、一九三八年（昭和十三年）前後の製作と思われる。日中戦争真っ最中の上海が舞台。中国側のスパイ青年が日本軍に追われて、場所もあろうに日本軍病院に逃げ込む。ところが看護婦の一人が彼を倉庫にかくまい、そこで敵味方を越えたラブゲームが――。

中国人と日本人とでは、うまくジョイントできないのではないかと心配して、青年が両方のサイズを確かめるといった描写もあり、作者の芸はなかなか細かかった。とくに興味深いのは、当時の社会風潮からいえば、日本人スパイと中国人看護婦という設定にすべきを、あえて〝非国民的反戦利敵映画〟に仕組んだことで、作者の度胸のよさは大したもの。なぜなら、とっつかまったとき、関係者は猥褻図画摘発のその筋だけではすまず、泣く子も黙る特高警察か憲兵隊のコワイ連中の手に渡されること必定《ひつじょう》だったから。あえて中国人男性対大和撫子《なでしこ》の組み合わせにしたのか、ひょっとしたら作者に、反戦意識というより被虐《ひぎゃく》的心情があったのかもしれない。

（『いとしのブルーフィルム』一〇九頁）

この作品の製作年代は確定できないが、上海事変によって日中間の戦争状態が激しくなっていて、それなりに厳しい言論統制が行われていた時期であることは確かである。作品は、まさにこの時期に、敵国の男性と日本人女性との性愛を描いていた。

　前節で述べたように、戦後の一般映画である『暁の脱走』においてすら、朝鮮人慰安婦と日本人兵士の恋愛という設定は変更を免れなかった。しかも、長谷川の指摘するように、通常であれば日本人男性と現地の中国人女性という設定になりやすく、そうであればまさに典型的なコロニアリズム（植民地主義）の映像になっていたはずのところ、関係が逆転していたのである。製作者の意図はわからないが、反戦や反ナショナリズム、さらには反レイシズムなどのモチーフが込められていた可能性は否定できない。

　海外においては、現在よりも人種差別が根強い社会において、人種を超えた性愛を描いたものがある。一九三〇年代の製作とみられるアメリカのスタッグフィルムにおいても、例えば『The Stiff Game』（正確な製作年は不明）では、白人男性が黒人男性と性行為をしている。これは当時の道徳規範や一般映画の製作コードからは考えられないことであった。ハリウッド映画の歴史は白人を中心としたものであり、黒人は長らく登場することがなかったし、登場したとしても子供や使用人などの脇役でしかなかった。また、露骨な人種差別の制度のもとで異人種間の結婚などは禁止されており、映像で描くことも厳しく禁じられていた。こうした状況において、そもそも違法なものであるスタッグフィルムの世界では、あっさりとそうした「タブー」が乗り越えられている。「同性愛というだけでも禁忌であったこの時代に、さらに白人と黒人を組み合わせたところが驚き」であり、「アンチ・レイシズムの意図があったのかもしれない」という見方もある

（長澤均『ポルノ・ムービーの映像美学』八〇頁）。

『沙漠の女』『蝶々夫人』

日本の戦後のブルーフィルムにも、残念ながらフィルムは発見されていないが、注目すべき作品がある。長谷川卓也は『沙漠の女』（別名『女の砂漠』）という作品が一九五一年に製作されており、それが戦後日本における女性同士の性行為を描いた初めての作品と報告している（『いとしのブルーフィルム』一四二頁）。内容は「女が読書をし、ふとんに寝そべっているところへ和服の女が来て――、そのレスシーンを次の部屋からのぞいた女が――」というものであり、二人の女性が出演していたらしい。この作品は、雑誌『人間探究』一九五二年五月十五日号に「沙漠の女（日本）」として、映画のシーンも交えながら紹介されている（図版5－2）。

題名の由来不詳。夜更けの部屋に読書しながら思い悩む女。そこへ女友達が入つて来る、接吻。やがて友達を床へ誘い、しばらく相舐《あいなめ》の秘技を見せる。次に押入を開けて中から張型《はりかた》を取り出し、はじめ静かに、のち次第に激しく、二人は相抱いたまま運動をつゞけ、歓喜の境をさまよう。するともう一人の女が忍び足で部屋へ入つて来て、この状景を覗き見しながら自慰行為を行ううちに、堪《こら》えられなくなつて蹲《しゃが》み込んでしまう。

（「グラビヤ特集　秘密映画試写室」）

赤枝《あかえだ》香奈子によれば、女性の同性愛は、レスボス島の女性詩人・サッフォーの「レスボス愛」としての親密な女性同士の関係が、当初は「レス」「レスビアン」と表現されていたが、次第にポルノ化されることで「レズビアン」として語られ、女性が欲望の主体と見なされるようになる。そうして、男性読者の性的関心を刺激するためでありながら、女性の同性愛の経験が可視化される（『近代日本における女同士の親密な関係』二一一頁、「戦後日本における「レズビアン」カテゴリーの定着」）。こうした動向のなかでカストリ雑誌や風俗雑誌などと呼応しながら、違法の映画の世界において露骨な性行為そのものが主題になった。『沙漠の女』はまさにこうした時代において、異性愛や男性同性愛の間で不可視のものとされてきたレズビアンの性の経験を可視化していると言える。

　戦後の日本においては女性の同性愛を描いた『汚れた肉体聖女』（土居通芳監督、新東宝、一九五八年）など、それなりに早い時期の注目作品もあるが、雑誌や一般映画で描き出される同性愛のイメージが男性の同性愛に偏っており、女性が映像になりにくかった（前川直哉「女性同性愛と男性同性愛、非対称の百年間」、久保豊編著『Inside/Out』）。これに対して、ブルーフィルムにおいては、とりわけ洋物を含めるならば、女性同性愛が

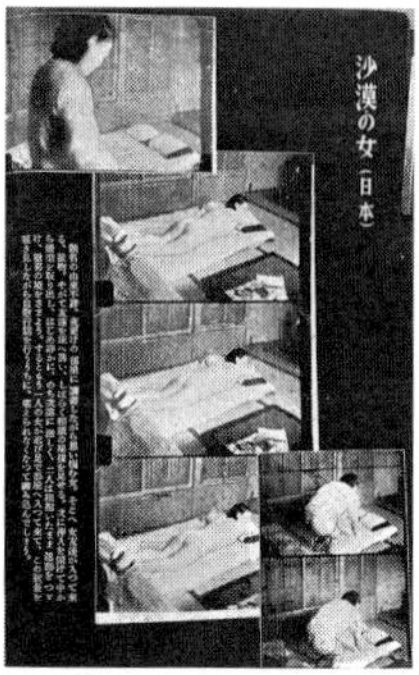

図版5-2　『沙漠の女』紹介記事（『人間探究』1952年5月15日号）

503

504

505　以上『蝶々夫人』より

一つのジャンルを成している。男性を中心に鑑賞されるポルノにおいて、そうした鑑賞者の欲望を充たすために、女性の同性愛がエロティックなものとして描かれているのである。

海外の作品に目を向けるならば、かなり初期のものにも同性愛やバイセクシュアルを描いた作品が散見される。『蝶々夫人（Le Ménage moderne du Madame Butterfly）』は、フランスで一九二〇年に製作されており、バイセクシュアルや同性愛の性交を取り入れた早い時期の作品として知られ、日本では『ブルーフィルム　青の時代　１９０５－３０』（M・レイヤック監督、二〇〇二年）として販売されたＤＶＤにも収められている。小説やオペラで知られる『蝶々夫人』をモチーフにしており、登場人物が着物をまとって会話するなど、典型的なオリエンタリズムが見られる。そうした趣向のなかで着物の女性同士が抱き合ったり（503）、その一人が男性とキスをしたり（504）、その男性も別の男性を性的な眼差しで見つめたりと（505）、バイセクシュアルやホモセクシュアルの性愛が描かれている。

『生きる歓び』『埋もれた財宝』『すゞみ舟』

さらには、動物性愛（zoophilia）ないしは獣姦（bestiality）を描いた作品も一定数存在している。その多くは女性が犬と性行為をするものであり、シロワンものとも呼ばれている。テディ片岡（片岡義男）は、洋物のブルーフィルムをジェンダーやセクシュアリティの観点からも分析した画期的なエッセイにおいて、このようなジャンルが男性同性愛を描いたものよりも多いと指摘している（「ハードコア・ポーノグラフィック・フィルム」）。日本でも、土佐のクロサワの『生きる歓《よろこ》び』など、犬と女性との性行為を描いたものが存在する。このような作品は人間以外の相手に向かう性愛という点で注目に値する。

この文脈において、海外のアニメ作品『埋もれた財宝』を紹介できるだろう。ディズニー風の

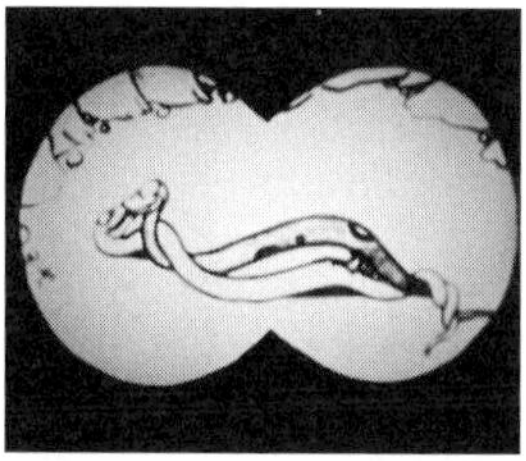
506

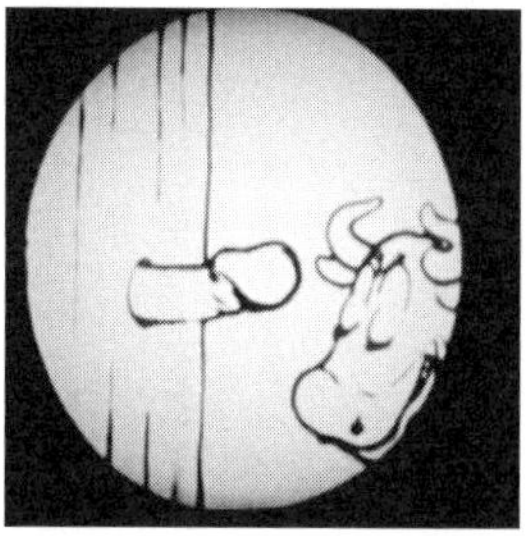
507

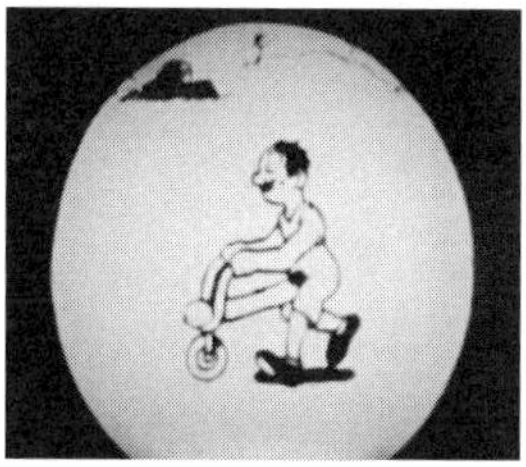
508

509　以上『埋もれた財宝』より

アニメとして知られるこの作品は、同性愛も含めた人間同士や動物同士、あるいは人間と動物などのバラエティに富む性行為を描いており、『ブルーフィルム　青の時代　1905―30』に収められている。蛇の性行為（506）や男性器を動物に舐めてもらおうとするシーン（507）がある。主人公の男性エヴァレディ・ハートンの大きな性器に本人が翻弄され、車輪をつけて運ぶ様子や（508）、性器によるフェンシングの戦い（509）などがユーモラスに描かれている。作家の藤本義一も傑作として評価している（「ケッタイな名作2本」）。

戦前の日本ではアニメの傑作『すゞみ舟』が製作されていた。この作品の評論は、毛利《もうり》厄九《やつく》というペンネームの画家によって書かれ、『人間探究』（一九五二年七月）に掲載されている。

『すゞみ舟』の画風に、天明《てんめい》・寛政《かんせい》期の引きしまつた優雅さや、化政度《かせいど》のキビキビと小マタの切れた卑近美に近いものがあるなど言えば過褒になるが、すくなくとも、幕末から明治・大正へかけてのマゲモノに共通する、あの、骨法《こつぽう》も何もないクラゲみたいな画型からははつきりとぬきんでた、まだ崩れていない正統のウキヨ絵画法を踏まえており、更にその上に近代洋画的なデッサンの写実性が掛けられていたように思う。　（「「すゞみ船」鑑賞」八一頁）

ここでは作品が江戸期から明治への浮世絵の歴史を踏まえて紹介されており、隅田川《すみだがわ》に浮かぶ数々の舟や花火の描写があり、高度な技法が用いられていた。アニメーションにおける性表現がどのような意味においてポルノグラフィであり、そこで鑑賞者にどのような欲望が生じて充足されるのかは、二次元と呼ばれる創作物が多様化して流布した現代においてきわめて重要な問題となっており、「フィクトセクシャル」という、架空のキャラクターに性的に魅了されるセクシュアリティが、社会のなかで「抹消」という仕方で周縁化されるという指摘もなされている（松浦優「抹消の現象学的社会学」）。もともと鑑賞の記録が残らないブルーフィルムにおいて、アニメ作品がどのような人によってどのように鑑賞されていたのかを知る手がかりを見つけるのは難しい。

横領される欲望

ブルーフィルムはこのような多様な欲望を可視化している。映像において性行為そのものを描いたり、同性同士の性行為を示唆したり、異人種間の親密な関係を表現したりできなかった時代において、このような作品の意義は計り知れないほど大きい。このような表現は、人権や平等に関する思想に導かれているわけではなく、個々人の身体とそこに根ざす欲望を描くことから発しており、考えられうる欲望が存在するだけ、それに応じた個性も存在することになる。

しかしながら、このような多様な欲望を表現した作品の観客として想定されているのは、当時の社会において特に周縁化されてはいないヘテロセクシュアルでシスジェンダーの男性であり、ブルーフィルムはそうした人たちの性的欲望を充たすために製作された。例えば、『沙漠の女』においてレズビアンが可視化されていることは貴重なことかもしれないが、そうした映像も基本的には男性のための「見せ物」になっていたはずである。『生きる歓び』などの動物性愛を描いた作品もまた、女性が動物と性行為するところを鑑賞者の男性が楽しむものとして製作されている。『The Stiff Game』にしても、そこで描かれている黒人男性は典型的なステレオタイプの差別的特徴を備えており、「サンボ」という蔑称《べっしょう》で呼ばれ、性格も気弱で自分の意思を表明することがなく、従属的で言いなりになるような存在として描かれている。あくまでも白人の性の満足のために奉仕する都合のよい存在でしかなく、白人のペニスをフェラチオするという立場は従属的なものでしかないだろう。このように多様な欲望が可視化されているのであるが、それはあくまでも一つのパースペクティブ、女性を求める男性の欲望というフィルターを介したものである。

こうした状況を、スタンリー・カヴェルが『哲学の〈声〉』（序・第一章）で展開した「声の横領（arrogation）」という発想を踏まえて、「欲望の横領」と特徴づけてみたい。男性の哲学者のJ・S・ミルが『女性の解放』などの著作において、女性が抑圧されていることを明らかにするとき、彼は女性に代わって女性の声が語ろうとすることを語っている。実際のところミルの思考は、親しい女性のハリエット・テイラーとの対話によって展開したものでもあり、女性の声がそこに流れ込んでいる。ミルは女性を「代弁」して語り、女性の声を「横領」しているが、まさにそのことで女性の声が公的に知られるようになっている。

性的欲望の横領においては、言葉となって発せられる声というよりも、身体そのものによる表現の水準において、公的に知られてはいない性的欲望が歪められながら可視化されることになる。

何らかの事情で自らの欲望を表現することが困難な立場にある人たちにとっては、自分たちの欲望が横領されることによって、その欲望の存在が歪められつつ社会に知られるようになる。

横領する欲望

男性に都合よく歪められた性の映像表現は、言語による論述とは異なって、多様な解釈を許容するものである。表現された欲望は、時代の制約や作者の意図を超えた意味が読み取られる場合があり、ポルノをめぐる論争でも、マッキノンらがポルノに対して一義的な意味を想定することが批判されることがある。例えば、喉の奥にクリトリスがある女性がオーラルセックスをすることを描く『ディープ・スロート』（ジェラルド・ダミアーノ監督、一九七二年）にしても、女性の従属を描く映画として批判されることもあるが、女性が自ら進んで性欲を追求する点において肯定的に評価されたり、ゲイの鑑賞者によって自分たちの実践的な可能性として受け止められることもある。どのようなジェンダーやセクシュアリティの人がどのように作品を解釈するかによって、その意味は大きく異なってくる。

レズビアンでSMの実践者でありフェミニストの論客でもあるパット・カリフィア（のちにジェンダーを変更してパトリック・カリフィアとなる）は、幼い頃にスーパーヒーローもののコミックから性的な刺激を受け、それをポルノグラフィとして読んでいたという。ヒーローが敵に痛めつけられるイメージは、鑑賞者の「ひそかな悦び」を高めていた。カリフィアにとっては、伝統的な文学作品や歴史記述もポルノであることができ、それらを題材にして個人的なファンタジーが編み上げられていた。

どのように口説くか、やってしまうか諦めて次の機会を待つときか、どのようにして抱かれ、あるいは別の人を抱くか、そうしたことを学ぶために、猥褻な「ホーム・ムービー」を捨てなかった。

（「私たちのあいだで、私たちに敵対して」五二頁）

ここでは、文章や映像のコレクションから自由な想像力によって性的生活を思い描くこと（＝ホーム・ムービー）の意義が語られている。このようにポルノグラフィに限らない作品がさまざまな鑑賞者によって「横領」されることで、新たな欲望の表現として解釈される。

映画としてのブルーフィルムは、多様なジェンダーとセクシュアリティによるさまざまなタイプの個人の性行為を描いており、多様な鑑賞者によって多様な解釈がなされうる。欲望がさまざまなかたちで横領され、多様な鑑賞者による性行為の実践的な可能性が見いだされうる。このような状況は理想的なものとして想定されることができる。

実際には、日本のほとんどのブルーフィルムでは、スクリーンの女性は「ドテーッ」と無反応に横たわっていて、何ら個人として際立つことはないとも言われる。三島由紀夫は、映画館のスクリーンに映写されるスターとの対比において、ブルーフィルムの出演者が「匿名」であるゆえに性的に独占可能と述べていた。名のない女性たちが、それ以上に際立つことのない男性たちとともに、「男女のぼろぼろにすり切れた性の真似ごと」(円地文子『小町変相』一一七頁)とも言われる営みを見せて、剝き出しの性器のある身体を晒している。それはただの性器へと切り詰められたモノの群れでしかないようである。『風立ちぬ』や『柚子ッ娘』の出演者が「ブルーフィルム史上最高の女優」と言われ、個性の持ち主として際立ったのは例外だったのかもしれない。しかしながら、埋没して際立つことのない身体を描くような作品は、個人を描くことに失敗しているのだろうか。個性の反映された作品のみが評価されるのは、西洋近代のロマンティックラブや一夫一婦制《モノガミー》の理想の投影であり、多様なセクシュアリティの観点から見直される余地もある(パトリック・カリフィア『パブリック・セックス』三〇九―三一九頁)。

四 『風立ちぬ』の光景

愛の空間

ブルーフィルムには時代を隔てて生きる人たちの欲望が描かれており、現代の私たちがそれをどのように理解するのかという問いも生じる。本書はブルーフィルムを性差別という観点から考察することは不可避であると考えて、ポルノとも特徴づけてきた。しかしながら、すでに失われた過去のジャンルでもあるブルーフィルムは現代の基準では測りがたいものを描いており、私たちはブルーフィルムを通じてそのようなものに出会うことになるかもしれない。

いくつかの土佐のクロサワ作品を取り上げてみたい。『風立ちぬ』は舟の上での性の営みを描いており、若い男女が小舟で真菰刈りをしていて、一息ついて性行為を営むことになる。『猟人秘抄』では猟師が撃ち落とした鳥を女性が拾ったことが出会いのきっかけになって、山中で性行為がなされる。これらの作品では性行為が屋外において行われている。『戦国残党伝』もそうであろうし、『生きる歓び』も屋外での性行為が描かれている。つまり、ブルーフィルム、とりわけ土佐のクロサワ作品には、屋外での性行為が頻繁に登場している。このような屋外でのロケーションは、自然光線を用いた撮影をするために好都合であっただろう。とりわけ高知の陽光の強さを考えればもっともなことである。さらに『猟人秘抄』は、森の中の木漏れ日の下での人物の映像を撮影することに野心を持って製作されている。黒澤明監督の『羅生門』(大映、一九五〇年)の宮川一夫カメラマンによる撮影では、森の中にいる人たちの顔や身体に木漏れ日が当たって、木の葉や枝の繊細な模様の影が見えているが(510)、『猟人秘抄』でも、男性の背中や女性の局部に木漏れ日が当たるように、撮影上の工夫がなされている。しかし、そうした製作をめぐる事情だけにはおさまらない理由もある。

当時は、性行為が行われるべき場所についての認識が現在とは違っていた。現在では、性行為をする場所は基本的に屋内となっており、屋外というのはあえて奇異なシチュエーションを選んでいることになるだろう。しかし、風俗史研究者の井上章一《しょういち》は著書『愛の空間』において、敗戦後、東京の皇居前広場は性行為がなされる場所として知られており、二十世紀のある時期まで、性行為をする場所としては屋外も基本であったと指摘している。多くの人たちが屋外での行為を「ノーマルな選択肢のひとつ」と見なしており、むしろ「売春は屋内、しろうとは屋外」とされるように、待合などの屋内での性愛は金銭が絡むものでもあった。したがって、ブルーフィルムに描かれるような屋外の性行為は「古くからある民俗慣行」として、「近代ではなく、古い民俗の側にぞくする性愛」という意味を持つことになる（『愛の空間』七二頁）。

ブルーフィルムはこのような民俗慣行を描くことのできた最後の表現なのかもしれない。とりわけ土佐のクロサワの場合は、一九五〇年代初頭の高知という場所にいて、屋外での性行為を描きやすかったとも考えられる。このような発想を受け入れるならば、作品やそこで描かれていることをどのように理解するのかをめぐって、次のような問いが突きつけられることになる。かつて人と人とはどのように出会い、どうやって性行為へと至ったのだろうか。親密な関係になることが性行為の前提になっていたのか、性行為における同意はどのように形成され、どのような意味を持っていたのか。屋外で性行為をする場合には、どのような人間関係が成立していたのか、婚姻関係が前提とな

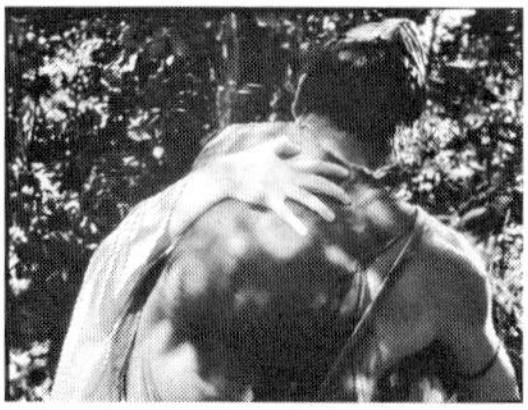

510 『羅生門』（黒澤明監督、大映、1950年）より

っていたのか。こうした問いに直面するとき、ブルーフィルムを西洋近代に由来する発想（個性、民主主義、同意）のみによって考察することに躊躇《ためら》いを覚えてしまう。

ブルーフィルムの属している伝統のなかで行われていることが、現在では自明とされる枠組みでは理解しにくいときに、私たちはどうすべきだろうか。このジャンルの作品は映画という二十世紀に発展した表現形式でありながらも、別の観点からの理解が可能であり、例えば江戸期の春画の伝統と結びつけた方がよいのかもしれない。ブルーフィルムにおける性行為のクライマックスの描写も、欧米のハードコアポルノに典型的な「マネーショット」ではなかった。女性器のアップのショットは、春画でしばしば見いだされる「大開絵《おおつび》」の構図に近いものと言えるかもしれない。ブルーフィルムの最後はそうしたショットになるが、大開絵も艶本の後扉絵を飾るものであって、それによって物語が締め括られる。本書の第一章ではこのショットのイメージを喚起するためにクールべの絵画《世界の起源》を引き合いに出したが、ブルーフィルムに挿入される性器や結合部や悶える顔のアップなどは、春画がつねに描き続けてきたものであった。

江戸期にもさまざまな表現が検閲を受けているが、禁じられながらも私蔵されたり書き写されて広まったりした出版物もあり、発禁本や春画は密かに読まれ、鑑賞され続けていた（井上泰至《やすし》『江戸の発禁本』一七―一八頁）。春画は多くの人が公共の場で鑑賞するためのものではなく、親しい人に見せたり、性の知識の手本として嫁入り道具に忍ばせたりして、密かに鑑賞されていたものである。もともと春画は大っぴらに鑑賞するものでこそなかったが、「笑い絵」と呼ばれることもあるように、「猥褻」なものとして蔑まれ忌避されるものではなかった。西洋の性道徳が受容された明治期、とりわけ日露戦争の開戦後に、西洋型の近代国家たらんとする政府の政策のなかで、民俗の慣習の変更を迫るような法整備がなされていった（渡辺浩『明治革命・性・文明』第七章、石上阿希『日本の春画・艶本研究』第五部第一章）。

本書では春画とブルーフィルムの関係についてこれ以上考察を展開できないが、両者を結びつけることで明らかになることがあるかもしれない。

図版 5–3 「風立ちぬ」ロケ地の 2023 年の様子。この付近に小舟が浮かべられていた可能性が高い（第 6 章）。右はロケ地から見上げた空（桑原の証言に「まぶしそうに空を仰ぐ二人」とある。第 2 章）

ポルノトピア

さらに注目すべきは、土佐のクロサワ作品にとっての土地の意味である。その作品のほとんどは高知を舞台に製作されている（桑原「土佐・エロ事師列伝」）。『風立ちぬ』は物部《ものべ》川《がわ》の下流、現在の「高知龍馬空港」付近（図版5－3）にて撮影された。名作として知られている『柚子ッ娘』が名高い観光地龍河洞《りゅうがどう》（現香美《かみ》市）付近の山中、『戦国残党伝』が大杉（現大豊《おおとよ》町）付近の山中でロケされている。これ以外にも『女生徒と教師』や『女学生とオシッコ』が十市《とおち》（現南国市）の山中の水田横のワラ蔵にて、『好色アンマ』が高知市内の住宅街・室町にて、『山道』が高知市内の五台山《ごだいさん》の山中にて、『鍵穴』が高知市内の八反町《はったんちょう》のアパートにて、『天狗のいたずら』が高知市内の万々《まま》町の民家にて、『慟哭《どうこく》』が高知市内の湯川の民家にて、『女性指南』が高知市郊外の吉野のアパートにて、『望遠』が同じく吉野のアパートにて撮影された（『MAZAR』七〇頁）。『久米の仙人』は大阪で、『生きる歓び』は瀬戸内海の小島で撮影されたとも言われている（高知の浦戸湾周辺のようにも見える）。

スティーヴン・マーカスは主にヴィクトリア朝時代のポルノ小説を念頭におきながら、作品に描かれる場所が特定の地理上の場所を指示しないことに注目して、ポルノトピアという造語を行っている。「どんなユートピア以上に、ポルノグラフィーは、文字通りに、その語源的用法に忠実である――それはたいていは、どこにも存在せず、どこにも起きないと言っていい」（『もう一つのヴィクトリア時代』四六〇頁）というように、ホテルの室内であれ、庭園であれ、川のほとりであれ、波が打ち寄せる浜辺であれ、牧草の茂る草原であれ、ポルノグラフィで描き出される場所はどこでもなく、ただそこで性の営みが行われるだけの抽象的な場所となる。

このことは小説を念頭に言われているが、映像作品にも当てはまるだろう。性行為が描写され、それを見て興奮するうえで特定の場所が結びつけられる必要はない。しかもブルーフィルムの場合には製作が違法になりうるので、場所が特定されない方が望ましい。ロケをしても、特定の場所を認識させるものを画面に入れることはなるべく避けられていたはずである。『風立ちぬ』でもおそらくそのような意味において、真菰の茂る川の上に舟が浮かべられたのであろう。その自然は確かに美しく描かれていたが、どこでもない場所であったと言えるかもしれない。

吉行淳之介は、『風立ちぬ』についてそのロケーションの場所を「潮来」と述べており（「青春放浪記」五三頁）、利根川で撮影されたと思い込んでいるようである。吉行がそのように判断した理由は、当時の映画製作や流通の状況を踏まえて理解する必要がある。

中央集権的な映像のルート

一九五〇年代の日本において、劇場で公開される一般映画は基本的に東京周辺や京都の撮影所を中心に製作され、そうした作品が全国に配給されていた。地方の映画館にも、東京や京都の撮影所において製作された映画が配給されており、中央集権的な映画の製作・配給のシステムが確立されていたと言える。映画の製作・配給・興行の垂直的関係は一九三〇年代から徐々に形成されて、配給会社と契約した映画館に対して一定期間にわたって一定本数の映画の上映を義務づけるブロック・ブッキングのシステムが確立されていた（加藤厚子「映画会社の市場認識と観客」）。戦時中は官庁と映画会社とが市場に対する意識を高め、一元的な配給制度が完成されて（映画臨戦体制）、戦後においてもそうしたシステムが温存されていた。

当時は、地方で製作された映画が全国へ配給されることはほとんどなかった。一般映画でも特定の地域でのロケを売りにするものがあって、そうした作品は観光と結びついていたが、映画の

511 『南国土佐を後にして』（斎藤武市監督、日活、1959年）より

512 『続　東京流れ者　海は真赤な恋の色』（森永健次郎監督、日活、1966年）より

製作と配給のシステムゆえに、吉行のような東京に在住する鑑賞者が、東京や京都から遠く離れた場所において作品が製作されたことを想像できなかったとしても不思議はない。

こうした場所をめぐる問題は、性という観点においても大きな意味を持つことがある。レズビアンの映像、バイセクシュアルの映像、黒人の映像がしばしば映画の表舞台には出現しないことと同じように、高知などの地方の映像は映画の表舞台には登場しない。映画監督の大島渚《なぎさ》はテレビ番組『大東亜戦争』の製作にあたり、戦中のサイパンや硫黄島や沖縄などについての日本側の映像の不足を痛感して「敗者は映像を持つことができない」と指摘した（「敗者は映像を持たない」一七頁）。自らの土地やそこに生きる人たちの映像がなかったり、自分たちの手によって製作・発信されることがなかったりすることは、民族やジェンダーや階級や人種などの政治的な不均衡に通じている。ジェンダーや人種の差別という意味での不正義であると言えるかどうかはわからないが、特定の地域が映画の制度のために見えないものとなったり、部外者によるステレオタイプのイメージを押し付けられたりすることはある。ペギー葉山の歌謡曲を題材にした『南国土佐を後にして』（斎藤武市《ぶいち》監督、日活、一九五九年）や、渡哲也《わたりてつや》の歌謡曲を題材に作られた『続　東京流れ者　海は真赤な恋の色』（森永健次郎監督、日活、一九六六年）などでロケされる高知も、まさにそのような土地である。前者では主演の小林旭が（511）、後者では渡哲也が（512）、よさこい祭りの開催されている市内を歩くシーンがある。

高知のポルノ

『あなたがすきです、だいすきです』（ＥＮＫプロモーション、一九九四年）などの大木裕之監督のピンク映画は、ピンク映画館で公開されただけではなく、ビデオなどでも発売され、レンタルショップにも置かれていた。大木裕之は製作の拠点の一つを高知にしており、作品でも高知の具体的な場所が映像になっていることがわかる。細い路地は高知市の旭町《あさひまち》であり、そこで二人の男性がキスをしようとする（513）。男性が川に向かってマスターベーションをするシーンがあるが、この川は市内を流れる鏡川《かがみがわ》である（514）。二人の男性が横たわる土手は伊野町（現いの町）を流れる仁淀川《によどがわ》である（515）。私自身もかつ

513

514

515　以上『あなたがすきです、だいすきです』（大木裕之監督、ENK プロモーション、1994 年）より

て東京で大木裕之の作品を鑑賞していたときには、その場所が高知であるなどとは思いもしなかった。私は高知に住んだことでそれらの場所を見分けるようになったが、以前ならば吉行と同じように関東近郊のどこかと思い込んでいたかもしれない。

土佐のクロサワは、中央集権的な映像の流通の体制のなかで、それでも高知から映像を全国に送り出していた。さらに、露骨な性の表現が地方で製作されており、「土佐もの」「土佐のクロサワ」の作品と呼ばれていたことにも意味がある。というのも、性を描くことにおいては、しばしば都会と田舎の二分法が機能して、都会の生活様式がエロス化される傾向がある。これは「メトロセクシュアリティ」と呼ばれ、都会には多様な性の世界が開かれていて、若い人はそうしたエロスを求めて都会に行くとされるのである（菅野優香「コミュニティを再考する」）。土地に対するこうしたステレオタイプなイメージは、地方に住む多様なジェンダーやセクシュアリティのあり方を抑圧することにつながりかねない。高知の山河を舞台にした性の営みを描く土佐のクロサワ作品は、都会のエロス化・地方の脱エロス化に抗していることになるだろう。

土地に根ざしたヴィジョン

ブルーフィルムは東京や京都だけではなく、地方において製作されて、「○○もの」などと地名がついて全国に流通することがあった。このような映像の流通のルートは当時としては異例のものであり、比較的手軽な機材で撮影や編集やプリントができる小型映画ゆえに可能になっていた。そうした映画は、その土地に生きる人たちの身体やその土地の風景を映像にしている点で貴重である。『風立ちぬ』にしても、一九五一年の物部川の河口付近の風景を収めているはずであるが、それは一九五五年頃から湛水《たんすい》が始まる長瀬ダムの影響を受ける前の物部川の姿になっているだろう。一般映画の『あなた買います』(小林正樹監督、松竹、一九五六年)も物部川でロケを行っているが、時期は数年ずれており、場所は『風立ちぬ』よりも少し上流であった。

ブルーフィルムの場合には、その土地の人の身体や風景などが写されてはいても、法に抵触する映画ゆえに、その土地との明白な結びつきは隠されている。それでも、その土地で生まれた作品から、そこに根ざす人の欲望や生きる姿を丹念に読み取ることには意味がある。本章の冒頭に記した高知パルプ生コン事件の実行者のリーダー・山崎圭次は、まさに土地との結びつきに根ざして思考し、行動した人であった。彼は会社経営のかたわらで、「浦戸湾を守る会」などの自然保護運動に携わった。パルプ工場の操業を停止させようとするとき、実行者たちはその方法を慎重に検討している。そうした技術をめぐる思考は、土地と結びづくある種の倫理を表現している。

実行現場は交番のすぐそばで、妨害されるリスクが極めて高かった。にもかかわらずこの場所が選ばれたのは、逆流させられてマンホールから溢れ出した廃液が、すぐに側溝に流れ込む地点だったからである。つまり、近隣住民への迷惑・加害を最小限にしようとする意図が働いており、そのためにあえて失敗リスクの高い条件下で実行された。また、工場の操業を停止させる方法はほかにも考えられたが、工場内の設備を打ち壊すのではなく、工場から流れる汚水を阻止して逆流させるという方法が選ばれた。このやり方には、山崎を支えた実行者の坂本九郎が裁判で語ったような、「汚いものを人んく〔人のところ〕へ流すな」「自分くの汚物は自分くで始末せよ」という考えが表現されていたのである（『高知パルプ生コン事件資料』第四巻、一三三二頁）。

山崎は裁判が始まってからもたびたび、人間はすべて罪人であると述べて、有罪判決にも控訴することはなかった。こうした行動や言動は、ある観点から言えば理解しがたい面もあったが、一貫した思想に基づくものであった。そこには自然や生まれた土地への愛があり、人間に限定されない生命への畏敬のようなものがあり、それらを尊重するための技術への深い信頼があるようだった。山崎はのちに『人間周期率――君の命よこの星と結ばれよ』（一九七八年）のような著作を発表するようになる。そのなかの「人間尊重と海鳥の叫び」を引こう。

野の鳥も、小川の鮒《ふな》も、川口のハゼも、
深海のアンコウも、
土中のミミズも、ケラも、
鎮守の森の木々も、
一日千秋のおもいで、
ヒト族の絶滅の日を待っています。

（『人間周期率』四五頁）

日頃から山崎が口にしていたこうした発想は多くの人を魅了して信奉者を集めた。

これまでたびたび言及したアメリカの哲学者カヴェルは、ウィーンやイギリスで活躍したウィトゲンシュタインの研究で知られているが、アメリカという土地において営まれる哲学の意味を明らかにしようとした。その際にカヴェルは、ラルフ・エマーソンやヘンリー・ソローのようなアメリカの思想家を、ヨーロッパに由来する哲学をアメリカという土地において捉え直して独自のスタイルを築いた者として評価した。従来の哲学観から外れているためにエッセイストのように見なされていたエマーソンやソローが、哲学者として位置づけられたのである。例えばソローがウォールデン湖畔での生活を綴った有名な『ウォールデン　森の生活』（一八五四年）は、ある土地で生活しながら紡ぎ出された言葉から成り立つような哲学であると見なされる。

山崎圭次も、ある意味において哲学者と言えるだろう。山崎の言葉や行動は、ソローと同じように、自らの日々の生活に根ざした考え方や生き方や世界の見え方を、つまりヴィジョンを表現している。そのようなヴィジョンをめぐる思考や表現を、哲学と呼ぶことは可能である。『ブルーフィルムの哲学』と題する本書は、ブルーフィルムをめぐるヴィジョンを記すものであり、そのような意味において哲学の書であろうとしている。

第六章

ブルーフィルムとともに生きるとはどのようなことか

旅に出る人

映画には、製作する人たちがいて、出演する人たちがいる。製作においては監督やカメラマンなどが重要な役割を果たし、役者は自らの顔や身体をスクリーンに晒している。監督はときに芸術家や「巨匠」と見なされ、作品の個性的な特徴を生み出すと考えられた。主役の俳優はスターとして扱われ、しばしば憧れの的になった。私たちは映画を見ようとするときに、製作者や俳優の名前を手がかりにすることがあり、カメラマン、脚本家、プロデューサーなどの名前で上映の特集が組まれることもある。

しかしながら、ブルーフィルムの場合には俳優や監督やスタッフの名前がクレジットされることはないため、ほとんどの作品は誰によって作られたかを知ることができないし、鑑賞者はそのことを気にしない。しかし『風立ちぬ』や『柚子ッ娘』は「土佐のクロサワ」の作品とされており、通称ではあるが、この名があるために製作者の存在に思いが及び、土佐のクロサワとは誰か、どのような人物なのかと問うことができるようになる。さらには、想像力を膨らませて、謎めいた人物の具体的な姿を描き出すこともできる。そうして実際に、「ブルーフィルムの巨匠」をモチーフにした映画、文学、漫画などが製作されてきた。

土佐のクロサワと面識があった何人かの人から、エピソードをいくつか聞いたことがある。

おっちゃんはときどき旅に出ていた。そうするとしばらく帰ってこなかった。

Aさんは仲間を裏切らなかった。だからなかなか出てこれなかった。とても信頼されていた。

「おっちゃん」「Aさん」とは製作の中心人物を指しており、「旅」とは留置場や刑務所での生活のことである。彼はブルーフィルムの製作などでときどき逮捕されて、勾留され、ときには実刑判決も受けていた。周囲の人から見れば、ときどき旅に出る人のようだったのだろう。

Aさんがブルーフィルムを作っているなんて知らなかった。Aさんと言えば、私たち（＝バーテンダー）の世界の大先輩として、名前はよく聞いていました。

高知のあるバーテンダーがこう語ったように、クロサワは「69（シックスナイン）」というバーの経営者であり、店名はスコッチウイスキーのVAT69と性行為の体位の二つの意味が込められていた。当時の高知には珍しく、洋酒を多く揃えていたという。

ブルーフィルムの世界はそうした人たちによって支えられており、そうした人たちはブルーフィルムとともに生きていた。本章では、高知でブルーフィルムにかかわった人たちの実像を記したい。この試みは、従来ほとんど語られることのなかった人たちの人生を語ることになる。

一　ブルーフィルム界のクロサワ

クロサワへのインタビュー

製作・出演・流通のあらゆる局面において名前が残されることのないブルーフィルムの関係者について知ることは非常に難しい。その数少ない例外が、インタビューを受けたり、自著を刊行したりした者たちである。

土佐のクロサワについては七〇年代前半にインタビューが行われ、それをもとにしたと思われる記事が一九七三年、一九七五年、一九九一年に雑誌に掲載されている。『噂』一九七三年九月号に掲載された、桑原稲敏による「ブルーフィルム界にも〝黒沢明〟あり」（以下「ブルーフィルム界にも」と表記）と、『週刊文春』一九七三年九月十日号（以下『週刊文春』と表記）に掲載された「人われを「ブルーフィルム界の黒沢明」とよぶ」はともに「ブルーフィルム界の黒沢明」と呼ばれる一人の人物へのインタビュー記事である。さらに一九七五年には『宝石』四月号に桑原敏による「ブルーフィルム界の〝黒沢明〟監督一代記」が掲載される（以下「監督一代記」と表記）。一九七三年の桑原稲敏と七五年の桑原敏は同一人物とみられ、二つの記事は内容がほとんど同じであって、同一のインタビューをリソースとしているようである。七三年の『週刊文春』の記事の筆者は記されておらず、桑原によるインタビューに依拠したものなのか、別のインタビューなのかはわからない。しかしいずれにしても、クロサワ本人にインタビューがなされ、これをもとにした記事が書かれたことは確かである。

さらに一九八三年には、『MAZAR』八月号（以下『MAZAR』と表記）に「特集！　伝説のメディアを追って　いま、堂々と見るブルーフィルム！」が掲載された。このときに桑原は高知に取材しており、製作者へのインタビュー、ロケ地やゆかりの場所への訪問が行われ、土地や建物が写真付きで紹介されている。桑原は一九九一年にも『ひめごと通信』（白夜書房）に「土佐・エロ事師列伝――ブルーフィルム界の「クロサワアキラ」たち」を掲載した（以下「土佐・エロ事師列伝」と表記）。この記事は、一九七三年の記事の元となったインタビューをベースにしながら、おそらく八三年の取材をもとに新たな情報が付加されている。このように一九七〇―九〇年代の雑誌記事は、土佐のクロサワの肉声やロケ地を記録したものとして第一級の資料となっている。ちなみに桑原は、クロサワを取材したことのある今村昌平の紹介で土佐のクロサワに会いに行っており、土佐のクロサワについての著作を執筆する計画があったが、果たされなかった。

第一章で述べた、VHSで一九八四年に発売された『ブルーフィルム　風俗小型映画2　四国・高知編』は、土佐のクロサワ作品に編集や修正処理が施されたビデオである。映像にはテロップがついており、製作方法や製作者情報もいくらか含まれていて、ビデオの製作・発売にあたって高知で取材がなされたことが窺える。発売元はアダルトビデオメーカーであり、取材にはその関係者が同行したらしく、アダルトビデオ監督の伊勢鱗太朗《りんたろう》は高知へ取材に行ったことを示唆する発言をしている（伊勢鱗太朗「日本映画の〝青春期〟だったブルーフィルム」）。

巨匠クロサワ

土佐のクロサワとはいったいどのような人物なのか。最初の『未亡人の火遊び』という作品が製作されたのは一九五〇年のことであった。クロサワは翌年に第二作として『風立ちぬ』を製作したが、これはブルーフィルム史上最も有名な作品と言っても過言ではない。続く一九五二年に『柚子ッ娘』を製作している。この作品は、龍河洞付近の山間部を舞台に撮影され、山小屋での男女の逢引きを描いており、『風立ちぬ』と同じカップルが演じている。一九五〇年代半ばには、大杉付近で『戦国残党伝』を撮影している。この作品の原題は『落城の譜』だったが、警察に押収されて『戦国残党伝』というタイトルが付けられた。匿名のまま取材に応じた土佐のクロサワが過去の自作を振り返り、この作品を「会心作」として自作のベストワンに挙げている（「土佐・エロ事師列伝」八九頁、「ブルーフィルム界にも」一四九頁）。性科学者・性文化研究の大家でありブルーフィルムをコレクションしていた高橋鐵《てつ》も、この作品を絶賛したと伝えられている（『週刊文春』）。ただし藤本義一によれば、映画監督の川島雄三はこの作品を「作った本人は傑作と思っているかもしれないが、技術的に凝っているだけの話で、新味には乏しい」と評した（藤本「わが青映画史」六七頁）。『MAZAR』では、このほかに『女生徒と教師』『好色アンマ』『山道』『鍵穴』『天狗のいたずら』『女学生とオシッコ』『慟哭』『女性指南』『望遠』『久米の仙人』『春の湖』が高知での製作とされ、『ブルーフィルム　風俗小型映画2』ではそれらのほとんどの作品が紹介されている。製作年代の詳細はわからないし、タイトルも本人がつけたものなのか、警察がつけたものなのかわからない。

違法の映画の作り手として表舞台には出なかった「土佐のクロサワ」の実像をめぐって、さまざまな情報や憶測が飛び交っているが、そのイメージは大きく二つ、「巨匠」と「製作集団」のイメージに分けることができる。巨匠のイメージは、一人の巨匠が実権を掌握して映画製作を指揮していたというものである。この根拠となるのは「クロサワ」という名前であり、また、一九七〇年代の記事で一人の人物が巨匠としてインタビューに答えていることである。さらに、高知でブルーフィルムを製作していた人物が伊集院通という名前で『回想の「風立ちぬ」――土佐のクロサワ覚え書き』（一九九一年、マガジンハウス）を出版したことである。

伊集院と名乗る人物は一九八〇年代に実相寺《じっそうじ》昭雄《あきお》などの映画人とも交流をもち、ビデオ映画『風立ちぬ』を製作した。この人物を巨匠・クロサワと見なすことは自然なことかもしれない。しかしながら彼は初期のクロサワ作品には関与していない。桑原稲敏によれば、伊集院はその「巨匠」ではなく、結成以来のリーダーが率いたグループのスタッフの一人にすぎなかった。桑原は一九九一年の記事でそのことを明記している（「土佐・エロ事師列伝」八五頁）。伊集院自身もそのことを認めており、「土佐のクロサワというのは、あなた個人の異名ではなくて、高知モノ、土佐モノのブルーフィルムに冠せられた総称と思えばいいんですね」と問われ、明確に同意している（『回想の「風立ちぬ」』一九七頁）。もちろん、ある意味では彼が「土佐のクロサワ」の名を「襲名」（藤木TDC「ブルーフィルムの帝王「土佐のクロサワ」伝説」）したとも言えるが、関係者の同意を得たというよりはあくまでもメディア向けのものであろう。伊集院が「巨匠」でないとすれば、巨匠説を支持するにしても、初期からのリーダーだった別の人物（後述のクロサワA）が『風立ちぬ』や『柚子ッ娘』を製作した巨匠と考えるのが自然であろう。

海老原グループ

その一方で、クロサワ（たち）は「海老原グループ」と呼ばれる製作集団として紹介され（矢野『実録　ポルノオビ屋　闇の帝王』六八―七九頁）、一人の巨匠ではなく複数の監督がメガホンをとっていたとされる。

高知産のブルーフィルムはすべて黒沢明と呼ばれるひとりの監督によって撮られていると思われていいた。だが、実は複数の人々が製作にかかわっており、何人かのスタッフの中で「ここはこういうアイディアで撮りたい」という意見を主張したものが監督になり、あとで観ると誰が撮ったのか分かるという寸法だった。

（「いとしのブルーフィルム」『夜想』第二十四号、一九八八年、一七一頁）

この説も「海老原グループ」という具体的な名称が挙がっているために、それなりの根拠があるようにも思われる。一九八〇年代に土佐のクロサワを取材したらしいアダルトビデオ関係者は、その後もクロサワを海老原グループとして紹介している（伊勢鱗太朗「日本映画の〝青春期〟だったブルーフィルム」二四頁）。

前述のインタビュー記事と一九五〇年代から六〇年代の高知新聞を中心とする新聞記事とを綿密に照合すると、高知のブルーフィルム製作者たちの実像が見えてくる。土佐のクロサワは、高知市近郊の土佐山田（現香美市）出身のAという人物（一九〇六―七四）を中心とするゆるやかな製作集団である。そのうちおおよそ個人が特定できる六人をクロサワA、B、C、D、E、Fと呼んで、その実像に迫りたい。Aはグループにおいて中心的役割を果たし、初期には監督・プロデューサー、後期にはプロデューサーとして活躍している（この意味では巨匠と呼ぶこともできる）。実際にメガホンをとった監督は時期に応じて異なって、結果的には複数の人物が担当したことになる（この意味では製作集団である）。さらに興味深いことには、活動弁士や映画技師の経験者が参加していたことで、作品の質が高く保たれたり、映画としての水準をアピールする方法に趣向が凝らされたりした。

映画のなかのクロサワ

クロサワたちの実像に迫るための資料はいずれも断片的なもので、人物の全体像を描くにはあまりに不十分である。ここではまずフィクションの力を借りてイメージをつかんでみたい。

その存在が謎めいていることから、ブルーフィルム製作者は映画や文学、テレビドラマ、漫画などフィクションの題材として取り上げられてきた。これらに描かれたブルーフィルム製作者のイメージと、断片的な情報を突き合わせることで、その実像がどのようなものか、また、それがどのように歪められて伝えられうるのかを理解することができる。

大阪が舞台となっている野坂昭如の小説『エロ事師たち』の主人公「スブやん」は、ブルーフィルムだけではなくさまざまなエロティックなものを扱うことを商売としていて、クロサワの一人がモデルと言われている（「ブルーフィルム界にも」一四五頁）。これを原作とした今村昌平監督の映画『「エロ事師たち」より　人類学入門』（一九六六年）でスブやんを演じたのは小沢昭一《しょういち》であった。今村がこの映画の製作にあたって取材で高知を訪れており、高知の製作者たちを「ホンモノ」として高く評価していたことは前にも述べた。そうである以上、作品に土佐のクロサワの姿が何らかの形で反映されていると考えられる。スブやんには原作でも映画でも「伴的《ばんてき》」という製作仲間がおり、とりわけ原作小説の方では映像技術に詳しく、ブルーフィルムを芸術として製作しようという意図を持っている。

　ロマンポルノの『黒薔薇昇天』（神代辰巳《くましろたつみ》監督、日活、一九七五年）は、藤本義一の小説「ブルータス・ぶるーす」を原作としている。主人公はブルーフィルムを製作するが、大島渚や今村昌平への敬意を口にしていることからもわかるように、芸術家という自己認識を持った人物として描かれている。本書の序章で述べたように、藤本は土佐のクロサワの作品を鑑賞し、「芸術」として高く評価していたのであり、芸術作品としてのブルーフィルムを製作するという人物像は、土佐のクロサワのイメージに由来するものと考えられる。

　さらに、「十三《じゆうぞう》」と呼ばれる『黒薔薇昇天』の主人公で印象に残るのは、右足を引きずって歩くことである。岸田森《しん》が演じる十三は、ときに軽快に早足で歩いたり、重い荷物を持ったりしているので、足になんらかの障害を持った役ではない。つまり意図的にそのような歩き方をしていることになるが、この動作は、映画監督・川島雄三の歩き方を模倣した可能性がある。川島は筋萎縮性側索《そくさく》硬化症（ALS）らしき病気を患って歩行に困難を来していた。藤本は川島の監督した『貸間あり』（東宝、一九五九年）の脚本を共同で執筆するという経歴を持ち、川島を師と仰いで、「生きいそぎの記」（一九七四年）という川島を扱った作品やエッセイも執筆している。藤本の小説で、主人公の映画監督に川島の姿が投影されたとしても不自然ではないだろう（本書の終章を参照）。

前にも取り上げた林功監督の『若妻日記・悶える』（一九七七年）は、『風立ちぬ』や『戦国残党伝』を製作したブルーフィルムの巨匠を描いている作品である。多田幸男が演じる主人公の名前は「赤沢」とされている。赤沢は違法のポルノ映画というよりも芸術作品を世に送り出しているという自己認識を持っている。刑法第百七十五条で有罪の判決を受けるが、それに納得しているわけではない。映画では『風立ちぬ』や『戦国残党伝』という具体的な作品名が挙げられて、それらの再現シーンまで描かれている。監督の林は、ほかにも『性豪列伝　お揉みいたします』（日活、一九七三年）、『新・団地妻　ブルーフィルムの女』『鎌倉夫人　童貞倶楽部』（ともに日活、一九七五年）などでブルーフィルムを取り上げていて何らかの思い入れがあるかにも思われるが、実際には『若妻日記・悶える』も会社の企画で製作したにすぎないようである。林自身が「製作者に逢ったわけではない」し、土佐のクロサワの「現物も見てません」と述べている（『MAZAR』六四頁）。

世界のクロサワ

以下ではクロサワたちの実像にさらに迫っていく。プロデューサー的中心人物をクロサワA、スカウトと宣伝担当の中心人物をクロサワB、撮影担当をクロサワC、Bの妻で宣伝担当の女性をクロサワD、年長のスタッフをクロサワE、新しいスタッフでのちに伊集院通の名で著作を記した者をクロサワFとする。このほかにもさまざまな人物が出入りしていたようであるが、人物としての輪郭をそれなりに描くことができるのはこの六人である。

まずは、「土佐のクロサワ」の名前に土佐という地名とクロサワという人名が入っている点について、この通称の意味することを確認しておきたい。この名称は「エビやん」と呼ばれるクロサワBが考案した「セールス文句」に由来するようである。

黒澤明監督の『羅生門』がヴェネツィア映画祭でグランプリを獲得した。そこで〝エビやん〟は、この映画をブルーフィルム界の「クロサワアキラ作品」という惹句で売りさばいた。（「土佐・エロ事師列伝」八八頁）

「土佐のクロサワ」という通称は、製作者たちが自らを黒澤明と名乗って売り出していたことに由来し、作品の水準が評価されることで定着したようである。そして、上記の断片的な情報からわかるのは、「土佐」よりも「クロサワ」に重点があったことである。当時の黒澤明は国際映画祭での受賞によって「世界のクロサワ」と理解され始めていた。

　第四・五章で紹介した『猟人秘抄』は、映画の冒頭に、ワーナー・ブラザースの「WB」を模した「WP」というロゴが出て（601）、「World Picture Production」という（架空の）プロダクション名の映像（602）のあとに「猟人秘抄」というタイトルが示される（603）。自分たちの作品をハリウッドの映画作品になぞらえて、存在しないプロダクション名に「World」の語を入れているのである。さらに、一九五〇年代のクロサワ作品に『ピクニック』と『画家とモデル』があるが、これらは、前者がジョシュア・ローガン監督、ウィリアム・ホールデン、キム・ノヴァク主演の一九五五年のコロンビア製作の同名作から、後者がフランク・タシュリン監督、ディーン・マーティン、ジェリー・ルイス主演の一九五五年のパラマウント製作の同名作からタイトルを取ったものであろう。また一九六〇年代初頭の『生きる歓び』は一九六〇年製作のルネ・クレマン監督による同名のフランス映画に由来するものであろう。名作映

601

602

603　以上『猟人秘抄』より

画のタイトルをそのまま自作で用いることは、ブルーフィルムの業界においてハリウッド映画やフランス映画の有名作のような傑作を世に送り出すという思いの表れだったことが想像される。作品は、古典的な映画のスタイルにのっとりながらも、その表現の可能性の限界を突破している。本格的な古典映画で用いられる安定したカメラワークや、高水準の照明技術からなる映画の様式のなかで、古典映画ではありえない剝き出しの性行為が描き出されているのである。

製作者たちが違法な映画の製作現場がどこなのかをあえて明示することはないので、「土佐のクロサワ」「高知のクロサワ」という呼称は、本人たちによるものではなかっただろう。当時はブルーフィルムについての情報として製作地がしばしば伝えられ、「土佐もの」「別府もの」「九州もの」などの呼び方があった。ブルーフィルムの資料として発売された『ブルーフィルム 風俗小型映画』全三巻も製作地別に構成されており、「東京・浅草編」「四国・高知編」「関西・大阪編」となっている。「ブルーフィルム界のクロサワアキラ」と「土佐もの」という言葉が出回った結果、それらが組み合わさって「土佐のクロサワ」という名前が生まれたものと思われる。

二　高知のクロサワ

高知の風景

クロサワたちが高知という土地にこだわりを持たなかったわけではない。高知は自分たちが住む土地であり、その作品のほとんどの舞台になった場所である。クロサワA、クロサワB、クロサワCという中心人物は関西圏で働いた経験を持っており、高知と関西圏とをそれなりに行き来していたようである。吉村平吉の『実録・エロ事師たち』には、高知から大阪に拠点を移した人物についての記述がある（一六五―一六六頁）。しかし、基本的に彼らは高知で暮らしており、そこで映画を製作していたのである。

前章で指摘したように、名作『風立ちぬ』のロケ地は高知の物部川の河口近くであった。一九八三年の『MAZAR』の取材のとき、（二人の）クロサワは取材者をロケ地に案内している。

> この河原が、あの「風立ちぬ」の舞台になったところなんですよ。だけど、あまりにも変ってしまったので、最初は場所を間違えたのかと思った。撮影したころの面影は、もうまったくありません。
>
> （『MAZAR』五二頁）

この土地は一九八三年の時点でコンクリートブロックがびっしりと敷きつめられて殺風景な場所になっており、クロサワEを戸惑わせたようである（図版6－1）。それから四十年経った二〇二三年、コンクリートブロックの一帯は以前の葦原に戻ることはなかったものの、ほとんどが草木で

作家野坂昭如が日本ブルーフィルム史上の最高傑作と呼んだ『風立ちぬ』が実際に撮影された場所・物部川のほとり。

「昔はこの辺一帯マコモが生い茂っていてね、舟を出して…」と当時の撮影現場へ我々を案内する二人のクロサワ。

(上) 図版6-1　1983年当時の『風立ちぬ』撮影場所(『MAZAR』52頁より)

(左) 図版6-2　上記ロケ地の2023年の様子

覆われていた(図版6-2)。撮影場所に辿り着くのも困難になったが、かえって撮影当時の情景に近づいている可能性はある。

ブルーフィルムの巨匠と高知とのかかわりは、さまざまな形で歪められながら流布することになる。例えば、藤本義一も「四国高松産の監督・黒沢明の作品なんかには良心的なものがかなりあった」(「ケッタイな名作2本」三二頁)というように、『風立ちぬ』の製作地を高松としている。野田幸男監督の『不良番長　突撃一番』(東映、一九七一年)では、梅宮辰夫らが「ブルーフィルムの本場」とされる「四国」にてブルーフィルムを撮影する設定になっているが、その舞台は高知ではなく、香川の高松である。ここからは、「四国」というカテゴリーが重視されるあまり、高知と高松(香川)が混同されていることが窺える。作家の清水正二郎《しょうじろう》(=胡桃沢耕史《くるみざわこうし》)は「愛媛県製のフィルムが、ミカンじゃないけれど、一世を風靡《ふうび》するほど出回ったことがある」と述べている(「日本青映画概説」四五頁)。ここでも高知と愛媛が混同されている可能性がある。

関東の鑑賞者にとっては、高知も高松も四国というカテゴリーのなかでは違いを認識しきれなかったのかもしれない。日活ロマンポルノ『若妻日記・悶える』のなかで『風立ちぬ』や『戦国残党伝』を製作したとされるブルーフィルムの巨匠は黒沢ならぬ赤沢になっており、彼は東京に住んで、昼は世田谷区役所に勤めながら、ブルーフィルムを作るという設定になっている。この作品が示しているのは、ブルーフィルムの製作地が高知である必要はなかったということであろう。このように、クロサワ当人たちに身元や製作地をアピールできないという事情があったため、高知という土地のイメージは曖昧になり、時には抹消されてしまう。

土佐弁で語る

さらに注目すべきは、土佐のクロサワへのインタビューの文章である。桑原は、同一のものらしい取材結果をもとに何度か記事を執筆している。以下はそれぞれ一九七三年、七五年、九一年の記事内での土佐のクロサワ(クロサワA)による発言である。重要なのは、ここで方言の書き換えが行われていることだ。


【一九七三年の記事】

わしは、別に芸術作品を作ってきたなんて思わないし、それほど立派な人間でもない。だけど、映画が心そこから好きやったで、お客さんに少しでも喜んでもらえたらと、損得はなれて、自分の納得いくものを作ってきたつもりですわ

（「ブルーフィルム界にも」一四二頁）

ホンモノの黒沢明監督ならええ映画を作ると賞をもらえるやろうけど、わしらにはない。わしらの勲章いうたら、お客さんの喜ぶ顔ですわ。〝ええ作品だ〟の一言で、どんな苦労も吹き飛んでしまう〔……〕わしが二十年がんばってきて、残った財産ていえばこのボロ家くらいのもんやからねえ。損得ずくでは、とても作れませんわ。わしに限らず、ほんまのエロ事師とはそういうもんです

（同一四八頁）

【一九七五年の記事】

わしは、別に芸術作品を作ってきたなんて思わないし、それほど立派な人間でもない。ホンモノの黒沢明さんは、ベニス映画祭でグランプリをもらったけど、わしらにはそんな勲章もない。もっともベニス映画祭なるフェースティバル（フェスティバル？）などあれば、出品もしたいところだが……だども、映画が心底から好きやったで、お客さんに少しでも喜んでもらえたらと、損得はなれて、自分の納得いくものを作ってきたつもりですわな

（「監督一代記」二二七頁）

【一九九一年の記事】

黒澤明さんと違って、わしは別に芸術映画を作ったわけじゃないし、それほど立派な人間でもない。ただ、映画が心底から好きやったので、損得を離れて自分の納得いくものだけを手がけてきた。約二十年間がんばったけど、残った財産といえばこのボロ家くらいのもんやからねえ。損得づくではブルーフィルムなんて、とても作れませんわ。それはわしだけじゃなく、ほんまのエロ事師とはそういうもんです

（「土佐・エロ事師列伝」八四頁）

一九七三年のものは、高知出身で大阪にも拠点を持ったことのあるクロサワAの言葉としてそれなりに理解できるものであり、強い土佐弁ではないが、関西の言葉としてまとまりを持っている。しかし七五年のものは、主として東北地方で用いられる「だども」という語があり、他の記事にはない「ペニス映画祭」のような冗談も入っている。九一年のものではそうした部分が削除されている。一連の過程では、おそらく執筆者の判断によって、自由に表現のニュアンスが変えられている。とりわけ七五年の記事には、「だども」「フェースティバル（フェスティバル？）」などの表現があって、いかにもステレオタイプな、「〝田舎者〟が言いそうな冗談」と受け取れるような文章になっている。ここでは製作者が地方の人であることが意図的に強調されているようにも見える。このように、高知の言葉の固有性が尊重されることなく、ときに「都市圏ではないどこか」一般の言葉（役割語）に書き換えられる部分がある。

言葉と道具

自分に馴染みのない世界で生きている人の生を理解しようとするときに、その人の用いている言葉を理解することが課題の一つになる。インタビューで語られる土佐弁に着目したのもそのような観点からである。

高知出身で、神戸や大阪で大量生産体制を確立した矢野卓也と名乗る人物は、ブルーフィルムのことを「帯」「オビ」と呼び、自分たちのことを「オビ屋」と見なしている。これはまさに当事者が用いている隠語だが、その由来は何か、どこまで広まっていたのかは定かではない。本章冒頭に記したように、逮捕勾留されることが「旅に出る」と言われていたようであるが、これもまた製作者の周辺で実際に使われていた言い回しである可能性があるだろう。

実存主義の哲学者ジャン゠ポール・サルトルは、フランスの作家ジャン・ジュネの評伝において、泥棒であり、同性愛者でもあるジュネの用いる言語を考察する。ジュネは、一般社会の人たちとは異なる言語を用いるコミュニティの一員でもあり、窃盗のコミュニティにおいて使われる「隠語」や、同性愛のコミュニティにおいて使われる「男娼」の言葉を用いている。

彼は三つの言語、普通の言語と、隠語《アルゴ》と男娼《タント》の用語とを知っているが、そのどれも語ることができない。いっそう悪いことには、それらの言語の一つ一つは他の二つの言語と抵触し、それらを拒み、すっかり破壊してしまう。彼がなにを口に出して言っても、彼はことばを盗み、凌辱しているのだ。（『聖ジュネ』上、四九六頁）

窃盗のコミュニティの言葉は、ジュネの小説を通じて一般の社会に姿を表すことになるが、それは真実を語ろうとするブルジョワの言語を愚弄し、その意味を破壊しかねないものである。またそれは男娼たちの柔らかい表現とも異なって、（泥棒という）専門の技術を持った誇り高い職人たちの言葉でもある。ジュネの文学作品にはこのような複数の言語間の緊張関係が見いだされ、読者はその言葉を手がかりに、ジュネの生きた独特の世界を垣間見ることになる。サルトルによれば、泥棒として嘘つきでもあるジュネは、ブルジョアの言語を「盗む」ことで作家となり、もっともらしいことを表現できるようになった。公的に語る言葉を持たない、持つことができない人たちがいて、彼らは言葉を盗むことで、語ることができるようになるのである。

サルトルは、ジュネのような盗人が生きている世界では周囲の道具が独特の意味を持つことも指摘しており、とりわけ窃盗の最中においては見つかるという恐怖を生きていて、床が軋《きし》んだり花瓶が落下したりと、周囲のものが音を立てることを避けようとする（『聖ジュネ』上、五八九頁）。

ブルーフィルムの製作者たちもまた、裏社会に生きる職人たちであり、実態がわかりにくい世界が形作られていた。インタビュー記事や小説や映画は、何らかの仕方で実像を歪めているにしても、その様子を知ったり、想像したりするための手がかりとなる。小説や映画の描写、新聞記事に掲載された押収品の写真は、製作者たちの周囲にはどのような機材があって、彼らがどのような道具に囲まれていたのかを示している（図版6－3、6－4）。彼らの製作現場には、フィルム、編集用のビューワー、映写機、三脚、現像のための液体、三脚などが置かれていて、それが彼らの世界でもある。

製作者の自伝的著作『実録　ポルノオビ屋　闇の帝王』『回想の「風立ちぬ」』には製作技術の話が出てくる。撮影、現像、編集、保管などについて彼らは気を配っていたし、フィルムが16ミリから8ミリに移行し、映像がモノクロからカラーになることも大きな意味を持っていた。性器を写したフィルムを現像する方法や場所なども問題になった。彼らにとっては、そうした道具や出来上がった作品（フィルム）は、隠しておくべきものであった。とりわけ販売用のフィルムは、

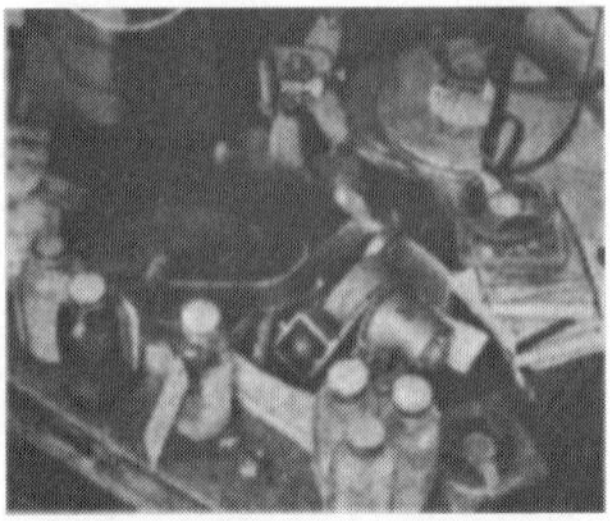

図版 6–3　押収された道具（高知新聞 1959 年 7 月 5 日付より）

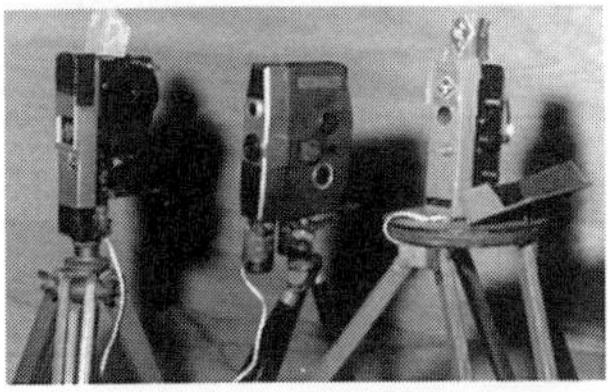

クロサワ達が撮影に使った本物の８ミリカメラ。

右は映写機。左は『風立ちぬ』を編集した機材。

図版 6–4　『風立ちぬ』の製作にも使われた機材（『MAZAR』58 頁より）

警察に押収されたり、ときには暴力団に持って行かれたりするものであり、その保管場所には細心の注意が払われた。汲み取り式トイレの便器の下に隠すこともあったと言われている（伊集院『回想の「風立ちぬ」』八頁）。

三　クロサワたち

エロ映画プロダクション

ここからは、クロサワたちがどのような人だったのか、一人一人を具体的に検討したい。それぞれの人物像を判断するための最大の手がかりになるのは、新聞や雑誌に掲載された逮捕や検挙などの報道である（吉川孝「落ちぶれた活動屋たちの美学」、藤木「ブルーフィルムの帝王「土佐のクロサワ」伝説」）。クロサワたちは違法なことに関与しており、逮捕、検挙が新聞で報じられている。

一九五九年七月五日付の高知新聞には、クロサワAが「バー経営者」と記され、「わいせつ図書頒布など」の疑いで逮捕されたことが報じられている。彼は主犯、クロサワCは「撮影技士」で、共犯として逮捕された。クロサワDも同じ容疑で逮捕されている。クロサワDの夫であるクロサワBも共犯として全国に指名手配されている。一九五九年八月二十五日の高知新聞の記事では、その後、「エロ映画プロダクションの主犯」としてクロサワBが「わいせつ図書搬《ママ》布などの疑い」で逮捕されたことが伝えられている。七月五日の記事では、「高知市内でエロ映画をつくっているグループ」が次のように紹介されている（引用にあたって実名を「クロサワA」などに変更した。以下同様とする）。

> 同グループは出資者の「クロサワA」を主犯格にして「クロサワC」が撮影係、「クロサワB・クロサワD」夫婦が販売係を担当、監督までまじえるという本格的なエロ映画プロダクションを編成、八ミリ映写機を使って数年前から製作を続けていたといわれ、現在わかっているだけでも六百七十本のフィルムを一本あたり七千円ぐらいで密売ルートに流している。
>
> （高知新聞　一九五九年七月五日付）

このように、土佐のクロサワについては犯罪者としての実名や製作の状況を報道から知ることができる。本章ではクロサワたちについて、実名は伏せたままで、彼らがどのような人たちであり、どのような人生を歩んだのかをできるかぎり明らかにしたい。この新聞記事によって、クロサワAがプロデューサー、クロサワBは販売、クロサワCは撮影、クロサワDは販売を担当していたことがわかる。これ以外の人物も含めて、断片的な情報をもとに、ときにフィクションの助けも借りながら、ブルーフィルムとともに歩んだ人生がどのようなものだったかを示したい。

クロサワA・プロデューサー

クロサワAは、一九〇六年（明治三十九年）十二月十七日、高知県の山田に生まれた。山田町は高知県香美郡にあった町で、現在は香美市の中心地である。クロサワ作品のロケ地として知られる物部川、龍河洞、大杉などの場所はいずれも高知市から見て東の方面にあって、クロサワAの土地勘があるところになっている。彼は十七歳の時に家出して、東京、大阪、神戸などを転々とした。密輸やヒロポンの密売で検挙されたこともある。ブルーフィルムを作っていただけではなく、さまざまな犯罪に手を染めていたようであり、本人も次のようにインタビューに答えている（『週刊文春』には桑原による記事よりも土佐弁が残っている）。

ワシは密輸もやりよった、ヒロポンの売買もしよった。さんざん極道《ごくどう》を働いてきたきに、ブルーフィルムもええ加減なものでは気がすまんのや。
（『週刊文春』）

ブルーフィルム関連で彼は五回逮捕されており、最初の逮捕で罰金五万円を支払っている（「監督一代記」二三二頁）。一九五九年にブルーフィルムで最初に逮捕、六六年に高知で二度目に逮捕され、翌年に罰金二十五万円の有罪判決を受けたと報じられた（高知新聞 一九六六年十一月八日付、六七年三月七日付）。このほかに京都と大阪で一回ずつ逮捕されている。そして五回目の逮捕をきっかけにこの世界から足を洗ったが（「監督一代記」二三五頁）、それ以外にも七回の逮捕歴があるとされている（『週刊文春』）。一九四九年四月一日、七月十一日、九月六日、十月一日付の高知新聞の記事には密輸についての記事が掲載されているが、その品目は、ズボン、上着、ズボン下、靴下、綿布、毛布、砂糖、石鹼、タバコ、薬品、サッカリン、缶詰などで、こうした物品をクロサワA宅へ運ぶトラックが取り押さえられた。クロサワAの裏社会との関係については正延哲士《まさのぶてつし》が記しており、これによるとクロサワAは大阪を拠点とする澄田組の組員だった（正延哲士『鯨道』一〇三―一〇八頁）。しかし、高知のなかで特定の組に属するというよりは、それなりに独立した立場を保っていたようである。あるいは、ある時期からは正式な構成員ではなくなっていたのかもしれない。ブルーフィルムと暴力団の関係については、クロサワA自身がこうも述べている。

> 売春防止法以後、暴力団の資金源になりよったけんの。暴力団は一本ネガ買うてきて、千本をプリントして売りさばきよる。こんなラクなことないきに。ワシらのような、純粋な職人肌は駆逐されてしまうのや。（『週刊文春』）

この発言は、自分たちのブルーフィルム製作が暴力団の製作とは違うという認識を示している。また、ブルーフィルム製作は生計の一部にすぎなかったようで、新聞記事には「飲食業」「マージャンクラブ経営者」「金融業」などと記され、喫茶店「ニシヤ」や、バー「シックスナイン」の経営もしていたという。バーの経営者としても知られていたことはすでに述べたが、大阪で知り合ったクロサワCの勧めがきっかけでブルーフィルムの製作を始める時には、「シックスナイン」を抵当に入れて資金を用意し、16ミリの撮影機材を、東京・大森の映画館主を口説いて、六十万円（当時）で譲り受けている。

クロサワAが製作を引退したのは、最後に逮捕された一九七〇年の夏に「お父さん、もうやめてください。みっともないですから」と長女から言われたためという（「監督一代記」二三五頁）。七三年の時点ではインタビュー記事に「現在は喫茶店のマスター」、店の経営は「二度目の奥さんに任せ、自宅で悠々自適の毎日を送っている」と書かれている（「ブルーフィルム界にも」一四九頁）。七五年の記事では、前年に「一人の老人がひっそりと息を引き取った」として、享年七十で他界したことが記された（「監督一代記」二二六頁）。しかし桑原による九一年の記事では、クロサワAは認知症を患いながらも八十四歳で存命中とされている（「土佐・エロ事師列伝」）。桑原の一九七五年と九一年の記事とでは矛盾があり、何らかの事情で事実と異なることが書かれている。

一九七三年に行われたインタビューでクロサワAはブルーフィルムの製作についてかなり具体的に答えており、ブルーフィルムの出演者について、また何を写さなければならないかなどについて明確な考えを持っていることがわかる。一方で、プロデューサーという役割であったこと、ほかのスタッフが製作したものをクロサワAに販売したことを書いた記事もある。さらには、一

604

605　以上『あるフイルムの背景』（千野皓司演出、TBS 系、1983 年）より

九八三年の記事でクロサワFが「おやじ」は何でも自分がやったように語ったと不満を漏らしている（『MAZAR』）ことも注目される。こうしたことから、クロサワAがすべての作品を製作したとは考えにくい。

一九七三年の『週刊文春』にはクロサワAの風貌についての記述もあり、「高倉健が老人になったらこんなふうであろうかというような、男らしい風貌の人物」（『週刊文春』三四頁）とされている。この表現は、一九五九年の本人写真と比較してほとんど違和感はない。厳しい世界を生き抜くことができる人物であることが顔からも推測される。しかし、高倉健がある時期から、ヤクザ映画の主人公というよりも寡黙さや善良さが前面に出る人物のイメージになるとするならば、クロサワAの風貌やイメージはむしろ、結城昌治「あるフィルムの背景」（一九六三年）を原作とするテレビドラマ『あるフィルムの背景』（TBS系、一九八三年）の室田《むろた》日出男《ひでお》に近い。その役柄は、浅草の裏社会で生きる人物であるが、自分が製作するのではなくプロデューサーのような立場に立って若い製作者たちのかかわる現場を仕切っている。そこへ、ブルーフィルムに出演した後に失踪した妻の行方を調べる検事（小野寺昭）が辿り着いて尋問をすることになる（604）。このような、製作グループのなかのプロデューサーというイメージは、ブルーフィルム製作者を描いたフィクションのなかでは意外なほど少なく、このテレビドラマの室田日出男の顔には裏社会で生きる人の厳しさがあって（605）、クロサワAの伝わりにくい側面をイメージする手がかりとして貴重である。

クロサワB・元活動弁士

クロサワBは、一九六五年に六十四歳で死去したとされ、クロサワAよりも少し年上で、生年は一九〇一年と思われる。高知出身ではなくもともと大阪で活動していたようで、大阪にあった大山館の弁士だった。映画がサイレントだった時代、日本では上映時にスクリーン横で解説をする「活動弁士」がいて、映画説明者や映画解説者とも呼ばれていた。日本特有の興行形態であり、弁士の人気によって興行が左右されることもあった。一九三〇年代のサイレント映画時代の終焉とともに活動弁士は役割を終え、ほかの職業への転職を余儀なくされた。クロサワBもこのときに職を失ったようである。その後彼がどのような仕事をしていたのかはわからないが、クロサワDと出会って結婚し、その実家のある高知に移住した。戦後には高知でブルーフィルムの上映をしていて「高知にブルーフィルム（古い外国モノ）を持ち込んだ、最初のエロ事師」（「監督一代記」二二八頁）と言われ、最初は戦前の洋物のフィルムを上映していた。その上映でクロサワCと知り合ったことが、ブルーフィルムの製作に踏み込むきっかけとなる。

一九五四年八月二十日の高知新聞では、高知市内の旅館で「観客十四名から四千円の料金をとりエロ映画をみせていた」ために検挙されて、フィルム四巻と16ミリ映写機を押収されている。このときクロサワBは五十三歳だった。高知での製作においては役者の演技指導のほかにスカウトやフィルムの販売を担当し、関西にも出て同様にスカウトや販売をしていて、一九五九年にクロサワAらが逮捕されたときも不在であったため全国に指名手配されている。大阪日日新聞の一九五九年の記事では「早本光義、染川こと「クロサワB」」と報じられており、この時は弁士時代の名前を使っていた可能性もある。高知新聞でも「わいせつ図書搬《ママ》布などの疑い」で逮捕されたときに「エロ映画プロダクションの主犯」とされて、妻のクロサワDとともに「販売係りを担当」していたとある。この時の逮捕は大阪日日新聞に写真入りで記事になっている（藤木「ブルーフィルムの帝王「土佐のクロサワ」伝説」）。

クロサワBは「エビやん」と呼ばれ、野坂昭如の小説『エロ事師たち』の主人公「スブやん」のモデルとも言われる（「ブルーフィルム界にも」一四五頁）。野坂はブルーフィルムの販売ルートからさまざまな情報を入手し小説にも反映させていたことから、スブやんというキャラクターを造形するにあたってもクロサワBについての情報を活用しただろうし、面識があった可能性もある。また、土佐のクロサワが「海老原グループ」と呼ばれることがあるが、それはクロサワBの名前に由来するものである（厳密には海老原ではないが、「エビやん」「海老原グループ」という名前の由来になりうる苗字である）。彼は関西で販売をしていて流通ルートではそれなりに知られていたし、「ブルーフィルムの黒澤明」というセールス文句を考案したのも彼である。もともと映画関係者ということもあり、自分たちの映画を売り出すことにそれなりに野心があったのだろう。さらに彼はスカウトの名人とも言われている。『戦国残党伝』の出演者を神戸の喫茶店で見つけるなど、出演者の大半は関西方面で彼がスカウトしていた（「監督一代記」一二〇―一二一頁）。

野坂の小説の「スブやん」は大阪でブルーフィルムなどを製作するエロ事師であり、飄々《ひょうひょう》とした性格で、関西弁をしゃべっている。映画では小沢昭一が演じていて、上映の「前説《まえせつ》」をするシーンもある（606）。野坂は小説の執筆にあたってブルーフィルムの配給ルートから情報を仕入れていたが、今村は映画化に際して高知を訪れ、製作者に取材している。クロサワBは小説のモデルとも言われるが、それだけでなく、映画のキャラクターにも実像が反映されている可能性はあるだろう。

606　『「エロ事師たち」より　人類学入門』（今村昌平監督、今村プロ・日活、1966年）より

渡辺護監督のピンク映画『㊙湯の街　夜のひとで』（わたなべぷろだくしょん・関東映配、一九七〇年）では、二階堂浩（伊《い》海田《かいだ》弘）が演じるエロ事師は、ブルーフィルムを製作して、自分たちの作品を旅館の客相手に上映する（607）。しかも彼は映写機の横で自分で活弁をする（608）。クロサワBがこの映画のモデルになっているわけではないが、サイレントでの8ミリのブルーフィルムが活弁によって上映される設定は、クロサワBを理解する手がかりとなる。サイレントの小型映画を鑑賞する時には、何らかの

607

608　以上『㊙湯の街　夜のひとで』（渡辺護監督、わたなべぷろだくしょん・関東映配、1970年）より

前説がなされることが多かっただろうし、クロサワBがそれを得意としていたことは想像に難《かた》くない。野坂の『エロ事師たち』でも弁士付きで上映がなされているし（『エロ事師たち』四四—五〇頁）、吉行淳之介の短編でもそうした上映の鑑賞経験が語られている（「青い映画の話」六九—七一頁）。

クロサワC・撮影監督

クロサワCは、一九五九年七月五日の高知新聞では三十歳で「撮影技士」、一九六〇年七月二十五日の記事では「映画機械販売業」とされている。映画製作では撮影を担当しており、「元日活のカメラマンで本職」（「ブルーフィルム界にも」一四二頁）や「元新興《しんこう》キネマの芸術派カメラマン」（「監督一代記」二二七頁）と紹介される。映画会社には違いがあるが何らかのかたちで実際の撮影所に勤務した経験があったのだろう。このクロサワCによって土佐のクロサワの技術的水準が支えられていたことは確かである。さらに注目すべきは、二十七歳の彼がある映画技術を完成したことである。

無名の一青年技師が三年余にわたる苦心の結果、天然色フィルムに鮮明な字幕を挿入する方法を完成／このほど特許庁へ特許申請を行った。

（高知新聞　一九五六年一月二十七日付）

新聞では、この技術の「考案者」について、「高校を卒業後大阪の某プロダクションに僅《わず》か二ヶ年間勤務した」だけの「全くのアマチュア」と報じている。上記の日活や新興キネマという情報との整合性を読み取るのは難しいが、すでに一九五〇年からブルーフィルムの製作にかかわっていることもあり、クロサワCがすべて本当のことを答えているわけではないだろう。しかし、以下は実際に同日の新聞に掲載された肉声として貴重である。

研究途中においては色々と苦しいこともあり、時にはさじを投げかけた時もあったが、幸い理解ある人の助力を得て完成することが出来て非常にうれしい。この上はアマチュアの人々にもどしどし同方式を利用してもらい、よりよい映画を作ってもらえば幸いだ。

（同前）

クロサワCはブルーフィルムの製作で撮影技術において中心的な役割を果たしているが、そもそも土佐のクロサワという製作グループ結成のきっかけは、クロサワAが、大阪でクロサワCに出会ったことだった。

たまたま大阪で知り合った「クロサワC」という男に〝どや、こんなことしててもおもろう

ないで。ひとつ、わいらでごついエロ映画を作ったろやないか〟と誘われたのが、この道に入るきっかけでしたわ

（「ブルーフィルム界にも」一四二頁）

このときクロサワCがクロサワAに話を持ちかけたようである。もともとは、クロサワCはクロサワBのブルーフィルムの上映会に参加して、映画関係の仕事をしていた者同士で意気投合したようであり、上映するだけでなく製作も行うことになって、クロサワAに相談がなされたようである。クロサワCは次のような言葉も残している。

なにしろ当時、［クロサワA］のやっていたバーの名前が『シックスナイン』でっしゃろ、これは相当に好き者や……と思った

（「監督一代記」二二七頁）

一九六〇年に製作された通称『常陸灘《ひたちなだ》の女』はカラー作品であり、このときにはクロサワCがメガホンをとった（「ブルーフィルム界にも」一四七―一四八頁）。この作品についてはわざわざ東京で上映会が開催されたようで、そのことをクロサワAは次のように語っている。

指定の場所に行ってみると、六畳二間と四畳半の部屋をぶち抜いて、三枚の襖をつないだ大きなスクリーンが用意されとった。それいっぱいに映したんやから、こりゃ壮観でしたわ。

みんなびっくりして〝土佐モノはすばらしいとは聞いていたが、さすがだ〟と口々にいうとった。（「ブルーフィルム界にも」一四八頁）

評判を呼んだこの作品は、大阪の某法学博士によって四万円で購入された（「監督一代記」二三五頁）。こうした受け止められ方はクロサワCにとってもかなり嬉しかったはずである。

ブルーフィルムのカメラマンということでは、藤本義一の「ブルータス・ぶるーす」とそれを原作とする神代辰巳の『黒薔薇昇天』では、「下鴨キネマ」のスタッフだったカメラマンという設定の人物が登場する。これは藤本義一が土佐のクロサワのエピソードに触発されたことによるキャラクター設定と言える。映画ではその人物を高橋明が演じており、芸術家を自覚する監督・十三（岸田森）を支えていて、監督の横でカメラを構えたり（609）、透明なガラスの机の下から撮影したりする（610）。このロマンポルノの作品では姫田《ひめだ》真佐久《しんさく》が撮影を担当しており、長回しやパンを多用したカメラワークを披露している。一九二九年生まれのクロサワCが勤めていた撮影所がどこだったのかは確定できないが、日活において一九一六年生まれの姫田とどこかで顔を合わせていた可能性もあるだろう。

609

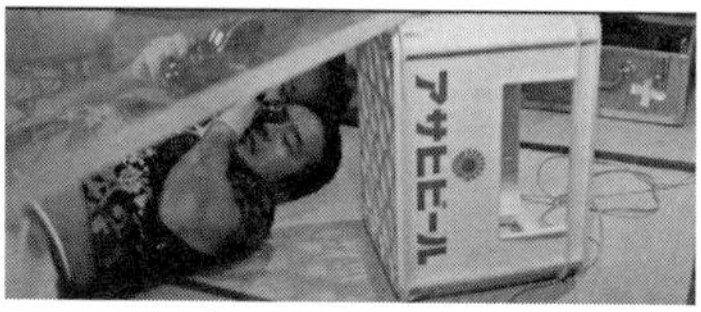

610　以上『黒薔薇昇天』（神代辰巳監督、日活、1975 年）より

611

612

613　以上『ロケーション』（森崎東監督、松竹、1984年）より

森崎東《あずま》監督の『ロケーション』（松竹、一九八四年）はピンク映画の撮影現場を描いた作品である。映画のなかでカメラマンはクレーンで吊るされたように中空の位置から人物を撮影するが（611）、実際には木材を組んで吊り下げることで撮っている（612）。正確に言えば、そのような夢を西田敏行演じる主人公「ベーやん」が見る場面から映画が始まっている。これは次に述べる『戦国残党伝』の撮影エピソードからヒントを得ている可能性が高い。映画では監督の病気によりベーやんがメガホンをとるが、同時に自らがカメラを担いで撮影もする（613）。森崎は『喜劇　特出しヒモ天国』（東映、一九七五年）で、公然猥褻を禁じた刑法第百七十四条によって取り締まりを受けるストリップ関係者を描いており、しかも歌手としての野坂昭如の持ち歌「黒の舟唄」をストリッパーたちが繰り返し歌うシーンを入れている。ほかにも森崎は、脚本を共同担当した『さそり』（水川淳三監督、松

竹、一九六七年)、『吹けば飛ぶよな男だが』(山田洋次監督、松竹、一九六八年)にもブルーフィルムを登場させており、ブルーフィルムの世界に思い入れがあったのかもしれない。
一九五〇年代半ばに撮影されたモノクロ時代の大作『戦国残党伝』のカメラワークはかなり凝っているが、それはクロサワCの発案だった(「土佐・エロ事師列伝」八九頁)。リヤカーにカメラマンを乗せて移動撮影を行うだけでなく、俯瞰撮影ではクレーンの代わりに青竹を利用し、それにカメラマンの身体をくくりつけて撮った。落城のシーンでは実際に城を築き、火を放っている。先にも述べたように、この作品のロケ現場は土讃本線大杉駅付近の山奥であり、移動撮影用のトロッコや機材をかついで険しい山道を運び上げたらしい。青竹を使ったエピソードについては次の記事も詳細に伝えている。

演出もこっていた。「クロサワC」の発案で、クレーンの代わりに青竹を利用。それにカメラマンの体をくくりつけ、モデルの回りを上下しながら撮影したとか。「竹が折れて落ちたこともあった」というから、すさまじい。まさに命がけの俯瞰撮影である。
(「監督一代記」一三〇頁)

このような大がかりなロケはブルーフィルムでは珍しく、製作グループにおいてクロサワCが果たしていた役割を示すエピソードである。

クロサワD・女性パイオニア

クロサワDは一九五九年七月五日にクロサワAやクロサワCとともに逮捕されたことが報じられている。この時点で五十一歳であり、逮捕の容疑は「わいせつ図書」の頒布だった。『週刊読売』一九五九年十一月一日号には、高知日章《にっしょう》空港（現「高知龍馬空港」）に降りたところを逮捕されたとある。クロサワDが、夫クロサワBとともに販売を担当していたほかにどのような役割を果たしていたのかはわからない。捕まっていない夫が警察の本当のターゲットになっていた可能性もあるが、ほかのメンバーとともに逮捕されていることから、それなりに深く関与していたはずである。クロサワDはクロサワBの「妻」であり、結婚相手のクロサワBが高知に移住することになって、ともにブルーフィルムを製作した。注目すべきは、クロサワDが女性でありながらポルノ製作にかかわっていたことである。前述の『週刊読売』の記事によれば夫とともに紙芝居をしていたことがあり、表現者としての自己認識があったかもしれない。

そもそも一般映画においても、映画の製作が男性中心的な世界であることは知られており、とりわけ映画監督のほとんどは男性が担当していた。日本映画も例外ではなく、一般映画においてほとんど女性の監督はいなかった。女性の映画関係者に光を当てる「日本映画における女性パイオニア」というプロジェクトが木下千花を中心に推進されている。そこでは、杉原よ志（一九一二―二〇〇一）が編集として、坂根田鶴子《たづこ》（一九〇四―七五）が監督・スクリプター・編集として、田中絹代（一九〇九―七七）が女優・監督として、堀北昌子《しょうこ》（一九三〇―）がスクリプターとして、左幸子（一九三〇―二〇〇一）が女優・監督として、森英恵《はなえ》（一九二六―二〇二二）が衣裳デザイナーとして、望月優子（一九一七―七七）が女優・監督として紹介されている。一九〇八年に生まれたクロサワDは、このなかでは田中と同世代である。田中は『乳房よ永遠なれ』（日活、一九五五年）という映画を監督しているが、この映画は乳がんで乳房を除去する女性の物語である。この女性は乳房を切除するシーンの時に胸を見せており、当時としては異例の裸体の表現であった。

さまざまな映画のなかでも、女性がブルーフィルムを製作することへは、想像力がほとんど及んでいない。しかし、エロ事師やヤクザとしての男性製作者の妻が描かれることはある。今村昌平の『「エロ事師たち」より　人類学入門』では、スブやんは「未亡人」の春（坂本スミ子）と結ばれる設定である。春は理髪店を営んでおり、そこにスブやんが下宿していたが、いつのまにか春とできてしまい、彼女の二人の子供・予備校生の幸一と中学三年の恵子も養うことになる。映画では春がスブやんの髪を切ったり（614）、病室で二人並んで鏡を見つめたり

614

615　以上『「エロ事師たち」より　人類学入門』（今村昌平監督、今村プロ・日活、1966 年）より

616

617　以上『極道』（山下耕作監督、東映、1968年）より

している（615）。実際のクロサワDは夫を高知に移住させることになるが、そうした関係がこのような描写に反映されている可能性はある。

　さらに、山下耕作監督の『極道』（東映、一九六八年）には、若山富三郎の演じるヤクザがブルーフィルムを製作するシーンがある。この作品は、若山と清川虹子が夫婦を演じており、清川も製作を手伝っていて、製作現場のショットの右端に見切れて登場している（616）。二人はキスをするほど仲睦まじく、深い愛情で結ばれている（617）。ブルーフィルム製作者の夫とともに生きるこのような姿は、クロサワDと重なる可能性がある。

クロサワE・戦争体験者

　クロサワEは「シマのおやじ」と呼ばれており、一九五九年にクロサワAとクロサワCが七月の逮捕に続いて再逮捕されたときに指名手配されている（高知新聞 一九五九年十月三日付）。そのとき五十五歳であり、経歴はほとんどわかっていないが、佐賀県の出身で、「元映画俳優」や、各地の芝居小屋を巡る「田舎役者」だったという（「土佐・エロ事師列伝」八七頁、『週刊読売』一九五九年十一月一日号)。一年間の「逃走」のすえ、一九六〇年七月二十四日に逮捕されている。逮捕までの間にもブルーフィルムを製作していたようである。年齢はクロサワAやクロサワBよりも上で、「主犯格」と報じられることもあり、他のメンバーが逮捕されていても自力で製作・販売することができた。

一九八三年の『MAZAR』で取材陣を『風立ちぬ』の撮影現場に案内したのも、この人物である。一九八三年時点で、『風立ちぬ』や『柚子ッ娘』の製作に携わったスタッフはそれほど多く残っていなかった。ビデオ『ブルーフィルム　風俗小型映画2　四国・高知編』(一九八四年)では、クロサワたちの証言として、ブルーフィルムの製作の背景に戦争体験があったとされている。このビデオのための取材は八三年の『MAZAR』と同じ頃に行われているが、その当時、かつてのスタッフのなかで特にクロサワEは直接的な戦争経験を語ることのできる人物であった。

クロサワEについてこれ以上の材料はないが、戦争経験とブルーフィルムを結びつけているテレビドラマとして『田舎刑事《デカ》　まぼろしの特攻隊』(森崎東演出、テレビ朝日系、一九七九年)がある。この作品は、早坂暁《あきら》の脚本を森崎東が演出したテレビ番組であり、ここでもブルーフィルム(作中では「エロ映画」)の傑作を撮影する人物が主人公になっている。男の名前は「深沢」であり、「マリアもの」と呼ばれる作品群を製作することで知られている。それらの作品群は、いずれも特攻隊の若い兵士とマリアと呼ばれる女性との性行為を描いている。深沢という名前は「クロサワ」から、マリアものという表現は「土佐もの」から来ていることが推測される。ここでは

618

619

620　以上『田舎刑事　まぼろしの特攻隊』（森崎東演出、テレビ朝日系、1979 年）より

戦争経験とブルーフィルムの製作とが分かち難く結びつけられていた。西村晃が演じる深沢という製作者は、特攻に行く出陣前の青年兵と一夜をともにする女性マリアを繰り返し描いている（618、619）。また、ドラマ内で実在し存命しているマリアに会いに行く過程で、その娘にフィルムを見せるシーン（620）は、深沢の製作への執念を表している。これを演じた西村晃は特攻隊員だった経験を持ち、実際に出撃した後、天候不良で引き返して終戦を迎えている。また、演出の森崎東は、終戦直後に兄が自死するという経験を持つ。このような映画関係者の戦争体験も作品を理解する一つの導きになる。

　たびたび紹介した『戦国残党伝』は、戦国時代に戦いに敗れた落武者たちを描くものであり、『落城の譜』というタイトルがつけられていたという。戦いに敗れるということ、そして敗残者たちがどのように生きるのかというテーマは、社会に敗戦の記憶が色濃かった一九五〇年代には、現在とは比べ物にならないほど重大な意味を持っていたはずである。

クロサワF・ビデオ映画の監督

クロサワFは伊集院通という名前で著作『回想の「風立ちぬ」――土佐のクロサワ覚え書き』を出版している。先に確認したように、あくまでもクロサワFはもともとスタッフの一人であり、一九五〇年代の傑作群の製作にあたって積極的な役割を果たしたわけではない。しかしこの書籍はブルーフィルム製作の現場を詳細に描いており、撮影方法や作品の隠し方などを記した貴重な資料になっている。彼はこの自著で、かつて雑誌上で藤本義一のインタビューに応じたことを明かしているが（『回想の「風立ちぬ」』二一六頁）、これは『面白半分』誌でのインタビューであり、宮本鉄三という仮名で登場して、高知のことが話題になっている（『面白半分』第二十六号）。彼は「大学で映画論を学んだ」ともされており、映画好きの若いスタッフの一人だったのだろう。彼自身がメガホンをとったこともあり、『網』という作品があった。

図版6-5　『風立ちぬ』（伊集院通監督、KUKI、1988年）

海岸の漁師小屋に、網が乾してある。そこで密会した若い男女が、その網にからまりながらドッキングする

……という設定で、好事家の評判になった。（「土佐・エロ事師列伝」八九頁）

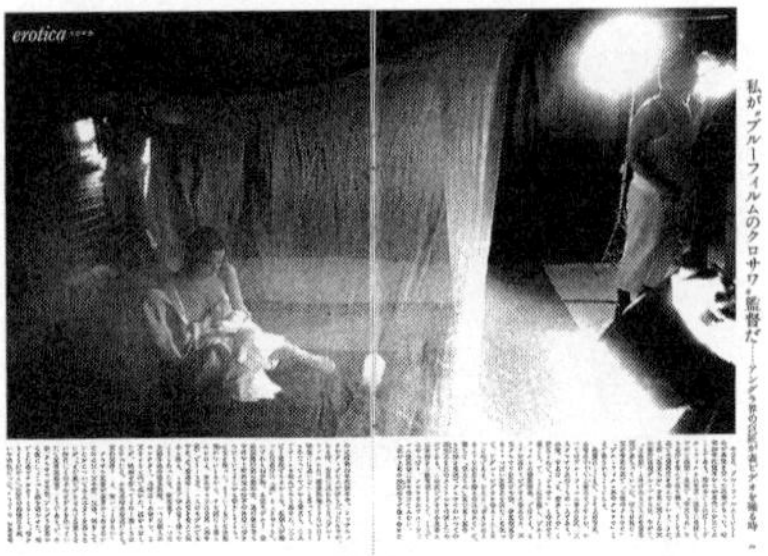

図版 6-6　『FOCUS』1988 年 8 月 26 日号 24-25 頁より。右に立っているのが伊集院

さらに、クロサワFは映画監督・実相寺昭雄とも交流しており、実相寺の監修でビデオ映画『風立ちぬ』（伊集院通監督、KUKI、一九八八年）を製作している。そのパッケージには「三十五年ぶりにブルーフィルムの名作〝風立ちぬ〟が甦える!!」と謳われている（図版6－5）。しかしこの作品は、多くの証言で伝えられる『風立ちぬ』とは内容がまったく異なっており、タイトルを利用しただけである。この作品の製作現場は雑誌の取材も受けており、『FOCUS』一九八八年八月二十六日号でも、伊集院通が「私が〝ブルーフィルムのクロサワ〟監督だ」というタイトルで紹介された（図版6－6）。そこには撮影に立ち会っている本人（五十八歳）の写真も掲載されているが、逆光で顔を判別することはできない。

四　匿名のままに

匿名の出演者たち

この章では、ブルーフィルムにかかわった人たちの人生に光を当て、それがどのようなものであったかを明らかにした。そのほとんどが犯罪者として名前が残されているだけであり、作品やインタビューで実名は明かされていない。ブルーフィルムに携わることは犯罪に加担することでもあって、堂々と名乗ることはできなかった。製作者だけではなく、それを鑑賞した者やコレクションしている者も名前を出しにくかった。ブルーフィルムについての唯一のまとまった著作を出版した長谷川卓也は、最初は三木幹夫というペンネームを使って著作を発表していた。製作ではなく、当時は鑑賞や評論をするにあたっても、それなりの覚悟が必要だった。

一九七三年の『週刊文春』の記事は、土佐のクロサワについて「本名も書けないし、写真も出せない」というスタンスで執筆されている。桑原稲敏は一九七三年と七五年と九一年に記事を発表しているが、それらにクロサワたちの実名は記されていない。当時の取材時に次のような手紙があったことが九一年の記事に出ている。

先日は遠路御来訪下されたのに、何の期待にもそえず失礼致しました。また店の方へ御土産を頂戴仕り、有難く御礼を申上げます。貴方に御話し致した事は実際の事に候えども、「クロサワC」氏や小生の実名を使わぬ様に念の為申し上げます。現在、小生はまじめな仕事ゆ

え差しつかえがあるからです。それとモデルのオナゴには迷惑のかからぬ様に、くれぐれも御願い致します

（「土佐・エロ事師列伝」八五頁）

桑原が今村昌平に紹介されてクロサワAを取材したのは一九七〇年の秋で、最初に記事が出たのが七三年である。このタイムラグが何を意味するのかわからないが、記事を発表することをめぐるためらいが、取材する側、される側のどちらかにあったことも推測できる。

クロサワが手紙にて「モデルのオナゴ」を気づかっていることも重要である。ブルーフィルムの関係者で、誰よりも自己について語りにくい状況に置かれていたのは出演者の女性であったし、実際に、出演者が自らを語ったものはほとんど残されていない。『風立ちぬ』『柚子ッ娘』『猟人秘抄』の出演者はブルーフィルム史上最も有名であろうが、夫婦で出演したという話以外の情報は残されていない。

ブルーフィルムは、猥褻なものを世に送り出すことで業界そのものが違法とされており、その仕事自体が汚れたものという意味を纏っていただろう。第四章で言及したようにアダルトビデオの歴史においては出演者が現場や自分の経験を語るようになったが、ブルーフィルムの場合にはそのようなことはほとんどなかった。出演者たちは映画の俳優というよりも、時には性サービス従事者と見なされたかもしれず、自分の身体を売っている者として蔑視されていた可能性はある。そのようなケースでは、性犯罪の被害を受けた場合でも語ることが困難になっていたかもしれな

い（田中麻子『不可視の性暴力』第一章・第二章）。ほとんどの出演者については、その生を知る手がかりは残されていない。私たちは、たまたま残された作品に記録された生々しい裸体を見ることはあるかもしれないが、新しい資料が発見されないかぎり、その人たちの生がどのようなものであったのかを、これ以上明らかにすることはできない。

偏りから見えるもの

土佐のクロサワは、ブルーフィルム製作者の典型というわけではなく、インタビューが残されていたのもあくまで例外的であった。矢野卓也として著作を刊行した人物も、カラーフィルム大量生産時代を牽引した製作者であり、自伝を残したのもその特異な地位ゆえである。これらの人物については、逮捕や検挙などの新聞報道をも手がかりにして、その人生の一端を知ることができる。しかしながら、ほとんどの製作者は基本的には知られてもいなかった。

例外的であったインタビューでも、雑誌の記事になるにあたってもともとのデータに手が加えられ、言い回しが修正されたり、記事に合わせてニュアンスが変えられたりしていて、ステレオタイプの〝田舎者〟やエロ事師らしい姿が強調されるものになっていた。しかし私たちにとっては、そのインタビューこそが土佐のクロサワを知るための数少ない資料であり、インタビュアーの観点や商業雑誌という媒体のスタイルを介してのみ、製作者たちの生きる姿を浮かび上がらせることができた。

第二章では、『風立ちぬ』を知るためには証言に頼る以外にないことを示して、実際に可能な限り証言を並べて、作品を理解できるようにした。証言者はヘテロセクシュアルと思われる男性に限られており、証言にはジェンダーやセクシュアリティの偏りがあって、女性や性行為をめぐるステレオタイプのイメージを強化しかねないものもあった。見えにくくなっているもの、語りにくくなっているものについて明らかにするうえでは、偏った観点による数少ない証言やインタビューであっても、それなしには何も知ることができないため、依拠せざるをえない。

本書では、作品や製作者を具体的にイメージするために、映画や漫画などフィクションのなかでの作品の再現シーンも手がかりにした。『風立ちぬ』において描かれた小舟のうえでの男女の性の営みがどのようなものであるのかが、映像を通じてわかることもある。土佐のクロサワについても、きわめて断片的な情報を補うように、フィクションの作品が手がかりとなることもある。それらが作り出しているイメージには、その元となった世界への想像力を喚起する役割があるだろう。

それらは創作的なイメージであるがゆえに、実像からかけ離れてしまったり、ステレオタイプを強化する効果を持ったりするかもしれない。見えない世界、語られない世界を知るためにそうしたイメージに頼るとき、知識や情報が乏しくイメージが一人歩きしやすい場合に、偏った認識が広まりやすいということがわかる。本書はブルーフィルムの作品や製作者たちのイメージを実例として、私たちの認識や理解がどのように偏っているかを示すことにもなった。

終章

現れるに値するもの

ブルーフィルムの世界を描く

本書は、ブルーフィルムという通常は語られることがないものや、これにかかわった人たちに光を当てた。その考察方法は、ボーヴォワールの実存主義的現象学に依拠したものであった。ボーヴォワールは、女性や高齢者や自分の子供時代のことなど、そのときどきの社会で抑圧されるもの、恥部とされるもの、このままでは消え去ってしまいかねないものを書き記している。

ブルーフィルムも、性という社会の恥部を描くゆえに猥褻とされた。時の経過とともにいっそう顧みられなくなり、いま誰かが記さなければこの世界から完全に失われてしまう。本書は数少ない資料を手がかりにブルーフィルムの世界を描き出そうとした。違法であるために当時から鑑賞するにはハードルがあり、その後フィルムが次々と失われて現在では障壁がなおのこと高くなっている。私は高知に住んだこと、映画に関心があること、男性であること、研究を仕事にしたこと、知人に恵まれたことなどの要因が重なって、たまたまブルーフィルムに出会い、かかわり続けている。これらは、それがなければブルーフィルムの世界に近づきにくくなるものとして、ある種の制約になっている。本書ではこのような制約のなかで見えてきたものを、その制約を自覚しつつ記した。

ブルーフィルムはこの社会に現れることを禁じられてきたのであり、現代においてそれをわざわざ書き記すべきかという問いが絶えず浮上する。誰でもアクセスできるわけではないものを論じるのは避けるべきだとか、性差別や性犯罪と結びつきかねない「ポルノグラフィ」を掘り起こして論じること自体に意味がないと考える人はいるだろう。これに対して本書は、ブルーフィルムに論じる価値があると見込んだうえで、過去のブルーフィルムの世界がどのようなものだったのかを具体的に記し、その魅力や意義を伝えることによって、多くの人がブルーフィルムを鑑賞できる社会が到来するための素地を作ろうとした。

ブルーフィルムの世界には、刑法の効力ゆえに名を明かすことができない製作者や出演者がいて、作品を世に送り出していた。その動機は生活のためだったり、映画表現への野心のためだったりした。そこから生まれたフィルムを買い求める人たちも少なからずいた。作家や映画関係者などもブルーフィルムに魅了され、ときには自分たちの表現の題材や資料にした。そうした表現者たち（ヘテロセクシュアルでシスジェンダーの男性ばかりではない）は、ブルーフィルムに描かれている人間の恥部——業《ごう》のようなもの——を見つめようとした。多くの人を不快にさせるゆえに法が禁じていようと、性にかかわることは——そこから距離を取ることも含めて——人間の営みの一部であり、自己や他者を理解するうえで大きな意味を持っている。

ヴィジョンのせめぎ合い

本書の方法を支えたもう一つの発想は、アイリス・マードックの「ヴィジョン」であった。ヴィジョンというのは、私たちが世界や自己を理解している、その仕方のことである。このヴィジョンは、それを生きている人たちの日頃の行為や態度や考えのなかに絶えず示されている。土地や時代や言語などを通じてヴィジョンが共有されて複数の人たちが同じヴィジョンを抱くこともあるし、異なるヴィジョンがせめぎ合うこともある。マードックは、異なるヴィジョンが交錯する場面を念頭において道徳哲学を展開した。

女性が抑圧されている、高齢者が冷遇されている、子供が無視されているというボーヴォワールの指摘は、それぞれが特定のヴィジョンと結びついている。例えば『第二の性』における ボーヴォワールはある種のフェミニスト的なヴィジョンを持っていて、社会において女性が抑圧されている場面を具体的に明らかにした。しかし、その時点で『老い』のような、高齢者の生に目を向ける方向性がはっきり打ち出されたわけではなく、彼女は年齢の変化とともに新しいヴィジョンを明確にするようになった。こうした複数のヴィジョンは、一人の人間のなかで、また複数の人間のあいだで、重なり合ったりせめぎ合ったりする。一つのヴィジョンからのみ世界を見つめることは、特定の人たちの生や経験から目を背けることにつながりかねない。

「猥褻」なものとして禁じられたブルーフィルムは、女性の権利の理解が広まりつつあった時代にも流通したが、現代と同じような意味で「性差別的」であると指摘されることはほとんどなかった。古代ローマの彫刻や江戸時代の春画は「猥褻」とも「性差別的」とも見なされることはなかった。時代や地域によっては、「猥褻なもの」や「性差別的なもの」としての「ポルノグラフィ」という概念自体が存在しなかった。その社会に生きる人たちは、現代の私たちであれば「性暴力を描いたポルノグラフィを鑑賞する」と表現することを、そのようには理解しない。「ポルノグラフィ」のない世界に生きる人たちと私たちとは、まさに物事や行為の理解の仕方が異なっている。マードックによれば、そのような人たちと私たちとは異なるヴィジョンのうちを生きており、異なった仕方で世界を見て、異なった概念で出来事や行為や心情を捉えている。

私たちが他人の道徳的概念をつねに理解できるというわけではないことは確かである。

(Murdoch, "Vision and Choice in Morality," p. 41)

私たちはまさに何らかのヴィジョンをすでに生きているのだが、このヴィジョンは長い年月をかけて形成され、個々人のあいだに浸透し、少しずつ変化しているものであり、意図的に選択したり、取り替えたりできるものでもない。ヴィジョンはいわば所与のものであり、そのなかでのみ私たちが思考し行為できるような、生きることの条件となっている。

ブルーフィルムが製作・鑑賞されていた世界のヴィジョンは、フェミニズムの浸透した現代からは受け入れがたいものを含んでいる。そうした受け入れがたさは、私たちが現在の社会に生きるかぎり譲れないものである。過去のヴィジョンから生じる行為や考えをそのヴィジョンもろとも断罪して、もはや顧みないでいることもできる。しかしながら、本書はブルーフィルムにかかわろうとし、その世界のことを具体的に描き出した。そうせざるをえなかった理由がある。私はブルーフィルムを見てしまったことで、その世界にはさまざまな人たちが関係していることを知り、そうした人たちから目を背けられなくなったからである。そうした人たちによって作品が作り出され、作品にはさまざまな人の性の営みが描かれた。

ブルーフィルムの世界を描くうえでは、ボーヴォワールが『老い』において男性の高齢者の経験を記述したことが一つの支えになった。そこでしっかりと記された欲望に基づく行為は、ある種のフェミニズムの観点からすれば不正なものなのかもしれない。しかし『老い』の実存主義は、高齢者の経験を記述することを通じて、各人の生を尊重している。

ボーヴォワールの実存主義は、個としてのあらゆる人の生（実存）をひとまず肯定することを哲学の基本に据えている。マードック（やその影響を受けたカヴェル）の「完成主義」も、個々人がそれぞれの生きる条件の制約のなかで自分の生を実現する（その意味で完成する）ことを尊重している。ブルーフィルムの世界にも、製作した人、出演した人がいる以上、そうした個々の生やその背景を理解することには意味がある。

現れるに値するもの

ブルーフィルムはさまざまな人のさまざまな欲望を映像にしていた。しかしながら現代の観点からすれば、そのように描かれたものは男性の性欲を充たすものでしかなく、多様な欲望を一つの型に押し込めていることになる。ウィリアムズによるハードコアポルノの分析が示したのと同様に、ブルーフィルムにおいても、女性の本当の欲望は男性にとって知りえないものであり、女性の欲望と思われるものが映像になるにすぎない（第三章）。

カヴェルが指摘することだが、女性の身体のことを男性が知りえないという論点は、他人の心は知りえないという懐疑論と深く結びつく（『涙の果て』一六五—一六七頁）。シェイクスピアの『テンペスト』におけるレオンティーズという男性の苦悩は、ある女性の懐胎した子が自分の子ではないかもしれないという疑いに根ざしており、女性の身体について知りえない男性に特有の経験とされる（『悲劇の構造』三五頁）。映画における女性のオーガズムの表現も、男性にとっては懐疑の主題となり、男性が製作して鑑賞するポルノ映画は、男性からの幻想としての女性の官能の描写で埋め尽くされる。「映画は懐疑論の動く映像だ」（『眼に映る世界』二七三頁）というカヴェルの指摘は、まさに、さまざまなジェンダーやセクシュアリティの人たちの欲望を、シスジェンダーでヘテロセクシュアルの男性向けに描いたブルーフィルムにも該当する。男性を中心とする製作者が、男性を中心とする鑑賞者のために、女性の身体とそれに根ざす女性の欲望を、自分の欲望を投影するかたちで描いたのである。

映画においては、演じられる役柄よりも俳優の身体が個性を形成すると考えられ、ある作品がハンフリー・ボガートの映画などと呼ばれたりする（同五七―五八頁）。さらに、裸体という最もプライヴェートなものを撮影するジャンルでは、出演者の意向がしっかりと汲み取られ、映像にその人らしさが反映されていることが、通常の映像以上に求められることがある（Danto, "The Naked Truth"）。出演者のその人らしさが欠けているからといって、その映像が不正なものとなるわけではないにしても、性表現が自己や他人の理解の手がかりになるという本書の立場からすれば、さまざまな作品に出演者のその人らしさが実現されることは理想的である。ほとんどのブルーフィルムでは出演者の個性が際立つことはないが、『柚子ッ娘』には、控えめな仕草のなかに一人の女性の欲望の充足が表現されている。少なくとも私にはそう思われた。

カヴェルは『ステラ・ダラス』（一九三七年）などのメロドラマを解釈しながら、声を奪われた主人公の女性のことを自分がいつのまにか「代弁・横領」していることに驚きながらも、作品の細部を指摘しつつ女性の声について論じつづけている（『涙の果て』二一三、三一五頁）。私自身も『柚子ッ娘』に言及するとき、女性の欲望を私が代弁・横領していることに戸惑っている。それでもやはり、女性の表情や手の仕草や身体の動きは、男性への深い信頼や満足を表現していると、この作品を見てしまった者として言わざるをえない。

このように考察を進めるなかで、現代のヴィジョンを共有しないはずの製作者や出演者たちがなぜ、現代でも評価されうるようなものを製作できたのか、と問うこともできる。個々人の欲望を描くということのなかにその可能性があったのかもしれない。製作グループで女性が主要な役割を果たしていて、出演者の意向を反映する環境がつくられていたからかもしれない。

また、匿名の裸体の群れを描いている多くの作品のなかにも、出演者の欲望がそのままのかたちで反映されていたり、そうした欲望を読み取る手がかりが残されていたりするのかもしれない。あるいは逆に、出演者の欲望や意向が捻じ曲げられたり、望まないことを強いられたり、暴力を振るわれたりした痕跡が見いだされるかもしれない。表現されたものの意味をはっきりさせるためには、なるべく多くの人に鑑賞してもらうことが望ましい。

ブルーフィルムは人間の暗部における真実を描くことで、文学や映画や漫画などの表現者の人間理解を深めたに違いない。法の外に確保された自由の領域において、当時は道徳的・政治的に禁じられていた多様な欲望が描かれることもあった（第五章）。このように考えることは、過去のヴィジョンを手放しで礼賛して復権させることでも、断罪してそこから目を背けることでもなく、現在の観点から過去の作品を一つ一つ理解しようとする姿勢を示している。過去のヴィジョンを私たちのヴィジョンのもとで捉え直すことは、私たちの生を豊かにすることでもあるし、過去のヴィジョンに新たな意味を与えることでもある。そのためにこそ、現在や未来のより多くの人の前に、ブルーフィルムは現れなければならない。

本書はブルーフィルムの世界を描きだすことで、この世界へと読者を誘おうとした。忘れられ見捨てられているブルーフィルムが発掘・収集・保存・鑑賞・検討に値するもの――現れるに値するもの――であることを明らかにするには、作品や関係者の世界について具体的に語り、それがどのようなものなのかを示すしかなかった。

宝塚の旅館にて

私たちは『風立ちぬ』を見ることができない。このことは、ブルーフィルムの世界への近づきにくさを示すものとして、本書の考察の核心に据えられている。このことの意味をあらためて確認して本書を結ぶことにする。

作家の藤本義一は『風立ちぬ』を絶賛していた。藤本は映画監督の川島雄三に師事していて、宝塚の旅館「春駒」にともに滞在することがあった。川島の監督した『貸間あり』(宝塚映画、一九五九年)の脚本は川島と藤本が担当しており、この映画の舞台である「アパート屋敷」は「春駒」に似ていると言われている(藤本『川島雄三、サヨナラ

701

702　以上『貸間あり』(川島雄三監督、宝塚映画、1959 年)より

だけが人生だ』一一九頁)。この映画は淡島千景《ちかげ》が「貸間あり」という札のかかったアパート屋敷を訪れ(701)、廊下を歩いて中に入って行くところ(702)から始まる。

藤本は新婚だったにもかかわらず、長い時間を春駒で、川島とともに過ごすことがあった。川島はブルーフィルム——まだその名で呼ばれていない頃だが——が好きで、ときどき離れ座敷で藤本とともに鑑賞した。神戸で密造酒《どぶろく》を造っているという男がこの種の映画をいつも持ってきたらしい。

川島はたいていの作品で、女性の陰部のアップになると吐き棄てるように「あ、グロテスクだ!」と言った。ブルーフィルムのお決まりの映像スタイルはそのように受け止められた。しかし、あるとき二人は『風立ちぬ』に出会う。

ところが、この『風立ちぬ』の時の監督の目は、実に熱心にその部分に吸いつけられていた。そして、呻くような声でいったのだった。

「シツジュンをオボエテイマスね」

と。

はじめ、なんのことか、おれには、さっぱりわからなかったが、シツジュンというのは、湿潤であるとわかった。

——湿潤を覚えていますね。

ということは、ごく自然な、女性のワギナが内部から濡れてきて、半透明の露が結ばれるということであるとわかった。

たしかに、それは、それまでに観た青映画の中で、最高の傑作であった。

（「わが青映画史」六六頁）


このブルーフィルムの印象を綴ったエッセイにおいて藤本は、「自然の美しさが女性の陰部の美しさにまで投影された作品」「青映画に、全霊を投じた芸術作品」と、賛辞を惜しまない。藤本が『風立ちぬ』についてコメントしている文章をこれまでも引用したが、彼はこの作品を宝塚の旅館「春駒」で、川島雄三と二人で鑑賞していたのである。藤本原作の映画『黒薔薇昇天』の主人公・十三のキャラクターには川島雄三と土佐のクロサワが投影されているが（第六章）、両者は藤本にとって、宝塚の旅館の想い出のなかで一つになっていた。

藤本義一の手元に残されたブルーフィルム。
兵庫県芦屋市の「藤本義一の書斎」にて

映画史の記録としても貴重なこのエピソードは、本書の考察の核心にあるものを示している。川島も藤本も、ともに男性であり、二人は旅館で密かにブルーフィルムを鑑賞した。川島は通常の作品における女性器のアップをグロテスクだと嫌っていたが、『風立ちぬ』では違った。出演した女性が「湿潤を覚えている」ことを見いだしたのである。ここではまさに、男性だけで秘密の鑑賞がなされ、男性の視線から、女性の身体について言及があり、映像による女性の官能の描写が論評されている。こうした鑑賞の状況そのものが藤本の証言によって記されていて、私たちはこのような文章の指し示すものを正確に知ろうとしても、それは不可能である。幻の名作のフィルムはもはや失われているし、フィルムが発見されたとしても、議論するために公に鑑賞することはできない。

もし、男性以外のジェンダーの人や、異性愛以外のセクシュアリティを持つ人がこの作品を鑑賞したら、その経験を、藤本と同じように記述しただろうか。——そうしたことを考えるためにも、『風立ちぬ』は現れるに値するのである。

参考文献

本文中で示した新聞・雑誌は除いた。
（ ）内の年号は初出年。

日本語文献

青山薫「「セックスワーカー」とは誰か――移住・性労働・人身取引の構造と経験』大月書店、二〇〇七
赤枝香奈子『近代日本における女同士の親密な関係』角川学芸出版、二〇一一
赤枝香奈子「戦後日本における「レズビアン」カテゴリーの定着」『セクシュアリティの戦後史』京都大学学術出版会、二〇一四
朝倉喬司「ブルーフィルムが組織的〝シノギ〟になった瞬間」『朝倉喬司 芸能論集成――芸能の原郷 漂泊の幻郷』現代書館、二〇二一（一九九五）
東史郎作、向後つぐお画『オビ屋稼業』松文館、一九九一
P・アド『ウィトゲンシュタインと言語の限界』合田正人訳、講談社選書メチエ、二〇二二
飯干晃一「私を感動させた作品――性器フィルムはもうたくさんだ」『えろちか』二月号（特集 ブルーフィルム大全）三崎書房、一九七〇
池田喬『ハイデガー『存在と時間』を解き明かす』NHKブックス、二〇二一
石上阿希『日本の春画・艶本研究』平凡社、二〇一五
伊集院通『回想の「風立ちぬ」――土佐のクロサワ覚え書き』マガジンハウス、一九九一
伊勢鱗太朗「日本映画の〝青春期〟だったブルーフィルム」『DVD秘蔵ブルーフィルム 昭和エロスコレクション』三話出版、二〇〇七
板倉史明「「無垢な」観客と「洗練された」観客――初期映倫時代1949―56年における隠喩的描写法」『映画のなかの社会／社会のなかの映画』ミネルヴァ書房、二〇一一
伊藤整『裁判』上下、晶文社、一九九七（一九五二）
伊藤文学『やらないか！――『薔薇族』編集長による極私的ゲイ文化史論』彩流社、二〇一〇
井上章一『愛の空間――男と女はどこで結ばれてきたのか』角川ソフィア文庫、二〇一五（一九九九）
井上泰至『江戸の発禁本――欲望と抑圧の近世』角川選書、二〇一三
今村昌平『今村昌平「映画は狂気の旅である」』日本図書センター、二〇一〇

L・ウィトゲンシュタイン『論理哲学論考』野矢茂樹訳、岩波文庫、二〇〇三
R・ウォルハイム『芸術とその対象』松尾大訳、慶應義塾大学出版会、二〇二〇
『映画年鑑　一九五一年版』復刻版、日本図書センター、一九九八
江口聡「性的モノ化と性の倫理学」『現代社会研究』第九号、二〇〇六
江口聡「性的モノ化再訪」『現代社会研究』第二十一号、二〇一九
江口聡「悪いポルノ、悪い哲学――分析フェミニスト哲学者によるポルノグラフィ批判」『現代社会研究』第二十五号、二〇二三
江戸九郎「猥映画の秘密」『犯罪公論』十二月号、一九三一
円地文子『小町変相』集英社文庫、一九七七
遠藤龍雄『映倫――歴史と事件』ぺりかん社、一九七三
大島渚「敗者は映像を持たない」『体験的戦後映像論』朝日選書、一九七五
荻野美穂『「家族計画」への道――近代日本の生殖をめぐる政治』岩波書店、二〇〇八
小沢武二編『チャタレイ夫人の恋人に関する公判ノート』河出書房、一九五一―五二
『女哲学者テレーズ』関谷一彦訳、人文書院、二〇一〇
開高健「ユーモレスク」『新潮』一九六〇年七月号
開高健「ワイセツの終焉」『眼ある花々／開口一番』光文社文庫、二〇〇九（一九七〇）
開高健「黄昏の力」『ロマネ・コンティ・一九三五年――六つの短篇小説』文春文庫、二〇〇九（一九七六）
S・カヴェル『哲学の〈声〉――デリダのオースティン批判論駁』中川雄一訳、春秋社、二〇〇八
S・カヴェル『悲劇の構造――シェイクスピアと懐疑の哲学』中川雄一訳、春秋社、二〇一六
S・カヴェル『眼に映る世界――映画の存在論についての考察』新装版、石原陽一郎訳、法政大学出版局、二〇二二
S・カヴェル『涙の果て――知られざる女性のハリウッド・メロドラマ』中川雄一訳、春秋社、二〇二三
帰山教正『映画の性的魅惑』文久社書房、一九二八
梶山季之「ブルー・フィルム先生」『踏んだり蹴ったり』角川文庫、一九八七（一九七〇）

梶山季之「ブルーフィルムは日本モノが最高」『ポルノ聖談――私を発奮させた性の探検者たち』祥伝社、一九七二
加藤厚子「映画会社の市場認識と観客――一九三〇－一九六〇年代を中心に」『観客へのアプローチ』森話社、二〇一一
T・ガニング「インデックスから離れて――映画と現実性の印象」長谷正人編訳『映像が動き出すとき――写真・映画・アニメーションのアルケオロジー』みすず書房、二〇二一
上村一夫「ブルーフィルムの女」『完全版　怨獄紅』上、東京漫画社、二〇〇六
上山草人「煉獄」『煉獄』新潮社、一九一八
亀山巌『中野スクール』有光書房、一九七一
P・カリフィア『パブリック・セックス――挑発するラディカルな性』東玲子訳、青土社、一九九八
P・カリフィア「私たちのあいだで、私たちに敵対して」『ポルノと検閲』藤井麻利・藤井雅実訳、青弓社、二〇〇二
河原梓水「SMが生き延びるためのアプローチ――SMが犯罪になる時代で私たちはどう生きるか」『Roca BDSM magazine』3、二〇二三
菅野優香「コミュニティを再考する――クィア・LGBT映画祭と情動の社会空間」『クィア・シネマ――世界と時間に別の仕方で存在するために』フィルムアート社、二〇二三
木下千花「妻の選択――戦後民主主義的中絶映画の系譜」『「戦後」日本映画論――一九五〇年代を読む』青弓社、二〇一二
木下千花『溝口健二論――映画の美学と政治学』法政大学出版局、二〇一六
木下千花「リンダ・ウィリアムズ――ボディジャンルと幻想の論理」『映画論の冒険者たち』東京大学出版会、二〇二一
N・キャロル『ホラーの哲学――フィクションと感情をめぐるパラドックス』高田敦史訳、フィルムアート社、二〇二二
N・グッドマン『芸術の言語』戸澤義夫・松永伸司訳、慶應義塾大学出版会、二〇一七
久保豊編著『Inside/Out――映像文化とLGBTQ+』早稲田大学坪内博士記念演劇博物館、二〇二〇
倉田剛『論証の教室〔入門編〕――インフォーマル・ロジックへの誘い』新曜社、二〇二二
B・クリッツァー『21世紀の道徳――学問、功利主義、

ジェンダー、幸福を考える』晶文社、二〇二一
桑原稲敏「ブルーフィルム界にも〝黒沢明〟あり」『噂』一九七三年九月号
桑原稲敏「土佐・エロ事師列伝――ブルーフィルム界の「クロサワアキラ」たち」『ひめごと通信』第一巻、一九九一
桑原稲敏『切られた猥褻――映倫カット史』読売新聞社、一九九三
桑原敏「ブルーフィルム界の〝黒沢明〟監督一代記」『宝石』一九七五年四月号
源河亨『「美味しい」とは何か――食からひもとく美学入門』中公新書、二〇二二
W・ケンドリック『シークレット・ミュージアム――猥褻と検閲の近代』大浦康介監修、大浦康介・川田学訳、平凡社、二〇〇七
郷田真理子「フィルムセンター所蔵の小型映画コレクション――9・5mmフィルム調査の覚書」『東京国立近代美術館研究紀要』第十七号、二〇一三
『高知パルプ生コン事件資料　第4巻　裁判資料』戦後日本住民運動資料集成10、すいれん舎、二〇一六
後藤一樹「〈趣味〉と〈闘争〉――1920―30年代のアマチュア映画の公共性」『人間と社会の探究　慶應義塾大学大学院社会学研究科紀要』第七十八号、二〇一四
小林久三『フィルムが赤く濡れた』双葉社、一九八四（一九七四）
『今昔物語集①』馬淵和夫ほか校注・訳、新編日本古典文学全集35、小学館、一九九九
佐相勉『1923 溝口健二『血と霊』』筑摩書房、一九九一
J＝P・サルトル『聖ジュネ――殉教と反抗』上下、白井浩司・平井啓之訳、新潮文庫、一九七一
島崎五郎「対談　秘密映画を映つす男」『人間探究』第二十七号、一九五〇
清水正二郎「日本青映画概説――私説試写室からのレポート」『えろちか』二月号（特集　ブルーフィルム大全）三崎書房、一九七〇
正貫寺謙「秘密映画の出来るまで」『綺譚雑誌』新実話新聞社、一九四九
A・ショーペンハウアー『意志と表象としての世界』西尾幹二訳、中公クラシックス、二〇〇四
SWASH編『セックスワーク・スタディーズ――当事

者視点で考える性と労働』日本評論社、二〇一八
鈴木涼美『「AV女優」の社会学――なぜ彼女たちは饒舌に自らを語るのか』増補新版、青土社、二〇二三
鈴木則文『東映ゲリラ戦記』筑摩書房、二〇一三
G・スタイネム「エロチカとポルノグラフィ――明白で実在する違い」森田成也訳、『論文・資料集』第一号、ポルノ・買春問題研究会、二〇〇〇
N・ストロッセン『ポルノグラフィ防衛論――アメリカのセクハラ攻撃・ポルノ規制の危険性』松沢呉一監修、岸田美貴訳、ポット出版、二〇〇七
武田百合子「開高さんと羊子さん」『あの頃――単行本未収録エッセイ集』中央公論新社、二〇一七
田中麻子『不可視の性暴力――性風俗従事者と被害の序列』大月書店、二〇一六
デジタルアーカイブ学会「肖像権ガイドライン」二〇二一（補訂版二〇二三）
B・テセードル『起源の物語――クールベの《世界の起源》をめぐって』中畑寛之訳、水声社、二〇一八
テディ片岡「ハードコア・ポーノグラフィック・フィルム――ホリス・アルパートとアーサー・ナイトに倣って」『えろちか』二月号（特集　ブルーフィルム大全）三崎書房、一九七〇
鳥羽耕史『1950年代――「記録」の時代』河出ブックス、二〇一〇
永井荷風「腕くらべ」『荷風全集』第十二巻、岩波書店、一九九二（一九一六―一七）
中里見博『ポルノグラフィと性暴力――新たな法規制を求めて』明石書店、二〇〇七
中里見博「性暴力としてのポルノグラフィ」『証言・現代の性暴力とポルノ被害――研究と福祉の現場から』東京都社会福祉協議会、二〇一〇
長澤均『ポルノ・ムービーの映像美学――エディソンからアンドリュー・ブレイクまで　視線と扇情の文化史』彩流社、二〇一六
中島貞夫『遊撃の美学――映画監督中島貞夫』上下、ワイズ出版、二〇一四、一五
中村淳彦『名前のない女たち』宝島社文庫、二〇〇四
B・ナナイ「経験を解き放つ」『なぜ美を気にかけるのか――感性的生活からの哲学入門』森功次訳、勁草書房、二〇二三
F・W・ニーチェ『善悪の彼岸　道徳の系譜』信太正三訳、ちくま学芸文庫、一九九三

丹羽文雄『四季の演技』角川書店、一九五八
野坂昭如「告白的ブルーフィルム論――私は鑑定人だった」『ハードボイルド・ミステリィ・マガジン』一九六三年八月号
野坂昭如『エロ事師たち』新潮文庫、一九七〇（一九六六）
野坂昭如「ブルーフィルムのすべて」『野坂昭如エッセイ・コレクション1　プレイボーイ』ちくま文庫、二〇〇四（一九六六）
野坂昭如『四畳半襖の下張・裁判』面白半分、一九七六
M・ハイデガー『存在と時間』原佑・渡邊二郎訳、中公クラシックス、二〇〇三
S・ハスランガー「ジェンダーと人種――ジェンダーと人種とは何か？　私たちはそれらが何であってほしいのか？」木下頌子訳、『分析フェミニズム基本論文集』慶應義塾大学出版会、二〇二二
長谷川卓也『いとしのブルーフィルム』青弓社、一九九八
L・ハント「猥褻と近代の起源、一五〇〇年から一八〇〇年へ」『ポルノグラフィの発明』正岡和恵・末廣幹・吉原ゆかり訳、ありな書房、二〇〇二
ビッグ錠「ブルースター物語」『人生交換』集英社、一九八一
平野共余子『天皇と接吻――アメリカ占領下の日本映画検閲』草思社文庫、二〇二二
藤木TDC『アダルトビデオ革命史』幻冬舎新書、二〇〇九
藤木TDC「ブルーフィルムの帝王「土佐のクロサワ」伝説」『昭和の不思議101　2023年　夏の男祭号』大洋図書、二〇二三
藤木秀朗『映画観客とは何者か――メディアと社会主体の近現代史』名古屋大学出版会、二〇一九
伏見丘太郎「ああ思い出の絶品よ――いまもこの空の下の何処かに」『えろちか』二月号（特集　ブルーフィルム大全）三崎書房、一九七〇
藤本義一「ケッタイな名作2本――オフビートがお好き」『えろちか』二月号（特集　ブルーフィルム大全）三崎書房、一九七〇
藤本義一「面白半分対談25　ブルー・フィルム」『面白半分』第二十六号、一九七四
藤本義一『エロ事師どもの夜』芸文社、一九七五
藤本義一「ブルータス・ぶるーす」『浪花色事師』徳間

文庫、一九八五（一九七五）
藤本義一「わが青映画史」『MAZAR』一九八三年八月号
藤本義一『川島雄三、サヨナラだけが人生だ』河出書房新社、二〇〇一
E・フッサール『イデーンⅡ-Ⅱ　純粋現象学と現象学的哲学のための諸構想　第2巻　構成についての現象学的諸研究』立松弘孝・榊原哲也訳、みすず書房、二〇〇九
E・フッサール『内的時間意識の現象学』谷徹訳、ちくま学芸文庫、二〇一六
M・フリッカー『認識的不正義――権力は知ることの倫理にどのようにかかわるのか』佐藤邦政監訳、飯塚理恵訳、勁草書房、二〇二三
古田徹也『いつもの言葉を哲学する』朝日新書、二〇二一
S・de・ボーヴォワール『女ざかり――ある女の回想』上下、朝吹登水子・二宮フサ訳、紀伊國屋書店、一九六三
S・de・ボーヴォワール『或る戦後』上下、朝吹登水子・二宮フサ訳、紀伊國屋書店、一九六五
S・de・ボーヴォワール、『老い』新装版、上下、朝吹三吉訳、人文書院、二〇一三
S・de・ボーヴォワール『決定版　第二の性　Ⅱ　体験　上』『第二の性』を原文で読み直す会訳、河出文庫、二〇二三
A・ホリングハースト『スイミングプール・ライブラリー』北丸雄二訳、早川書房、一九九四
S・マーカス『もう一つのヴィクトリア時代――性と享楽の英国裏面史』金塚貞文訳、中公文庫、一九九二
前川直哉「女性同性愛と男性同性愛、非対称の百年間」『クイア・スタディーズをひらく　1――アイデンティティ、コミュニティ、スペース』晃洋書房、二〇一九
正延哲士『土佐游俠外伝　鯨道』洋泉社、一九九七
松浦優「抹消の現象学的社会学――類型化されないことをともなう周縁化について」『社会学評論』第七十四巻第一号、二〇二三
C・マッキノン『フェミニズムと表現の自由』奥田暁子・加藤春恵子・鈴木みどり・山崎美佳子訳、明石書店、一九九三
C・マッキノン／A・ドウォーキン『ポルノグラフィと性差別』中里見博・森田成也訳、青木書店、二〇〇二

L・マルヴィ「視覚的快楽と物語映画」斉藤綾子訳、『「新」映画理論集成　①　歴史／人種／ジェンダー』フィルムアート社、一九九八
三木幹夫『ぶるうふぃるむ物語——秘められた映画史70年』立風書房、一九七五
三木幹夫『ブルーフィルム物語——秘められた映画75年史』世文社、一九八一
三島由紀夫「忘我」『決定版　三島由紀夫全集』第三十六巻、新潮社、二〇〇三（一九七〇）
水島久光『戦争をいかに語り継ぐか——「映像」と「証言」から考える戦後史』NHKブックス、二〇二〇
水野英子「トキワ荘物語」『まんが　トキワ荘物語』祥伝社新書、二〇一二
宮台真司・石原英樹・大塚明子『増補　サブカルチャー神話解体——少女・音楽・マンガ・性の変容と現在』ちくま文庫、二〇〇七
宮本節子『AV出演を強要された彼女たち』ちくま新書、二〇一六年
宮本常一「土佐源氏」『忘れられた日本人』岩波文庫、一九八四
J・S・ミル『自由論』関口正司訳、岩波文庫、二〇二〇
○
村田純一『味わいの現象学——知覚経験のマルチモダリティ』ぷねうま舎、二〇一九
C・メッツ「映画における現実感について」『映画における意味作用に関する試論——映画記号学の基本問題』浅沼圭司監訳、水声社、二〇〇五
M・メルロ＝ポンティ『知覚の現象学』1、竹内芳郎・小木貞孝訳、みすず書房、一九六七
毛利厄九「「すゞみ船」鑑賞」『人間探究』一九五二年七月
森田成也「ポルノ被害とはどのようなものか」『証言・現代の性暴力とポルノ被害——研究と福祉の現場から』東京都社会福祉協議会、二〇一〇
安田理央『日本AV全史』ケンエレブックス、二〇二三
矢野卓也『実録　ポルノオビ屋　闇の帝王——史上最大ブルーフィルム密造団の全貌』徳間書店、一九八二
山崎圭「人間周期率——君の命よこの星と結ばれよ」現代企画室、一九七八
結城昌治「あるフィルムの背景」『あるフィルムの背景——ミステリ短篇傑作選』ちくま文庫、二〇一七（一九六三）

吉川孝「コラム　高知のブルーフィルム」『地方都市の暮らしとしあわせ——高知市史　民俗編』高知市、二〇一四
吉川孝「ブルーフィルム鑑賞者であるとはどのようなことか？——土佐のクロサワのために」『フィルカル』第三巻第二号、二〇一八
吉川孝「落ちぶれた活動屋たちの美学——神代辰巳における土佐のクロサワ」『草茫々通信』第十三号、二〇一九
吉川孝「倫理学における芸術作品の使用と想像力の問題——フッサール、マードック、その後継者たち」『倫理学年報』第七十集、二〇二一
吉川速男『アルス最新写真大講座　第15巻　小型映画の写し方』アルス、一九三五
吉原順平『日本短編映像史——文化映画・教育映画・産業映画』岩波書店、二〇一一
吉原令子『アメリカの第二波フェミニズム——一九六〇年代から現在まで』ドメス出版、二〇一三
吉村平吉「ブルーフィルムの観客層」『えろちか』七月号（特集　都市問題とセックス）三崎書房、一九七二
吉村平吉『実録・エロ事師たち』立風書房、一九七三
吉行淳之介「青い映画の話」『悩ましき土地』講談社文芸文庫、一九九九（一九六〇）
吉行淳之介「耳と鼻と目」『生と性』集英社文庫、一九七七（一九七一）
吉行淳之介「青春放浪記」『面白半分のすすめ』角川文庫、一九七三
吉行淳之介「手鞠」『吉行淳之介娼婦小説集成』中公文庫、二〇一四（一九七四）
L・ラブレイス『ディープ・スロートの日々——リンダ・ラブレイス自伝』小川静訳、徳間書店、一九八〇
N・リグル「美的生活——個性、自由、共同体」『なぜ美を気にかけるのか——感性的生活からの哲学入門』森功次訳、勁草書房、二〇二三
龍胆寺雄「階段を下りる」『かげろふの建築師』新潮社、一九三〇
D・H・ロレンス『完訳　チャタレイ夫人の恋人』伊藤整訳、伊藤礼補訳、新潮文庫、一九九六
若松孝二「脱ブルーフィルム論——性器・性交・性感にうち勝つもの」『えろちか』二月号（特集　ブルーフィルム大全）三崎書房、一九七〇
渡辺浩『明治革命・性・文明——政治思想史の冒険』東

京大学出版会、二〇一一

外国語文献

Bauer, Nancy, *How to Do Things with Pornography*, Harvard University Press, 2015

Danto, Arthur C, "The Naked Truth," *Aesthetics and Ethics: Essays at the Intersection*, Cambridge University Press, 2001

Dederer, Claire, *Monsters: A Fan's Dilemma*, Knopf, 2023

Domenig, Roland, "A History of Sex Education Films in Japan Part 2: The Post-War Years and the Basukon Eiga," *Midnight Eye*, 2007（2023/10/13閲覧）

Eaton, Anne, "A Sensible Antiporn Feminism," *Ethics*, 117(4), 2007

Eaton, Anne, "What's Wrong with the (Female) Nude?," *Art and Pornography: Philosophical Essays*, Oxford University Press, 2012

Eaton, Anne, "Feminist Pornography," *Beyond Speech: Pornography and Analytic Feminist Philosophy*, Oxford University Press, 2017

Eaton, Anne, "'A Lady on the Street but a Freak in the Bed': On the Distinction Between Erotic Art and Pornography," *The British Journal of Aesthetics*, 58(4), 2018

Erdman, Dan, *Let's Go Stag!: A History of Pornographic Film from the Invention of Cinema to 1970*, Bloomsbury Academic, 2021

Ginzburg, Carlo, "Titian, Ovid, and Sixteenth-Century Codes for Erotic Illustration," *Clues, Myths, and the Historical Method*, Johns Hopkins University Press, 2013

Hartley, Nina & Held, Jacob "Porn, Sex, and Liberty: A Dialogue," *The Philosophy of Pornography: Contemporary Perspectives*, Rowman & Littlefield Publishers, 2014

Jenkins, Katharine, "What Women are For: Pornography and Social Ontology," *Beyond Speech: Pornography and Analytic Feminist Philosophy*, Oxford University Press, 2017

Kieran, Matthew, "Pornographic Art," *Philosophy and Literature*, 25(1), 2001

Kieran, Matthew, "On Obscenity: The Thrill and Repulsion of the Morally Prohibited," *Philosophy and Phenomenological Research*, 64(1), 2002

Langton, Rae, "Speech Acts and Unspeakable Acts," *Philosophy & Public Affairs*, 22(4), 1993

Langton, Rae, "Autonomy: Denial in Objectification," *Sexual Solipsism: Philosophical Essays on Pornography and Objectification*, Oxford University Press, 2009

Levinson, Jerrold, "Erotic Art and Pornographic Pictures," *Philosophy and Literature*, 29(1), 2005

Maes, Hans, ed., *Pornographic Art and the Aesthetics of Pornography*, Palgrave Macmillan, 2013

Maes, Hans, "Falling in Lust: Sexiness, Feminism, and Pornography," *Beyond Speech: Pornography and Analytic Feminist Philosophy*, Oxford University Press, 2017

Matthes, Erich Hatala, *Drawing the Line: What to Do with the Work of Immoral Artists from Museums to the Movies*, Oxford University Press, 2022

Murdoch, Iris, "Vision and Choice in Morality," *Aristotelian Society, Supplementary Volumes*, 30, 1956

Newall, Michael, "An Aesthetics of Transgressive Pornography," *Art and Pornography: Philosophical Essays*, Oxford University Press, 2012

Nussbaum, Martha C., *Love's Knowledge: Essays on Philosophy & Literature*, Oxford University Press, 1990

Nussbaum, Martha C. "Objectification," *Philosophy and Public Affairs*, 24 (4), 1995

Roholt, Tiger C., *Groove: A Phenomenology of Rhythmic Nuance*, Bloomsbury Academic, 2014

Schaefer, Eric, *Bold! Daring! Shocking! True: A History of Exploitation Films, 1919–1959*, Duke University Press, 1999

Schellekens, Elisabeth, "Taking a Moral Perspective: On Voyeurism in Art," *Art and Pornography: Philosophical Essays*, Oxford University Press, 2012

Williams, Linda, *Hard Core: Power, Pleasure, and the "Frenzy of the Visible,"* University of California Press, 1989

Williams, Linda, "Film Bodies: Gender, Genre, and Excess," *Film Quarterly*, 44(4), 1991

Zamir, Tzachi, "Pornography and Acting," *Pornographic Art and the Aesthetics of Pornography*, Palgrave Macmillan, 2013

おわりに

二〇一五年頃の高知市内に、夜の数時間だけレコードをかけるという店があった。店主にブルーフィルムのことを相談していたら、その場にいたＹ氏がなぜかフィルムを探してくれることになった。それから半年後に連絡があり、フィルムが手に入ったので来ないかという。

いくぶんためらいながら私が訪ねて行くと、古い日用品が散乱する部屋に通された。Ｙ氏は「ゆっくり食事でも」と言って、ピーマンの炒め物を作って出してくれた。器は少し汚れていたが、味はとてもよかった。彼は、保護ケースに収められた十本ほどのフィルムを差し出しながら「家に来てもらって、いろんなものを振る舞うのが好きなんです」と言い、隣室からさらに皮蛋《ピータン》と、埃だらけの壜に入ったウイスキーを出してきた。ウイスキーは何年も前に開封されたもののようだった。私の戸惑いを察したのか、「皮蛋は腐りませんから」と言う。私はますます困惑したが、それを悟られまいと急いで皮蛋に箸をつけ、ウイスキーを口に含んだ。受け取ったフィルムのなかに、「柚子ッ娘」とメモされたものを見つけたのは、そのときだった。

『柚子ッ娘』との出会いから始まった本書を結ぶにあたり、二つの別れを記しておきたい。

二〇二二年、私は『柚子ッ娘』のフィルムを、適切な温湿度環境で保管する設備を持つ国立の施設に寄贈した。劣化が必至であったものを、それ以上手元に置いておけなかったからである。寄贈先として、地域の美術館や博物館、国内外のフィルムアーカイブ、そして秘宝館などを検討したが、しかるべきところに落ち着いた。フィルムは半永久的に保存されることになった。幻の名作の一つが辛うじて保存され、ブルーフィルムの世界の中核にあったものを、この私たちの世界につなぎ止めることができた。

フィルムを手放せばブルーフィルムをめぐる問いからは解放されると思っていたが、そうはならなかった。ここで突きつけられたのは、刑法第百七十五条のある社会ではまさにケンドリックのいう十九世紀の「シークレット・ミュージアム」の状況が出現するということであり、私の寄贈はその状況の維持に加担したのではないかという問いである。

かつて欧米の博物館や図書館では、女性、子供、「下層階級」の人々がアクセスすることを避ける目的で、所蔵品を完全には公開しないという方針がとられていた（ケンドリック『シークレット・ミュージアム』）。現代では、猥褻の基準が変化したことや平等を重んじる社会正義の観点から、アクセスの制限は歓迎されず、ある意味での民主化、「開かれたアーカイブ」化が進んでいる。しかしながらブルーフィルムの場合、刑法が機能し続けていたり、寄贈者やその関係者の意向、また出演者のプライヴァシーへの配慮が強く求められたりすることもあって、アクセスを制限する必要が生じている。公的資金によって運営される施設の場合には、ポルノグラフィを収蔵することの理解を得るのも困難になっており、多くのアーキビストの思いとは裏腹に、性表現に関する開かれたアーカイブを実現することは、現状では実質的に難しい。しかしながら、アーカイブは、数十年、数百年後の未来をも視野に入れて作品を保存するという性格も持つ。いま公開することができないものでも、将来、状況が一変するかもしれない。

もう一つの別れは、高知という土地を離れたことである。二〇二三年の三月に私は高知を離れ、神戸で生活を始めた。高知での生活がなければブルーフィルムを研究することはなかった。経験や思考というものが住む場所によって制約されていることを実感できたのも、高知に住んだからである。H・ソローの『ウォールデン　森の生活』には、ウォールデン湖のほとりに住むことで紡ぎ出された思考が記されている。本書には、私が高知に住むなかで見えてきたものを記した。そのようなヴィジョンの形成の一端を記述するためにも、論述のところどころに、私自身の経験を書き入れることになった。

その高知を離れればブルーフィルムとのかかわりは希薄になると思っていたが、考えてみれば神戸も、ブルーフィルムと強いかかわりを持つ土地だった。土佐のクロサワのメンバーは高知と関西を往来し、『戦国残党伝』に出演した女性は三宮の喫茶店でスカウトされたらしい。高知出身の矢野卓也という製作者も、神戸を拠点にしていたことがあった。野坂昭如が幼少期を過ごしたのは神戸であり、『エロ事師たち』やその映画版は登場人物たちが六甲でロケをする設定になっている。川島雄三と宝塚の旅館で『風立ちぬ』を鑑賞した藤本義一は六甲に別荘を構えた。市内の神戸映画資料館は、一般映画から小型映画まで分け隔てなく収集された膨大なコレクションを有し、そこにさらなるブルーフィルムが含まれている可能性を否定できず、今後の調査が期待される。高知に続いてこの土地でもまた、ブルーフィルムについて考えるべきことがある。

＊

本書の執筆にあたって、多くの方々のお世話になったことを、ここに記して感謝したい。

池田喬、河原梓水、木下千花、佐藤靜、古田徹也、萬屋博喜の各氏には、貴重な時間を割いていただき、原稿全体を読んだうえで示唆に富むコメントをいただいた。有益な助言のすべてに対応できたわけではなく、文責は筆者にあることを明記しておく。

石原香絵氏には映画やアーカイヴの関係者を紹介していただき、神戸や山形の映画祭でブルーフィルムの研究発表をする場をつくっていただいた。ミツヨ・ワダ・マルシアーノ氏には、一流の映画研究者と議論できる場に招き入れていただいた。

飯田定信、飯髙伸五、板倉史明、井上留理子、岩倉秀樹、右近こうじ、大木裕之、門脇伸夫、木下頌子、日下部圭子、楠瀬慶太、鈴木生郎、鈴木伸和、高田敦史、田中柊人、田中範子、田中正晴、田中裕也、常石史子、長野宏俊、西尾純二、西川泉、藤本芽子、松井浩子、松本教仁、森明香、八重樫徹、安井喜雄、山﨑宏司、Eugenio de Angelis、Jacopo Bortolussi、Sonic の各氏からは、個人的な会話や研究会での議論を通じて、哲学、映画、文学、音楽、漫画、アーカイブ、方言、地域資料などについて貴重な情報やコメントをいただいた。

本書の執筆の期間に、科研費（課題番号：23K00013ならびに20K00040）、高知県立大学戦略的研究推進プロジェクト「地域資料と大学資料のアーカイブに関する学際的研究」の支援を受けた。国立映画アーカイブの特別映写では『美しき本能』などのバースコントロール映画を鑑賞できた。藤本義一の書斎（Giichi Gallery）では藤本義一氏に関連する資料を探していただいた。神戸映画資料館には、貴重な資料と神戸発掘映画祭での研究発表の場を提供していただいた。

本を書くことが、土佐のクロサワの映画製作のような共同作業であることを、ＮＨＫ出版の倉園哲氏と校閲者の高橋由衣氏のおかげで実感できた。本書の書籍としての水準は二人の作業に支えられている。倉園氏とはいつのまにかともにたくさん歩き、見て、ヴィジョンを共有した。

高知で16ミリの自主上映を数十年続けた故田辺浩三氏とバタイユの発禁本を譲ってくれた故戸田廣氏は、無謀にも『風立ちぬ』を探そうとしてくれた。私も諦めないことの証しが本書である。

＊

私の高知での生活はBell'sというbarのような部屋が拠点になっていて、そこで本書の執筆は始まった。マスターの長野陽二郎氏には、マーク・アーモンドが「blue film」を歌う曲などたくさんの音楽を教えてもらった。感謝をこめて本書を陽二郎さんに捧げる。

二〇二三年十月　神戸にて

吉川　孝

© Maruyama Mitsuru

吉川 孝（よしかわ・たかし）
1974年、東京生まれ。慶應義塾大学文学部哲学科卒業、同大大学院文学研究科後期博士課程修了。博士（哲学）。高知県立大学文化学部准教授を経て現在、甲南大学文学部教授。専門は現象学にもとづいた、現代倫理学、映画の哲学。
著書に『フッサールの倫理学――生き方の探究』（知泉書館、日本倫理学会和辻賞受賞）、共編著に『あらわれを哲学する――存在から政治まで』（晃洋書房）、『現代現象学――経験から始める哲学入門』（新曜社）など。

NHK BOOKS 1282

ブルーフィルムの哲学
「見てはいけない映画」を見る

2023年11月25日　第1刷発行

著　者　吉川 孝　
発行者　松本浩司
発行所　NHK出版
東京都渋谷区宇田川町10-3　郵便番号150-0042
電話 0570-009-321（問い合わせ）　0570-000-321（注文）
ホームページ　https://www.nhk-book.co.jp
装幀者　水戸部 功
印　刷　三秀舎・近代美術
製　本　三森製本所

Printed in Japan　ISBN978-4-14-091282-9 C1310

NHK BOOKS

＊宗教・哲学・思想

仏像［完全版］―心とかたち― 望月信成／佐和隆研／梅原 猛
原始仏教―その思想と生活― 中村 元
がんばれ仏教！―お寺ルネサンスの時代― 上田紀行
目覚めよ仏教！―ダライ・ラマとの対話― 上田紀行
現象学入門 竹田青嗣
哲学とは何か 竹田青嗣
東京から考える―格差・郊外・ナショナリズム― 東 浩紀／北田暁大
ジンメル・つながりの哲学 菅野 仁
科学哲学の冒険―サイエンスの目的と方法をさぐる― 戸田山和久
集中講義！日本の現代思想―ポストモダンとは何だったのか― 仲正昌樹
哲学ディベート―〈倫理〉を〈論理〉する― 高橋昌一郎
カント 信じるための哲学―「わたし」から「世界」を考える― 石川輝吉
道元の思想―大乗仏教の真髄を読み解く― 賴住光子
詩歌と戦争―白秋と民衆、総力戦への「道」― 中野敏男
ほんとうの構造主義―言語・権力・主体― 出口 顯
「自由」はいかに可能か―社会構想のための哲学― 苫野一徳
弥勒の来た道 立川武蔵
イスラームの深層―「遍在する神」とは何か― 鎌田 繁
マルクス思想の核心―21世紀の社会理論のために― 鈴木 直
カント哲学の核心―『プロレゴーメナ』から読み解く― 御子柴善之
戦後「社会科学」の思想―丸山眞男から新保守主義まで― 森 政稔
はじめてのウィトゲンシュタイン 古田徹也
〈普遍性〉をつくる哲学―「幸福」と「自由」をいかに守るか― 岩内章太郎
ハイデガー『存在と時間』を解き明かす 池田 喬
公共哲学入門―自由と複数性のある社会のために― 齋藤純一／谷澤正嗣

※在庫品切れの際はご容赦下さい。